W0177933

Genießer unterwegs
PROVENCE

Genießer unterwegs
PROVENCE

Rezepte und kulinarische Notizen

Text und Rezepte
DIANE HOLUIGUE

Foodfotos
NOEL BARNHURST

Landschaftsfotos
JASON LOWE

CHRISTIAN VERLAG

ARDÈCHE

FRANCE

DRÔME

HAUTES-A

SISTERON

ALP
HAUTE-

GARD

ORANGE

CARPENTRAS

VAUCLUSE

LA DURANCE

AVIGNON

APT

MANOSQUE

LE VERDON

CAVAILLON

MONTAGNE DU LUBÉRON

LES BAUX-DE-PROVENCE

PROV

ARLES

GRAND

BOUCHES-
DU-RHÔNE

AIX-EN-PROVENCE

RHÔNE

MARTIGUES

PASTIS
51

MARSEILLE

TOULON

GOLFE
DU
LION

MER MÉDITERR

ITALIE

MENTON

GRASSE

CANNES

NICE

CÔTE D'AZUR

VAR

SAINT-TROPEZ

HYÈRES

ÎLES D'HYÈRES

ALPES DE PROVENCE

ALPES-MARITIMES

GORGES DU VERDON

0   20   40 KM

0   20   40   MI

Inhalt

EINFÜHRUNG

~⊷⊷~

Die Küche der Provence

Meine Aufregung wächst, je weiter mich mein Auto von Paris aus nach Süden bringt. Ich muss nur noch Montélimar passieren, und schon liegt die Provence vor mir. Man kann sich die Region annähernd als weites Dreieck vorstellen: Die Grundlinie wird von der Mittelmeerküste gebildet; während der östliche Schenkel bis hinunter zur Riviera dem Verlauf der Westalpen folgt und die Grenze zu Italien markiert, folgt der westliche dem linken Arm der Rhône, um im Golfe du Lion bei Aigues-Mortes zu enden, jener legendären Stadt, von der Ludwig der Heilige zu seinen Kreuzzügen aufbrach. Unter römischer Herrschaft und während ihrer Hochblüte unter König René dem Guten (1409–1480) dehnte sich die Provence viel weiter nach Westen aus. Längst ist sie keine politische Einheit mehr, sondern eine historische Landschaft, die heute die Departements Vaucluse, Var, Bouches-du-Rhône, Alpes-Maritimes und Alpes-de-Haute-Provence sowie Teile der Departements Drôme, Ardèche und die Gegend von Nîmes im Gard umschließt. Die Departements – oder Verwaltungsbezirke – wurden von Napoleon im Zuge der Modernisierung Frankreichs geschaffen.

Die Porte du Soleil, das imposant am Straßenrand aufragende »Sonnentor«, signalisiert mir, dass ich angekommen bin. »Hier beginnt das Land des Midi«, besagt die freudige Botschaft, die ich auf dem rosa Stein lese.

Als Touristen reagieren wir besonders empfindlich auf Klischees. Wir versuchen bewusst, uns weltgewandt zu geben, und meiden daher die so genannten Touristenfallen und ausgetretenen Pfade. Dabei führen uns oft genau diese zu den Orten, die die wahre Schönheit einer Region offenbaren. Und davon hat die Provence wahrlich viele zu bieten.

Linke Seite: Lässige Eleganz prägt das Bild Nizzas, der lebendigen Großstadt an der Côte d'Azur. **Ganz oben:** Vor einer steilen Felswand drängen sich die Häuser des kleinen Ortes Moustiers-Sainte-Marie in den Alpes-de-Haute-Provence, den der Wildbach Riou in zwei Hälften teilt. Die Schlucht, durch die er seinen Weg nimmt, ist – angeblich seit dem 13. Jahrhundert – von einer Eisenkette überspannt, an der ein goldener Stern prangt. **Oben:** Saftige weiße Rüben und anderes Gemüse sind unverzichtbare Zutaten der provenzalischen Küche.

Was wäre ein Besuch der Provence ohne einen Zwischenstopp in dem kleinen Ort Èze mit seinen Kopfsteinpflastergassen, ohne ein Bad in der Menge, die sich allabendlich über den platanengesäumten Cours Mirabeau in Aix-en-Provence schiebt, ohne eine Fahrt über die Grande Corniche, jene Landstraße an der Riviera mit ihren Schwindel erregenden Ausblicken auf die Häuser, die sich überall an steil zum Meer hin abfallende Abhänge klammern, und ohne das Gedränge, wenn das Picasso-Museum in Valauris seine Pforten öffnet.

Und was entginge dem Besucher der Provence, würde er nicht wenigstens einmal eine *daube* oder die *anchoïade* kosten, bei einem Straßenverkäufer in der Altstadt von Nizza eine *socca* erstehen, sich in Marseille eine Bouillabaisse, in Toulon eine Krabbensuppe oder irgendeine der zahlreichen anderen *soupes de poissons* (Fischsuppen) der Region zu Gemüte führen. Wie könnte er je darauf verzichten, über die Märkte zu schlendern und sich am Anblick der Lavendelsträuße, Honiggläser und Knoblauchzöpfe, der Terrakotta-*toupins* mit Oliven und der verlockenden Auswahl an frischen Kräutern, Früchten und Käsespezialitäten aus der Um-

gebung zu erfreuen. Warum sollte er einen Apfel verlangen, wo doch die Bäume hier voller Feigen hängen, oder einen Camembert, während die Ziegen, die in den kargen Hügeln grasen, die Milch für köstlichsten *fromage de chèvre* liefern?

Wenn ich in der Provence weile, kehre ich jedes Mal zu den gleichen Orten zurück, die ich schon seit Jahren aufsuche. Ich liebe den Blumenmarkt von Nizza, wenn er montags von den Trödelhändlern mit Beschlag belegt wird. Immer wieder entzückt mich die in allen Erdfarben leuchtende Stadt Roussillon, deren eisenhaltige Erde den Malern die Farbe Ocker schenkte, und der weiß strahlende Ort Gordes, dessen Häuser aus dem Gestein des Lubéron errichtet wurden. Ich fahre durch die schattigen Straßen Saint-Rémys oder beobachte in Saint-Paul-de-Vence die Männer mit ihren blauen Baskenmützen beim Pétanque-Spiel. Als wäre es für mich das erste Mal, staune ich über das gleißende Licht der Sommersonne und fühle den Mistral, der dem Himmel jenes klare Aquamarin zurückgibt, das Colette als das »wilde Blau« des Mittelmeers bezeichnete.

Ich steige nach Les Baux-de-Provence hinauf, benannt nach dem zur Aluminiumherstellung

Links: In der nördlichen Camargue wird Reis angebaut, darunter auch Spezialsorten wie der rote *riz Flamade*. **Ganz oben:** Fast überall in der Provence findet mindestens einmal pro Woche ein Markt statt, in großen Städten wie Aix-en-Provence sogar täglich. In Cucuron nimmt ein Restaurant den *marché* zum Anlass, um seine Gäste mit einem Gemüsearrangement auf einem alten Karren stilvoll zu begrüßen. **Oben:** Auf dem Bauernmarkt in Velleron verlockt ein Ziegenfrischkäse – oder *chèvre* – potenzielle Kunden zu einer Kostprobe.

unverzichtbaren Bauxit, das in der Umgebung gefördert wurde. Auf dem Kamm eines Kalkfelsens erbaut, gewährt der Ort einen hinreißenden Blick über den Bouches-du-Rhône bis hin zur verschlafenen Stadt Arles, wo Van Gogh in flirrenden Gelb- und Blautönen seine Sonnenblumen und Cafészenen malte.

In ihrer natürlichen Schönheit stehen die hiesigen Alpen den Gebirgsregionen der Schweiz und Italiens nicht nach, und die Riviera kann mit Antibes, Saint-Tropez, Cannes oder Juan-les-Pins Adressen vorweisen, die so berühmt sind wie die Stars, die sich dort tummeln. In den bevölkerungsarmen, unfruchtbaren Landstrichen schlagen sich einige wenige Bauern mehr schlecht als recht durch. Hier versuchte die von dem Schriftsteller Marcel Pagnol geschaffene Figur des Jean de Florette vergeblich, dem steinigen Grund ohne Wasser etwas Leben einzuimpfen.

Durch das sumpfige Gelände des Rhônedeltas preschen stolze weiße Pferde und kleine schwarze Rinder. Hier liefern die Böden, einzigartig in der Provence, üppige Obst- und Gemüseerträge sowie das Gros der besseren Weine der Region – die angesehenen Roten von Châteauneuf-du-Pape,

den süßen Muscat-de-Beaumes-de-Venise, die Roten aus Gigondas und den Tavel als namhaftesten Rosé Frankreichs.

Wie bei Châteauneuf-les-Martigues ausgegrabene Tongefäße und landwirtschaftliche Gebrauchsgegenstände belegen, war die Provence bereits in der Jungsteinzeit von Menschen besiedelt. Nacheinander hinterließen Ligurer, Phokäer und Kelten als Eroberer, Kaufleute und Marodeure hier ihre Spuren. Kein Volk aber prägte die Region stärker als die Römer. Von ihrer herausragenden Ingenieurkunst zeugen neben den beiden großen Foren von Arles und Nîmes zahlreiche Amphitheater, allen voran das Théâtre Antique von Orange. Die Zuschauertreppen und die einzigartige Bühnenwand, von Ludwig XIV. als »die schönste Mauer meines Königreiches« bezeichnet, werden bis heute im Sommer für Aufführungen genutzt. Erhalten sind auch weite Abschnitte römischer Aquädukte mit dem dreistöckigen Pont du Gard unweit von Nîmes als berühmtestem Beispiel.

Genauso ist die Küche der Region von der Geschichte durchdrungen. Die Provenzalen lieben Oliven, Knoblauch, Kräuter, Meeresfrüchte, Zie-

Links: Aix-en-Provence, einst Hauptstadt der Provence, ist bis heute ein kulturelles und kosmopolitisches Zentrum voller Leben. Viele Besucher der Cafés sind Studenten der seit 1409 bestehenden, sehr renommierten Universität. **Unten:** Seit über zweitausend Jahren wird in der Camargue durch Verdunstung von Meerwasser Salz gewonnen, das sich zu gigantischen Hügeln auftürmt. **Ganz unten:** Auf seiner Tageskarte empfiehlt ein Bistro kulinarische Klassiker der Provence wie einen Schmortopf aus dem Fleisch der *taureaux,* der schwarzen Stiere der Camargue, oder *lapin* (Kaninchen) *à la provençale.*

genkäse, Lammfleisch, Blattsalate, Feigen, rote Paprikaschoten und Auberginen. Was Brillat-Savarin einmal feststellte, hat hier in abgewandelter Form absolute Gültigkeit: »Sage mir, was du isst, und ich sage dir, *wo* du bist.« Auch eine regionale Küche ist zwangsläufig ein Klischee, besteht sie doch aus lokalen Zubereitungen, die im Lauf der Zeit aus den einheimischen Zutaten hervorgingen. Sie ist das genaue Gegenteil von Mode und verlangt nur, dass die Erwartungen stets erfüllt werden. Heute kommt in der Provence nichts anderes auf den Tisch wie schon seit Jahrhunderten.

Der Schriftsteller Jean Giono, 1885 in dem damals noch sehr viel abgeschiedeneren Manosque geboren, hinterließ eindrucksvolle Schilderungen des beständigen Lebens in der Provence und der starken Verbundenheit der Bewohner mit ihrer Heimat. Gionos Helden sind tief verwurzelt in diesem Land und seiner Vergangenheit. Sie kultivieren dieselben wenigen Nutzpflanzen, fangen dieselben Fische und jagen dasselbe Wild wie schon ihre Vorfahren. In ihrem Leben haben die Essensrituale eine zentrale Bedeutung.

Ganz oben: Fachkundig begutachten diese beiden Männer das Angebot auf dem Fischmarkt von Marseille. **Oben:** Während die Provenzalen die kleinen Frühjahrsartischocken oft roh essen, werden die größeren, rundlichen Exemplare vor allem in den Alpes-Maritimes bevorzugt geschmort. **Rechte Seite:** In der brütenden Sommerhitze, wenn sich die ätherischen Öle in den Blütenähren konzentrieren, wird der Lavendel geerntet und überzieht die Landschaft der Provence mit dem für sie so typischen Duft. Ein Anbauzentrum bildet das Hochplateau von Valensole in den Alpes-de-Haute-Provence.

Giono erzählt von einem Bauern, der verschwitzt und durstig von der Feldarbeit zurückkehrt. Er schenkt sich ein Glas von seinem Wein ein und erinnert sich, wie er die Reben gepflanzt und gehegt, wie er die Trauben gelesen hat. Zwei Freunde gehen gemeinsam auf Wildschweinjagd, zwei andere kehren mit Fischen nach Hause zurück, die ihren Familien zum Wochenende ein besonders gutes Mahl sichern werden. Den Blick konzentriert nach unten gerichtet, formt und schlitzt eine Frau die typisch provenzalischen Fladen namens *fougasse* und wird bei Giono zum Inbegriff sanfter Mütterlichkeit.

Die Menschen in der Provence mussten sich immer für ihren Lebensunterhalt abmühen und reichlich plagen. Sie kennen den Hunger zur Genüge, haben zwar auch reiche Ernten gefeiert, doch häufig auch schlechte verwinden müssen. So ist das Essen hier keine Nebensächlichkeit, sondern ständiges Gesprächsthema. Und wer es sich einrichten kann, das Mittagessen im Kreis der Familie einzunehmen, wird diese Möglichkeit immer nutzen.

In Gesellschaft anderer genießt man nicht nur die Mahlzeit selbst, sondern zugleich den Moment und das Miteinander in einem gemeinsamen Bewusstsein für die Vergangenheit, das kulturelle Erbe und die Lebensqualität des Alltags.

LES ENTRÉES

schlichte Kleinigkeiten –
Oliven, Käse, Schinken
und Wurst – leiten ein
traditionelles provenzalisches
Essen ein.

Vorhergehende Doppelseite: Verschwenderisch blüht im Vaucluse der Mohn. **Ganz oben:** Der Markt von Apt ist viel besucht, und entsprechend groß ist das Angebot, unter anderem an grünen und schwarzen Oliven. Gleich Dutzende traditioneller und fantasievoller neuer Variationen stellen den Kunden vor die Qual der Wahl. **Oben:** Hoch über dem Ort Castellane thront auf einem Felsmassiv die Kapelle Notre-Dame-du-Roc. **Rechte Seite:** Eine dreibeinige Leiter namens *chevalet* gewährt den notwendigen sicheren Stand und Überblick beim Verjüngungsschnitt, mit dem die Olivenbäume zu einer neuen reichen Ernte angeregt werden.

Es ist meine feste Überzeugung, dass die Vorspeisen mehr über eine bestimmte Küche aussagen als alle übrigen Gerichte einer Mahlzeit. Bisher hat sich dieser Eindruck immer wieder bestätigt.

Die Küche der Provence weist stärkere Eigenheiten auf als die der meisten anderen Regionen des Landes, und die Frage nach den charakteristischen Zutaten würde kaum einer falsch beantworten. Die zahlreichen Olivenbäume liefern nicht nur grüne und schwarze Früchte in Hülle und Fülle, sondern auch ein golden schimmerndes Öl. Sonnengereiftes Obst und Gemüse aus kleinen Nutzgärten, aber auch aus großen kommerziellen Betrieben im Rhônetal, Fische, Schal- und Krustentiere aus dem Mittelmeer, Wurstspezialitäten und Bergschinken, Käse aus der Milch von Ziegen und Schafen, dazu Thymian, Rosmarin, Fenchel und andere auf den Hügeln wachsende Wildkräuter – sie alle leisten ihren Beitrag zur Speisekarte der Provence. Die Natur zeigt sich spendabel und schenkt den Provenzalen alles, was für die wundervollsten Vorspeisen nötig ist.

An erster Stelle sind dabei zweifellos die Oliven zu nennen. Mitte Oktober hängen die Früchte prall und grün an den Zweigen. Noch aber sind sie bitter, ja geradezu ungenießbar. Sie müssen zunächst ein alkali-

sches Bad in Lauge oder Holzasche absolvieren und anschließend zehn Tage in Wasser liegen, das mehrmals erneuert wird. Schließlich werden sie zusammen mit typischen Aromazutaten der Region wie Koriandersamen, Lorbeerblättern und Orangenschalen in Salzlake eingelegt, bis sie nach einigen Monaten genussreif und wohlschmeckend sind.

Bei den schwarzen Oliven handelt es sich um die voll ausgereiften Früchte, die dann von selbst vom Baum fallen. In der Provence ist es je nach Mikroklima zwischen Mitte Dezember und Ende Januar so weit, wobei die Früchte jedoch meist gegen Jahresende gezielt abgeschüttelt werden. Zwar herrscht unter den Einheimischen die Ansicht vor, dass die Oliven nach dem ersten Frost und einfach nur eingesalzen am besten schmecken, dennoch wird das Gros in Lake konserviert, um dann als Kochzutat Verwendung zu finden. Ein Teil wird anschließend mit Kräutern in Olivenöl eingelegt oder mit anderen Zutaten kombiniert und ergibt so eine unwiderstehliche Ergänzung zum Aperitif oder bereichert Salate.

Das zwischen Dezember und Februar gewonnene, kostbare Öl aus erster Pressung, das unter der schlichten Bezeichnung »reines« (natives) Olivenöl in den Handel kommt, wird fast überall in der Provence zum Kochen eingesetzt. Geht es hingegen darum, einen Salat, sonnengereifte Tomaten mit Basilikum oder ähnliche Zubereitungen mit dem unverwechselbaren Geschmack des rohen Öls zu veredeln, kommt nur das noch intensivere »native Olivenöl extra« mit höchstens 1 Prozent Säure infrage. Äußerst begehrt sind in diesem Fall die Erzeugnisse aus den vier Bereichen, die eine *appellation d'origine contrôlée* (A.O.C.) vorweisen können – das im provenzalischen Teil des Departements Drôme an der Grenze zum Vaucluse gelegene Nyons erlangte als Erstes 1994 diesen Status.

Besonderer Beliebtheit erfreuen sich in der Provence schlichte Vorspeisenkompositionen: etwa eine Platte mit Scheiben luftgereifter Wurstspezialitäten, verschiedenen Olivensorten, hart gekochten Eiern, Artischocken und gerösteten roten Paprikaschoten oder auch eine Scheibe Kaninchen- oder Hasenpastete mit herzhaften Cornichons und knusprigem Brot. Ebenfalls sehr populär sind *crudités,* also verschiedene, in Stücke oder Scheiben geschnittene rohe Gemüse. Sie werden mit einer Vinaigrette und häufiger noch mit einer Schale Aïoli serviert, jener zartgelben, aber pikanten, mit Olivenöl hergestellten Knoblauchmayonnaise, die zu den berühmten Spezialitäten der Region zählt.

Immer wieder staune ich über die ausgeprägte Vorliebe der Provenzalen für ungegartes Gemüse. Dabei denke ich jedoch nicht an Möhren, Gurken und dergleichen Sorten, die alle gern so essen, sondern beispielsweise an die Artischocken. Die ersten, winzigen und purpurn überhauchten Exemplare werden hier bevorzugt roh geknabbert oder aber in Essigwasser gekocht und dann in Öl konserviert. So kann man sich für den Rest des Jahres an ihrer zarten Beschaffenheit erfreuen, ohne auf die dickeren Blüten zurückgreifen zu müssen, in deren Innerem sich bereits das so genannte Heu bildet. Ähnlich liegt die Sache bei den *fevettes,* den ganz jungen Dicken Bohnen, die im Frühjahr auf den Markt kommen. Die Mutter meiner Freundin Huguette, eine Nizzaerin, wie sie im Buche steht, liebt die rohen Bohnenkerne, einfach in Salz gestippt, bringt sie aber ausgereift später in der Saison niemals auf den Tisch.

Dass die Provence auch als »Midi« bekannt ist – als Gegend, wo die Sonne mittags steil vom Himmel brennt –, erklärt das hiesige Faible für leichte Vorspeisen. Hoch im Kurs stehen gemischte Salate, allen voran der weit über die Grenzen hinaus bekannte *salade niçoise,* eine farbenfrohe Kombination aus Romana-Salat, grünen Bohnen, Artischocken, Dicken Bohnen, Tomaten, Thunfisch und anderem mehr. Großen Anklang finden aber auch *mesclun*-Salate, bei denen auf einem Bett von Wildsalaten alles angerichtet sein kann, was Markt oder Vorratskammer gerade bieten – angefangen bei Pilzen über Scheiben von geräuchertem oder gebratenem Huhn oder auch Ente bis hin zu gemischtem Gemüse, Achteln oder Scheiben von hart gekochten Eiern sowie ein, zwei Scheiben Ziegenkäse auf einem in Öl gebräunten Croûton.

Die Suppen der Provence sind ebenso charakteristisch wie vielseitig. Es gibt pürierte Zubereitungen aus beinahe allen Gemüsesorten, ob einzeln oder zu mehreren verarbeitet, zum Beispiel Möhren, Tomaten, Lauch, rote Paprikaschoten, weiße Bohnen, Brenn-

Linke Seite: Diese *pommes de terre nouvelles* (neuen Kartoffeln) auf dem Bauernmarkt von Velleron würden sich gut in einem *salade niçoise* machen, dem kulinarischen Klassiker der Provence.
Unten: Die Zeiten, in denen Steinpilzliebhaber ihrer Sammelleidenschaft nachgehen können, sind begrenzt. Getrocknet kann man sie dagegen das ganze Jahr über genießen.
Ganz unten: *Basilic, romarin* und andere Kräuter runden gelegentlich das ohnehin köstliche Aroma des golden bis grünlich schimmernden Olivenöls ab.

nesseln oder sogar Knoblauch. Letzterer wird wegen seiner beruhigenden Eigenschaften, aber auch als Allheilmittel geschätzt. Eine Brühe kann einfach nur Lauch und Kartoffeln enthalten, aber genauso gut alles, was der Gemüsegarten gerade hergibt – weithin bekannt ist die *soupe au pistou*. Darüber hinaus umfasst das Repertoire Kaninchen- und Hühnersuppe und in Küstennähe alle möglichen Zubereitungen mit Fischen und Meeresfrüchten.

Wem der Sinn nach etwas Warmem, aber nicht nach Suppe steht, der kommt bei den Vorspeisen mit Gemüse voll auf seine Kosten. Von der pizza-ähnlichen, mit Zwiebeln und Sardellen belegten *pissaladière* über Tartes mit Kirschtomaten, Ziegen-käse und Basilikumstreifen oder auch in Rotwein geschmorten Schalotten reicht das Angebot bis zu Zucchini oder Auberginen, längs halbiert und gefüllt mit einer Mischung aus Reis, verschiedenen Gemüsesorten und einigen schwarzen Oliven. Enthält die Füllung zusätzlich etwas Hackfleisch oder Schinken, kann von einer Vorspeise eigentlich schon keine Rede mehr sein.

Ein Klassiker unter den gefüllten Gemüsespezialitäten sind die vor allem für die Departements Alpes-Maritimes, Var und Bouches-du-Rhône typischen *petits farcis,* die in Toulon zu einer kulinarischen Kunstform erhoben wurden: Tomaten, Stücke von Zucchini und Auberginen, die so ausgewählt wurden, dass sie in der Größe perfekt zueinander passen, locken mit einer appetitlich aufgetürmten Füllung aus feinst gewürfeltem Gemüse und Fleisch. Gewöhnlich sind die Leckerbissen jeweils mindestens zu viert symmetrisch auf einem Teller arrangiert, mit etwas Olivenöl beträufelt und dann noch mit Petersilie bestreut. Eine für mich ungewöhnliche Vorspeise, die gelegentlich auch als vollwertiges Gemüsegericht serviert wird, sind die halbierten und in Tomatensauce geschmorten Gurken.

Auch diverse Pasten und Dips sind aus dem Vorspeisenprogramm der Provence nicht wegzu-denken, darunter der *caviar d'aubergines,* ein Püree aus gerösteten Auberginen, und die Nizzaer Version der italienischen Sardellensauce namens *bagna cauda*. Die Avocado gedeiht bestens im sonnigen Midi und wird dort mit einer Vinaigrette oder mit Meeresfrüchten kombiniert, während die herrlichen Feigen der Region mitunter eine köstliche Umhüllung aus *jambon de montagne* (luftgetrocknetem Bergschinken) erhalten. Einige der leichteren Pastagerichte aus der Gegend um Nizza werden, in kleinen Portionen

Oben: In der betriebsamen Stadt Aix-en-Provence finden die Bistros mit Tischen im Freien regen Zulauf. **Rechte Seite:** In dem im Vaucluse gelegenen Weinbaugebiet Châteauneuf-du-Pape dreht sich alles um die Erzeugung der gleichnamigen welt-bekannten Tropfen. Vielerorts sind die Weinberge hier von *galets* (Steinen) bedeckt, die die Sonnenwärme speichern. So können die Trauben der dreizehn angebauten Rebsorten einen beson-ders hohen Zuckergehalt entwickeln. Die ersten Weinstöcke ließ Papst Johannes XXII. hier 1317 auf den sanften Hängen rings um seine Sommerresidenz anpflanzen. Seit dem 16. Jahrhundert bildet sie eine malerische Ruine. Von dem einen noch erhaltenen Turm aber sieht man ein weiteres fantastisches Schloss, das in-zwischen in ein Luxushotel umfunktioniert wurde.

Unten: Die Provenzalen kleiden sich gern praktisch und bequem. **Ganz unten:** Je nachdem, wie viel Licht Spargel während des Wachstums ausgesetzt ist, fallen die Stangen farblich unterschiedlich aus. Während weißer Spargel komplett in der Erde wächst, entwickeln Sprosse unter dem Einfluss der Sonne zunächst eine violette und dann die im Midi besonders geschätzte grüne Färbung. **Rechts:** Im Osten der Provence leiten die sanften Hügel allmählich zu den Alpen über.

natürlich, manchmal ebenfalls als Vorspeise serviert. Fehlen dürfen in dieser Aufzählung schließlich nicht die Delikatessen aus dem Meer, insbesondere die Austern aus Bouzigues, die Miesmuscheln aus Carteau, der gesalzene Meeräschenrogen *(poutargue)* aus Martigues, die Marseiller Seeigel und die *tellines* (kleine Venusmuscheln) der Camargue. Die Einheimischen servieren ihre Seeigel, Austern und Miesmuscheln am liebsten roh auf Eis, um sie, höchstens mit etwas Zitronensaft oder Essig beträufelt, direkt aus der Schale zu verspeisen. Letztere werden bisweilen auch in etwas Wein gedämpft, gebacken oder mit einer *persillade* aromatisiert. Und es ist keine Ausnahme, dass auch Jakobsmuscheln und *bouquets roses* (große Garnelen) in dieser Zubereitung auf den Tisch kommen – insbesondere dann, wenn zwischen der Vorspeise und dem Hauptgericht kein eigener Fischgang vorgesehen ist.

Jetzt müssen nur noch der Tisch gedeckt und der Pastis oder ein erfrischender Rosé bereitgestellt werden. Da die Provenzalen Farben lieben, ist das Tischtuch möglicherweise leuchtend blau oder rot und mit Getreidegarben in sattem Gelb oder Oliven in kontrastierenden Grüntönen bedruckt. Die Teller, Schüsseln und Platten sind wahrscheinlich aus Terrakotta oder einem anderen irdenen Material und in Senfgelb, strahlendem Blau oder leuchtendem Grün gehalten. In der Provence beherrschen Primärfarben den Alltag und unverfälschte Aromen die Küche. Die Vorspeise soll den Appetit wecken und für einen entspannten Auftakt zu dem eigentlichen Essen sorgen, dessen Dramaturgie – gemeint ist die Menüfolge – sich dann im besten Falle genauso steigert wie die Lebhaftigkeit der Tischgespräche. Ein gelungenes Essen im Familien- oder Freundeskreis braucht seine Zeit, und die nimmt man sich in der Provence dafür nur zu gerne.

Alpes-de-Haute-Provence

Galette au chèvre
et aux tomates

Blätterteigküchlein mit Ziegenkäse und Tomaten

Anstatt auf dem traditionellen, mit Olivenöl zubereiteten Mürbteig basieren diese kleinen Galettes auf einem leichteren Blätterteig. Dass sie trotzdem ihre rustikalen Ursprünge verraten, liegt an der herzhaften Kombination aus Kartoffeln, Tomaten und dem allgegenwärtigen Käse aus der Milch von Ziegen, die in großer Zahl die Hügel der Haute Provence durchstreifen. Er zählt genau wie die anderen Zutaten zu den Säulen der hiesigen Küche.

Das Basilikumöl lässt sich an einem kühlen, dunklen Ort bis zu 2 Monate aufbewahren. Exzellent schmeckt es auch in grünen Salaten oder einem Tomatensalat, in einer Ratatouille sowie über Lammfleisch oder pochierten Fisch geträufelt.

FÜR DAS BASILIKUMÖL

1 Bund frisches Basilikum

Etwa 375 ml Erdnuss- oder Traubenkernöl

250 ml Olivenöl

500 g Blätterteig, selbst hergestellt (siehe Seite 249) oder fertig gekauft

4 runde, gelbfleischige Kartoffeln von etwa 5 cm Durchmesser, Salz

5 runde, intensiv rote Tomaten von etwa 5 cm Durchmesser

Zucker zum Bestreuen (nach Belieben)

315 g Ziegenfrischkäse

4 frische Basilikumblätter, in kleine Stücke zerpflückt

Olivenöl zum Bestreichen

◆ Für das Öl die Basilikumblätter von den Stielen zupfen. Die Stiele mit etwa 15 g der Blätter in einen kleinen Topf füllen und mit Erdnuss- oder Traubenkernöl bedecken. Bei niedriger Temperatur langsam erwärmen, vom Herd nehmen und 10 Minuten ruhen lassen.

◆ Den Topfinhalt im Mixer glatt pürieren. Das Püree über einer Schüssel durch ein feines Sieb streichen und in eine saubere Flasche füllen. Sobald es völlig abgekühlt ist, das Olivenöl hinzugießen – es sollten sich insgesamt etwa 625 ml Basilikumöl ergeben.

◆ Den Backofen auf 200 °C vorheizen.

◆ Den Blätterteig auf einer bemehlten Arbeitsfläche 3 mm dick ausrollen. Mit einem scharfen Messer und einem kleinen Teller als Schablone 6 Kreise von 13 cm Durchmesser ausschneiden und auf ein großes, dünn eingeöltes Backblech legen. Die Teigstücke mit einer Gabel einstechen, damit sie sich nicht aufblähen, mit einem zweiten Backblech abdecken und mit einem ofenfesten Gewicht beschweren. 18–20 Minuten backen, bis sie goldbraun und knusprig sind – dabei zweimal das obere Blech herunterdrücken, um Luftblasen zu entfernen. Aus dem Ofen nehmen. Das Gewicht und das obere Blech entfernen und die Teigkreise abkühlen lassen.

◆ Die Kartoffeln in einem Topf mit Wasser bedecken und salzen. Bei hoher Temperatur zum Kochen bringen und dann bei mittlerer Temperatur etwa 10 Minuten kochen. Abgießen und völlig abkühlen lassen. Pellen, in 6 mm dicke Scheiben schneiden. Die Tomaten in genauso dicke Scheiben schneiden. Falls ein leichter Karamellgeschmack gewünscht wird, 9 mm dicke Scheiben schneiden, auf einer Seite dünn mit Zucker bestreuen und auf dieser Seite in der Pfanne rasch anbräunen. Auf Pergamentpapier abkühlen lassen. Den Käse in feine Scheiben schneiden.

◆ Den Elektrogrill vorheizen.

◆ Die Tomaten-, Kartoffel- und Käsescheiben abwechselnd spiralförmig auf die Galettes legen. Das Basilikum gleichmäßig zwischen den Gemüse- und Käsescheiben verteilen. Die Oberfläche dünn mit Olivenöl bestreichen.

◆ Das Backblech 13 cm unterhalb der Grillstäbe einschieben und die Galettes 2–3 Minuten grillen, bis sie glänzen.

◆ Die Galettes vorsichtig auf vorgewärmten Tellern anrichten und ringsum etwas Basilikumöl träufeln. Sogleich servieren.

Für 6 Personen

Im April, wenn die Ziegen reichlich Milch geben, schmeckt der Frischkäse besonders gut.

GENIESSER UNTERWEGS

Alpes-Maritimes

Pan bagnat

Sandwich Nizza-Art

Alle Elemente des Nizza-Salats sind bei dieser Spezialität der Côte d'Azur in einem Baguette vereint. Der Name, übersetzt »feuchtes Brot«, erklärt sich damit, dass dieser Picknick-Favorit im Voraus zubereitet wird. Beschwert mit einem Gewicht, muss das »pan bagnat« dann noch eine Weile durchziehen, wobei es sich zu einem herrlich saftigen Genuss entwickelt.

1 Baguette, quer halbiert, oder 2 lange, knusprige Brötchen

1 Knoblauchzehe, längs halbiert

Etwa 6 EL Olivenöl

8 zarte Kopfsalatblätter (ersatzweise auch ein anderer Salat)

1 Tomate, in Scheiben geschnitten

1 hart gekochtes Ei, geschält und in Scheiben geschnitten

10 kleine schwarze Oliven, entsteint

10 Salatgurkenscheiben

4–6 Streifen von einer grünen oder roten Paprikaschote

125 g in Olivenöl eingelegter Thunfisch, zerpflückt

4 in Olivenöl eingelegte Sardellenfilets, in Stücke geschnitten

Salz und frisch gemahlener Pfeffer

◆ Die Baguettehälften oder die Brötchen waagerecht so durchschneiden, dass sie an einem Ende noch zusammenhängen. Bei jedem Stück etwas Krume aus der Mitte herauslösen, sodass eine leichte Höhlung entsteht. Die Schnittflächen des Brotes mit den Knoblauchhälften einreiben. Die Unterteile mit 2 Esslöffeln und die Oberteile mit 1 Esslöffel Olivenöl beträufeln.

◆ Auf jedes Unterteil 2 Salatblätter legen. Die Tomaten- und Eischeiben, die Oliven, die Gurkenscheiben und die Paprikastreifen gleichmäßig darauf, den Thunfisch und die Sardellen dazwischen verteilen. Das Ganze mit Salz und Pfeffer würzen und mit jeweils 2 Salatblättern abdecken.

◆ Die Oberteile auf die Füllung legen, die Sandwiches in Alu- oder Klarsichtfolie wickeln und gut zusammendrücken. Mit einem Schneidbrett leicht beschweren und an einem kühlen Ort bis zu 4 Stunden durchziehen lassen.

◆ Die Sandwiches aus der Alu- oder Klarsichtfolie auswickeln und servieren.

Für 2 Personen

Bouches-du-Rhône

Champignons à la grecque

Marinierte Champignons

Diese Zubereitung ist keineswegs, wie der Name vermuten ließe, ausschließlich in Griechenland zu Hause, sondern auch in Frankreich und insbesondere in der Provence häufig zu finden. Wählen Sie möglichst helle, sehr kleine und fest geschlossene Pilze, die im Ganzen verwendet werden können. Größere Exemplare werden mit den Stielen längs halbiert oder geviertelt. Im Kühlschrank halten sich die marinierten Champignons ohne weiteres bis zu 1 Woche.

60 ml Olivenöl

2 Schalotten, fein gehackt

180 ml Rinderbrühe (siehe Seite 251)

125 ml trockener Weißwein

Saft von 1 Zitrone

3 Knoblauchzehen, fein gehackt

2 TL Tomatenmark

½ Würfel Rinderbrühe

1 Bouquet garni (siehe Seite 246), ergänzt durch 1 kleine Stange Bleichsellerie

½ TL frische Thymianblättchen

Salz und frisch gemahlener Pfeffer

500 g frische weiße Champignons, sorgfältig abgerieben

3 EL gehackte glatte Petersilie

◆ In einer großen Pfanne, die alle Pilze aufnehmen kann, das Olivenöl erhitzen und die Schalotten darin weich schwitzen. Die Brühe, den Wein, den Zitronensaft, den Knoblauch, das Tomatenmark, den Brühwürfel, das Bouquet garni sowie die Thymianblättchen dazugeben, leicht salzen und pfeffern. Aufkochen und bei niedriger Temperatur 10 Minuten köcheln lassen.

◆ Die Pilze hinzufügen. Sobald sie nach etwa 3 Minuten weich sind, mit einem Schaumlöffel herausnehmen und in eine Schüssel füllen. Den Sud bei hoher Temperatur in etwa 2 Minuten auf ein Drittel einkochen lassen (falls er sehr salzig ist, nicht so stark reduzieren).

◆ Das Bouquet garni entfernen, abschmecken, die Petersilie einstreuen, über die Pilze gießen. Abkühlen lassen und anschließend servieren.

Für 6–8 Personen

Alpes-Maritimes

Palmiers au basilic

Schweinsohren mit Basilikum

*Dieses typisch provenzalische Gebäck schmeckt vorzüglich
zum Aperitif, aber auch mit »tapenade« (siehe Seite 59)
bestrichen oder mit geraspeltem Gruyère bestreut.*

20 frische Basilikumblätter

4 Knoblauchzehen, grob gehackt

60 ml Olivenöl, plus mehr zum Bestreichen

*250 g Blätterteig, selbst hergestellt (siehe Seite 249)
oder fertig gekauft*

Meersalz

◆ Den Backofen auf 200 °C vorheizen.

◆ Das Basilikum mit dem Knoblauch im Mixer
pürieren, bis sich die Zutaten zu einer Paste verbinden. Bei laufendem Gerät langsam und gleichmäßig
60 ml Olivenöl hinzugießen und weitermixen, bis
sich eine glatte Paste ergibt.

◆ Den Blätterteig auf einer bemehlten Arbeitsfläche
zu einem Rechteck von etwa 38 × 30 cm ausrollen
und dünn mit der Basilikumpaste bestreichen. An
den langen Seiten der Teigplatte oben und unten
jeweils die Mitte markieren. Bis zu dieser gedach-
ten Mittellinie erst die eine, dann die andere Schmalseite nicht zu fest aufrollen und dabei den Teig dünn
mit Olivenöl bestreichen, damit die Lagen zusammenhalten. Nachdem beide Rollen sich an der Linie
in der Mitte getroffen haben, das Ganze leicht zusammendrücken und anschließend für 20 Minuten
ins Gefrierfach legen.

◆ Ein Backblech dünn einölen – eventuell wird
auch ein zweites benötigt. Die Teigrolle auf einer
Arbeitsfläche quer in 1 cm dicke Scheiben schneiden
und auf das Blech legen (bei den beiden Endstücken
die Schnittfläche nach unten platzieren). Wenn das
erste Blech voll ist, die Schweinsohren mit Meersalz
bestreuen und dieses ganz leicht mit einem Rollholz
eindrücken.

◆ Die Schweinsohren in etwa 15 Minuten goldgelb
backen. Mithilfe eines Spatels auf ein Drahtgitter
legen und vor dem Servieren völlig abkühlen lassen.

Ergibt 20–22 Stück

Alpes-de-Haute-Provence

Œufs à la tripe

Eiergratin mit Zwiebeln und Tomaten

Bevor die modernen Transportmittel eine große Vielfalt von Nahrungsmitteln ganzjährig verfügbar machten, lebte die Bevölkerung der Alpes-de-Haute-Provence weitgehend von dem, was ihre Umgebung bot. Die Kühe lieferten Milch, der Garten hinter dem Haus Gemüse wie Mangold, Karden, Fenchel und anderes mehr. Oft wurden diese Zutaten mit einer Béchamelsauce in eine Form gefüllt, mit geriebenem Käse bestreut und im Ofen goldgelb überbacken.

6 EL Olivenöl, plus mehr für die Form

6 große Zwiebeln, in feine Scheiben geschnitten

FÜR DIE TOMATENSAUCE
60 ml Olivenöl

8 große Tomaten, enthäutet, Samen entfernt, grob gehackt

3 frische Oreganozweige oder 12 frische Basilikumblätter, in Streifen geschnitten

Salz und frisch gemahlener Pfeffer

1 gehäufter EL Tomatenmark (nach Belieben auch mehr)

3 EL gehackte glatte Petersilie

6 hart gekochte Eier, geschält und längs halbiert

FÜR DIE BÉCHAMELSAUCE
750 ml Milch

75 g Butter

3 EL Mehl

Salz und frisch gemahlener Pfeffer

Frisch geriebene Muskatnuss

1 EL geriebener Gruyère

30 g grob geriebener Gruyère

4 TL Butter

◆ Eine ovale oder rechteckige Gratinform von etwa 23 × 35 cm Größe mit Öl ausstreichen.

◆ Das Olivenöl in einer großen Pfanne bei mittlerer Temperatur erhitzen. Die Zwiebeln unter ständigem Rühren in etwa 2 Minuten darin anschwitzen. Mit einem passend zugeschnittenen Stück Pergament- oder Backpapier abdecken und bei niedriger Temperatur unter gelegentlichem Rühren etwa 20 Minuten dünsten, bis sie weich sind. In die vorbereitete Form füllen.

◆ Für die Tomatensauce das Olivenöl in einer Pfanne erhitzen und die Tomaten etwa 2 Minuten darin dünsten, bis sie gerade weich werden. Mit dem Oregano oder Basilikum sowie Salz und Pfeffer würzen und bei niedriger Temperatur ohne Deckel in etwa 15 Minuten sämig einkochen lassen. Falls die Sauce noch zu flüssig ist, kurz bei hoher Temperatur kochen lassen und dabei rühren, damit sie nicht anbrennt. Das Tomatenmark und die Petersilie einrühren und die Sauce gleichmäßig über den Zwiebeln verteilen.

◆ Die Eihälften mit der Schnittfläche nach unten in gleichmäßigen Abständen auf die Sauce legen.

◆ Den Backofen auf 230 °C vorheizen.

◆ Für die Béchamelsauce die Milch in einem kleinen Topf bei mittlerer Temperatur bis kurz vor dem Siedepunkt erhitzen. Die Butter in einem hohen Topf bei mittlerer Temperatur zerlassen. Das Mehl mit einem Schneebesen einrühren und etwa 2 Minuten anschwitzen. Die heiße Milch einrühren, aufkochen und dabei ständig rühren, bis sich eine dicke Sauce ergibt. Vom Herd nehmen. Mit Salz, Pfeffer und Muskatnuss würzen und den Gruyère einrühren. Die Sauce gleichmäßig über den Eiern verteilen.

◆ Mit dem grob geriebenen Gruyère bestreuen und mit Butterflöckchen belegen. 5–8 Minuten gratinieren, bis der Käse geschmolzen ist und die Oberfläche Farbe angenommen hat. Heiß servieren.

Für 8 Personen

Les fromages de chèvre

Die schroffe Hügellandschaft und der felsige, karge Boden der *garrigues* und der »kleinen« Alpen mit den niedrigen, würzig duftenden Sträuchern und der ansonsten spärlichen Vegetation bilden ein ideales Terrain für Ziegen. So überrascht es nicht, dass die bekanntesten Käseerzeugnisse der Provence auf Ziegenmilch basieren. Die Produktion konzentriert sich um Banon in den Alpes-de-Haute-Provence, wobei andernorts in den Alpen sowie im Var und Vaucluse einzelne Kleinbauern ebenfalls exzellenten Käse herstellen und zu der legendären Käsevielfalt ihren Beitrag leisten.

Berühmt ist der Banon de Banon, manchmal *le vrai Banon* (der echte Banon) genannt. Die in Kastanienblätter gehüllten und mit Bast umwickelten Laibe sind auch außerhalb der Region zu finden. Banon wird in unterschiedlichen Reifestadien angeboten. Anfangs weich und frisch im Geschmack, gewinnt der Teig im Lauf der Zeit eine festere, trockenere Konsistenz mit zunehmend kräftigem Aroma.

Ebenfalls aus Banon kommen der Iou Papé, dessen Rinde zur Intensivierung des Geschmacks während der Reifung gewaschen wird; Tomme fraîche und Tomme ancienne, beide trockener, weicher und außen eher fest; weiter der aus

Schaf- und Ziegenmilch hergestellte Mescaré sowie der außergewöhnliche Cacheil, gewissermaßen ein Nebenprodukt: Reste der Käseherstellung werden mit *eau-de-vie*, also Schnaps, vermischt, und heraus kommt ein geschmeidiges Erzeugnis mit äußerst kräftigem, sicher gewöhnungsbedürftigem Geschmack.

Die meisten Ziegenkäse der Provence gelangen als kleine, runde Laibe (*crottins*) oder kleine Blöcke (*bûches*) auf den Markt. Dafür wird die Gallerte in entsprechende Formen gefüllt oder es wird Käsebruch hergestellt, bearbeitet und geformt. Manche Käse sind mit gehackten Oliven aromatisiert oder mit Walnüssen überzogen. Andere wie die berühmten Frischkäse Faiselle de chèvre und Brousse werden gern ungereift, einfach mit etwas Sahne beträufelt und mit Zucker bestreut, mit dem Löffel gegessen.

Ziegenkäse wird, wie fast alle Käse in Frankreich, als neutralisierender Zwischengang vor dem Dessert serviert. Allerdings kommen halb gereifte Erzeugnisse wegen ihrer guten Schmelzeigenschaften auch beim Kochen zu Ehren. Delikat schmecken sie mit Oliven in Blätterteigtaschen, als Füllung in gebackenen Gemüsesandwiches oder auf Croûtons, angerichtet auf einem Bett aus Blattsalat.

Vaucluse

Crottin de chèvre et sa petite salade

Warmer Ziegenkäse auf grünen Salatblättern

»Crottins« sind kleine, runde Ziegenkäse und werden in jedem Reifestadium angeboten. Für diesen Salat eignen sich jedoch nur frische bis halb reife Exemplare.

6 Croûtons aus Baguettescheiben, in Olivenöl ausgebacken (siehe Seite 247)

6 kleine, runde, frische oder halb reife Ziegenkäse (jeweils etwa 30 g)

Etwa 185 g Frisée, Löwenzahn, Rucola oder »mesclun« (siehe Seite 202), verlesen und nach Bedarf zerpflückt

24 Walnusshälften

180 ml natives Olivenöl extra

3–4 EL Sherry- oder Rotweinessig

1 TL Honig

Salz und frisch gemahlener Pfeffer

2 EL Schnittlauchröllchen

◆ Den Elektrogrill vorheizen.

◆ Die Croûtons auf ein Backblech legen und auf jedes einen Ziegenkäse setzen.

◆ Den Salat so auf Tellern verteilen, dass die Mitte für ein Croûton frei bleibt. Die Walnüsse grob hacken. In einer kleinen Schüssel das Olivenöl mit dem Essig, dem Honig sowie Salz und Pfeffer zu einer Vinaigrette verquirlen.

◆ Die Croûtons 15 cm unterhalb der Grillstäbe in den Ofen schieben und etwa 2 Minuten grillen, bis der Käse eben zu schmelzen beginnt. Mit einem Spatel vorsichtig auf die Teller heben. Die Walnüsse gleichmäßig über die Croûtons und den Salat streuen und einige Esslöffel Vinaigrette darüber träufeln. Mit dem Schnittlauch bestreuen und sogleich servieren.

Für 6 Personen

Alpes-Maritimes

Crudités

Rohkostplatte mit Dips

Große Platten mit appetitlichen Arrangements aus rohem Gemüse und Salat kommen überall in Frankreich auf den Tisch. Allerdings gibt es dazu oft nur ein Dressing aus Öl und Essig oder eine einfache Mayonnaise. In der Provence dagegen veredelt man die an sich simple Rohkost mit pikanten Dips, vor allem »aïoli« (Knoblauchmayonnaise) und »anchoïade« (Sardellensauce).

Die perfekte Kulisse für diesen klassischen Genuss: ein derber Holztisch im Schatten eines Olivenbaums, das Ganze überstrahlt vom einzigartigen Blau des Mittelmeerhimmels. Eine Karaffe mit einem Wein aus der Gegend kann auch nicht schaden.

FÜR DIE AÏOLI

3 Knoblauchzehen (nach Geschmack auch die doppelte Menge)

3 Eigelb

2 TL Dijon-Senf

310–430 ml Olivenöl

Salz und frisch gemahlener weißer Pfeffer

Weißweinessig oder frisch gepresster Zitronensaft

FÜR DIE ANCHOÏADE

250 ml Olivenöl

6 eingesalzene Sardellen (insgesamt etwa 125 g), filetiert und abgespült (siehe Seite 250)

3 Knoblauchzehen, zerdrückt

1 EL Dijon-Senf

2 EL Rotweinessig

12 Babyartischocken von höchstens 4 cm Durchmesser, geputzt (siehe Seite 246) und längs halbiert

16 junge Möhren, geschält

3 Chicorée, in einzelne Blätter geteilt

3 Stangen Bleichsellerie, längs halbiert und quer in 5 cm lange Stücke geschnitten

1 kleiner Blumenkohl, in Röschen geteilt

1 Bund kleine Radieschen, geputzt

2 rote und/oder grüne Paprikaschoten, Samen und Scheidewände entfernt, längs in 12 mm breite Streifen geschnitten

18–20 frische weiße Champignons, sorgfältig abgerieben und die Stiele glatt geschnitten

◆ Für die *aïoli* den Knoblauch von etwaigen Keimen befreien. Bei Verwendung eines Schneebesens oder elektrischen Handrührgeräts den Knoblauch fein hacken und in einer kleinen Schüssel mit den Eigelben und dem Senf einige Minuten gründlich verrühren. Tropfenweise Olivenöl unter Rühren hinzufügen, bis sich eine Emulsion ergibt. Weiteres Öl in feinem Strahl gleichmäßig dazugießen und ununterbrochen weiterrühren, bis die *aïoli* die gewünschte Konsistenz annimmt – sie soll später gut an den eingetunkten Gemüsestücken haften (je mehr Öl, desto dicker die Sauce). Mit Salz, weißem Pfeffer und Essig oder Zitronensaft abschmecken und zugedeckt bis zum Servieren kalt stellen. Es sollten sich 375–500 ml ergeben.

◆ Bei Verwendung eines Mixers den Knoblauch grob hacken und im Mixer über den Momentschalter ganz fein zerkleinern. Die Eigelbe und den Senf hinzufügen und alles wiederum nur durch Betätigen des Momentschalters kurz vermischen. Erst dann bei laufendem Gerät das Öl in sehr feinem, gleichmäßigem Strahl einlaufen lassen und weiterverfahren, wie oben beschrieben.

◆ Für die *anchoïade* 125 ml Olivenöl mit den Sardellen in einem kleinen Topf 15 Minuten erwärmen, bis sich die Aromen vermischt haben. Vom Herd nehmen, abkühlen lassen, danach mit einem Schneebesen zu einer Paste verarbeiten. Den Knoblauch, den Senf und den Essig untermischen. Das restliche Olivenöl zunächst tropfenweise, dann in feinem, gleichmäßigem Strahl einlaufen lassen, dabei ständig mit dem Schneebesen rühren. Die *anchoïade* zugedeckt bis zum Servieren kalt stellen. Es sollten sich etwa 375 ml ergeben. Alternativ das abgekühlte Öl mit den Sardellen im Mixer zu einer Paste verarbeiten. Danach weiterverfahren, wie zuvor beschrieben, und das restliche Öl bei laufendem Gerät hinzugießen.

◆ Das Gemüse auf einer oder mehreren großen Platten arrangieren. Die Schüsseln mit der *aïoli* und der *anchoïade* dazu reichen. Hübsch sieht es auch aus, wenn sie direkt auf den Platten stehen.

Für 6–8 Personen

Die pikante zartgelbe Aïoli ist eine typische Spezialität der Provence.

Alpes-Maritimes

La socca

Fladen aus Kichererbsenmehl

Kichererbsenmehl hatte früher in der Küche der Provence einen höheren Stellenwert, und diese Fladen kamen in den Familien häufiger auf den Tisch. Sie sind nach wie vor populär, heute aber eher als kleine Stärkung, die sich Fischer, Arbeiter und Passanten an Straßen- und Marktständen zwischendurch genehmigen. So charakteristisch wie der Geschmack und die Konsistenz, die die »socca« dem besonderen Mehl verdankt, sind auch die Blasen und verkohlten Stellen, die sie auf der zischend heißen Backfläche erhält.

500 ml Wasser

250 g Kichererbsenmehl

3 EL Olivenöl

1 TL Salz

Frisch gemahlener Pfeffer

◆ Das Wasser in eine Schüssel füllen. Das Kichererbsenmehl, das Olivenöl und das Salz nacheinander hinzufügen und dabei ständig mit einem Schneebesen rühren, bis der Teig nicht mehr klumpt. 30 Minuten ruhen lassen.

◆ Ein schweres Backblech von etwa 30 × 40 cm Größe in den Backofen schieben und diesen auf 260 °C vorheizen.

◆ Das Blech aus dem Ofen nehmen, mit Öl bestreichen und rasch den Teig darauf gießen – er sollte das Blech etwa 3 mm hoch bedecken.

◆ Mit einer Messerspitze etwaige Blasen im Teig aufstechen. Den Backofen auf die Grillfunktion umstellen und das Blech etwa 13 cm unterhalb der Grillstäbe hineinschieben.

◆ Den Fladen 2–3 Minuten backen, bis er stellenweise stark gebräunt ist. Auf ein Schneidbrett gleiten lassen und in Quadrate oder Rechtecke schneiden. Großzügig pfeffern und sogleich servieren.

Für 4 Personen

Alpes-Maritimes

Soupe au pistou

Gemüsesuppe mit Pistou

Die zuletzt eingerührte, pikant-aromatische Basilikum-paste – »pistou« – gibt dieser Gemüsesuppe ihren Namen und macht zugleich aus bodenständiger Kost einen erhabenen Genuss. Sie ist zwar eine Spezialität aus Nizza, weist aber deutliche Parallelen zum itali-nischen Pesto auf, der ursprünglich im nahe gelegenen Genua zu Hause ist. Je näher man der Grenze zu Italien kommt, desto mehr ähnelt das Pistou diesem seinem Pendant, während es in entfernteren Gefilden der Provence, beispielsweise in den Alpen, durch Tomaten-mark und eventuell eine frische Tomate eine leichtere Note erhält.

220 g getrocknete Bohnen (möglichst je zur Hälfte Cannellini und rote Kidney- oder Augenbohnen)

4 l Wasser

1 große Zwiebel, gehackt

2 Stangen Bleichsellerie, in Scheiben geschnitten

250 g grüne Bohnen, geputzt, größere Exemplare in 2,5 cm lange Stücke geschnitten

2 große Zucchini, geputzt, längs halbiert und quer in Scheiben geschnitten

3 große, intensiv rote Tomaten, enthäutet, Samen entfernt, grob gehackt

Salz und frisch gemahlener Pfeffer

FÜR DAS PISTOU

3 Knoblauchzehen, in Scheiben geschnitten

40 frische Basilikumblätter

1 kleine Tomate, enthäutet, Samen entfernt, gehackt (nach Belieben)

3 EL Olivenöl

60 g frisch geriebener Parmesan

Salz und frisch gemahlener Pfeffer

100 g Vermicelli, in 7,5 cm lange Stücke gebrochen, oder kleine Maccheroni

2 EL Tomatenmark (nach Geschmack auch mehr)

◆ Die Bohnenkerne auf Steinchen sowie unschön geformte Exemplare durchsehen und diese entfer-nen. Gründlich abspülen, in eine große Schüssel fül-len, mit reichlich Wasser bedecken und über Nacht einweichen.

◆ Abseihen und mit dem frischen Wasser in einen großen Suppentopf füllen. Bei hoher Temperatur einmal aufkochen und dann bei niedriger Tempera-tur ohne Deckel 30 Minuten köcheln lassen. Die Zwiebel, den Sellerie, die grünen Bohnen, Zucchini und Tomaten hinzufügen. Leicht salzen und pfeffern und noch etwa 30 Minuten ohne Deckel köcheln lassen, bis die Bohnen beinahe gar sind.

◆ Inzwischen für das *pistou* den Knoblauch mit dem Basilikum im Mörser zu einer Paste zerreiben. Die Tomate, falls verwendet, gründlich in die Mischung einarbeiten. Nach und nach das Öl einrühren, bis sich eine gleichmäßige Paste ergibt. Zuletzt den Parmesan untermischen und mit Salz und Pfeffer abschmecken. Alternativ den Knoblauch mit dem Basilikum im Mixer fein hacken. Die Tomate, falls verwendet, hinzufügen und das Gerät laufen lassen, bis sie gründlich untergemischt ist. Bei laufendem Gerät langsam das Öl hinzugießen, bis eine gleich-mäßige Paste entsteht. Den Parmesan untermischen, mit Salz und Pfeffer abschmecken. Beiseite stellen.

◆ Die Pasta in die Suppe streuen und diese noch 12–15 Minuten kochen, bis Pasta und Bohnen rich-tig gar sind. Die Suppe mit Salz und Pfeffer ab-schmecken und zuletzt das Tomatenmark einrühren.

◆ Die Suppe mit 2 Esslöffeln *pistou* aromatisieren, das gründlich eingerührt wird. In vorgewärmte Suppenteller oder eine Terrine füllen. Auf jede Portion 1 Esslöffel beziehungsweise in die Terrine 3–4 gehäufte Esslöffel *pistou* geben und kurz um-rühren. Das restliche *pistou* separat dazu reichen.

Für 10 Personen

Alpes-Maritimes

Olives sautées

Warme schwarze Oliven

Oliven werden eher selten warm serviert. Hier verwandeln sie sich, ergänzt durch andere Zutaten, ohne großen Aufwand in eine verlockende Vorspeise.

500 g große, fleischige schwarze Oliven

3 EL Olivenöl

3 Scheiben luftgetrockneter Schinken (siehe Seite 250), in mundgerechte Stücke zerpflückt

8 frische Salbeiblätter

3 Lorbeerblätter, größere Exemplare in Stücke gebrochen

2 scharfe rote Chilischoten, in Ringe geschnitten

1 EL Meersalz

◆ Die Oliven abspülen und trockentupfen. In dem heißen Öl in einer Pfanne etwa 2 Minuten unter ständigem Rühren gründlich erwärmen. Schinken, Salbei und Lorbeerblätter, zuletzt die Chilischoten einrühren. Das Salz gleichmäßig untermischen, wobei es sich nicht auflösen soll.

◆ In eine Schüssel füllen und sogleich servieren.

Für 8–10 Personen

Alpes-Maritimes

Olives en marinade

Marinierte Oliven

Nicht nur in der Provence sind diese mit Knoblauch und Kräutern in Öl eingelegten Oliven zum Aperitif oder als Vorspeise äußerst beliebt.

315 g schwarze Oliven in Salzlake

185 g grüne Oliven in Salzlake

2 Knoblauchzehen

3–4 Pfefferkörner

3–4 frische Thymianzweige

Blättchen von 1 langen, frischen Rosmarin- oder Fenchelzweig

1 Lorbeerblatt

1 scharfe rote Chilischote (nach Belieben)

Olivenöl nach Bedarf

◆ Die Oliven abtropfen lassen und abwechselnd mit den aromatischen Zutaten in ein Einmachglas mit Gummiring und Drahtbügel füllen – dieses sollte so groß sein, dass nach dem Befüllen noch etwa ein Drittel frei ist.

◆ Die Oliven knapp mit Olivenöl bedecken. Das Glas sorgfältig verschließen und an einen kühlen, dunklen Ort stellen – vor dem Servieren sollten die Oliven mindestens 3 Wochen marinieren. Ständig mit Olivenöl bedeckt und im fest verschlossenen Glas aufbewahrt, halten sie sich unbegrenzt.

Für 8–10 Personen

Bouches-du-Rhône

Calmars marinés

Marinierte Kalmare

Denkbar einfach in der Zubereitung, ergeben diese Kalmare eine herzhafte Ergänzung zu einem Drink oder auch zu einer gemischten Vorspeisenplatte.

1 kg kleine Kalmare

6 EL Olivenöl

3 EL frisch gepresster Zitronensaft (nach Geschmack auch mehr)

2 Knoblauchzehen, zerdrückt

1 scharfe rote Chilischote, in Ringe geschnitten (nach Belieben)

10 g gehackte glatte Petersilie

Frisch gemahlener Pfeffer

◆ Die Kalmare küchenfertig vorbereiten, wie auf Seite 247 beschrieben. Den schmaleren Teil der Körperbeutel quer in feine Ringe, den breiteren Teil in schmale Längsstreifen schneiden. Die Arme in Stücke unterschiedlicher Länge teilen – noch reizvoller sieht die Vorspeise aus, wenn hier und da noch zwei oder drei kleine Arme zusammenhängen.

◆ Einen Topf zu drei Vierteln mit Wasser füllen und zum Kochen bringen. Die Kalmare hineingeben und, sobald das Wasser erneut aufwallt, abseihen. Gut abtropfen lassen.

◆ Die abgekühlten Kalmare mit dem Olivenöl, dem Zitronensaft, dem Knoblauch und der Chilischote, falls verwendet, in einer Schüssel gründlich vermischen. Kurz vor dem Servieren die Petersilie und Pfeffer nach Geschmack untermischen.

Für 8 Personen

Vaucluse

Fougasse

Gefüllter Brotfladen

Als ich einmal nach Carpentras kam, fiel mir auf, dass sich in fast jedem Bäckereischaufenster Brotfladen stapelten. Wie ich dann herausfand, ist die Stadt eine stolze Hochburg dieses traditionellen Gebäcks der Region. Mein Mann Gérard und ich erstanden eine solche »fougasse« und dazu eine Flasche Wein, hielten Ausschau nach einem sonnigen Plätzchen und wurden auf einer malerischen alten Brücke fündig. Als wir den Fladen in Stücke brachen, gab er eine Füllung aus Sardellen und »grattons« (Stücke knusprig gebratener Entenhaut) preis. Gut schmecken auch Sardellen, Oliven und Schinken, egal ob einzeln oder in Kombination.

FÜR DEN VORTEIG

100 g Hartweizenmehl für Brot

125 ml lauwarmes Wasser

30 g frische Hefe, zerbröckelt, oder 2½ TL Trockenhefe

FÜR DEN HEFETEIG

400 g Hartweizenmehl für Brot

1 TL Salz

250 ml lauwarmes Wasser

2 EL Olivenöl

20 Sardellenfilets in Olivenöl oder 250 g große, fleischige schwarze Oliven, entsteint und grob gehackt, oder 375 g gekochter Schinken, grob gehackt

Salz und frisch gemahlener Pfeffer

Olivenöl zum Bestreichen

◆ Für den Vorteig das Mehl in eine kleine Schüssel häufen. Das Wasser in eine Tasse gießen und die Hefe einrühren, bis sie sich aufgelöst hat. Die Mischung unter das Mehl rühren. Die Schüssel mit eingeölter Klarsichtfolie abdecken und den Ansatz an einem warmen Ort in 30–40 Minuten auf das doppelte Volumen aufgehen lassen.

◆ Bei manueller Herstellung des Hefeteigs das Mehl auf eine leicht eingeölte Arbeitsfläche häufen und in die Mitte eine große Mulde drücken. Das Salz

hineinstreuen, den Vorteig mit dem Wasser und dem Olivenöl hineingeben und mit einer Gabel vermischen, dabei nach und nach das umgebende Mehl einarbeiten. Den Teig 8–10 Minuten kneten, bis er locker und elastisch ist. Obwohl er ziemlich feucht ist, kein weiteres Mehl hinzufügen, sondern mit eingemehlten Händen weiterkneten. Den Teig zu einer Kugel formen, in einer leicht eingeölten Schüssel mehrmals wenden, mit einem feuchten Küchentuch abdecken und in 45–60 Minuten auf das doppelte Volumen aufgehen lassen.

◆ Bei Verwendung einer Küchenmaschine möglichst einen Knethaken aus Kunststoff verwenden und die Geschwindigkeit so niedrig einstellen, dass Teig und Motor nicht zu warm werden. Mehl und Salz in der Rührschüssel vermengen. Den Vorteig, Wasser und Öl hinzufügen und alles vermischen, bis sich der Teig von selbst wie eine Kugel um die Knethaken legt. Auf einer leicht bemehlten Arbeitsfläche 2–4 Minuten mit den Händen kneten, bis er locker und elastisch ist. Zu einer Kugel formen und fortfahren wie oben.

◆ Den Backofen auf 230 °C vorheizen. Einen Wasserzerstäuber mit feiner Düse bereitstellen.

◆ Den Teig auf einer bemehlten Arbeitsfläche zusammenschlagen und zu einem Rechteck von 50 × 20 cm Größe ausrollen. Die Sardellen, Oliven oder den Schinken auf einer Hälfte des Rechtecks verteilen, wobei ein 2 cm breiter Rand frei bleiben muss, und – außer bei Sardellen – salzen und pfeffern. Die freie Teighälfte darüber breiten, den Fladen auf ein Backblech legen und mit einem scharfen Messer in Abständen von etwa 5 cm bis hinunter aufs Blech einschneiden. Die Einschnitte auseinander ziehen, damit sie sich in der Ofenhitze nicht wieder schließen, und an einigen Stellen die oberen und unteren Schnittkanten leicht zusammendrücken. Den Fladen mit Olivenöl bestreichen, mit einem feuchten Küchentuch abdecken und 30 Minuten ruhen lassen.

◆ Das Tuch entfernen und den Fladen in den Ofen schieben. Dreimal rasch oben und unten in den Ofen sprühen. Den Fladen in etwa 25 Minuten goldbraun backen. 5 Minuten vor Ende der Backzeit nochmals in den Ofen sprühen – so wird die Kruste schön knusprig.

◆ Den Fladen aus dem Ofen nehmen, zum Abkühlen auf ein Drahtgitter legen und noch heiß mit Olivenöl bestreichen. Warm oder raumtemperiert servieren.

Ergibt 1 Fladen

Les fougasses

In der mittleren und südlichen Provence, speziell im Lubéron und der südlich gelegenen Camargue, sieht man in den Auslagen der Bäckereien eine besondere Art von Fladen. Ein auffallendes Merkmal sind die Schlitze im Teig, die ähnlich wie die Adern eines Eichenblattes von einer imaginären Mitte aus strahlenförmig in verschiedene Richtungen oder auch kreuz und quer wie bei einem Spalier verlaufen. Die vor dem Backen angebrachten Einschnitte sorgen dafür, dass der Teig besonders knusprig wird und dass die obere und untere Lage in regelmäßigen Abständen zusammenhaften.

Die *fougasses* sind in vielen Formen erhältlich, von fächerförmigen Laiben bis zu Brötchen, die wie gespreizte Hände aussehen. In einer Bäckerei in Maillane bei Saint-Rémy, die seit sechs Generationen von der Familie Fassy betrieben wird, bekommt man sage und schreibe fünfundzwanzig verschiedene Sorten, die ausnahmslos aus Sauerteig bestehen.

Ich mag jedoch besonders die rechteckigen Fladen mit Füllung, beispielsweise aus gehackten schwarzen Oliven, Stücken knusprig gebratener Haut von Gans oder Ente *(grattons)*, Schinken, Sardellen oder auch Roquefort aus Aveyron. Außer vielleicht noch einer Flasche Wein braucht man nicht viel mehr für ein gelungenes Picknick. Eine süße Version der Fladen namens *fougassette* ist in Nizza ein traditionelles Weihnachtsgebäck.

Vaucluse

Soupe à la tomate aux fines herbes

Tomatensuppe mit Kräutern

Eine Tomatensuppe ist immer nur so gut wie die Zutaten, aus denen sie besteht. Daher ist diese Suppe geradezu ein Synonym für den Sommer, wenn der Markt vollreife, intensiv rote Früchte bietet. Ebenfalls besonders aromatisch sind zu dieser Zeit die Kräuter, die die Franzosen unter dem Begriff »fines herbes« zusammenfassen: Petersilie, Kerbel, Schnittlauch, Basilikum und Estragon.

---

3 EL Olivenöl

1 große Zwiebel, fein gehackt

1 kg reife Tomaten, enthäutet, Samen entfernt, grob gehackt

1 EL Zucker

½ Stange Bleichsellerie, fein gehackt

1,5 l Wasser

1 EL Tomatenmark (nach Geschmack auch mehr)

Salz und frisch gemahlener Pfeffer

5 Frühlingszwiebeln, samt dem zarten Grün in feine Ringe geschnitten

15 g gehackte glatte Petersilie

15 g gehackter frischer Kerbel

12 frische Basilikumblätter, gehackt

◆ Das Olivenöl in einem großen Suppentopf erhitzen und die Zwiebel darin anschwitzen. Die Tomaten etwa 2 Minuten mitschwitzen, bis ihr Saft austritt. Den Zucker einstreuen und rühren, bis nach 2–3 Minuten die gesamte Flüssigkeit verdampft ist und die Tomaten leicht am Topfboden ansetzen oder sogar karamellisieren. Die Hälfte des Selleries, das Wasser und das Tomatenmark gründlich untermischen. Leicht salzen und pfeffern, aufkochen und bei reduzierter Temperatur ohne Deckel etwa 30 Minuten köcheln lassen.

◆ Mit einem Mixstab oder Kartoffelstampfer grob pürieren. Den restlichen Sellerie hinzufügen und die Suppe noch 5 Minuten köcheln lassen, bis sich die Aromen vermischt haben.

◆ Ganz zum Schluss die Frühlingszwiebeln und die Kräuter einrühren und die Suppe abschmecken. In Suppentellern anrichten und servieren.

Für 6 Personen

Alpes-Maritimes

Salade niçoise

Nizza-Salat

Ohne Frage genießt dieser Salat beinahe weltweit Berühmtheit. Er kommt auch ohne Thunfisch aus, obwohl dieser zu den traditionellen Zutaten gehört. Manche Köche behaupten steif und fest, dass Kartoffeln oder anderes gekochtes Gemüse im »salade niçoise« nichts zu suchen hätten. In Nizza herrscht die Ansicht vor, dass man sich, solange der Markt keine Dicken Bohnen oder zarten Artischocken biete, die sich für den Rohverzehr eigneten, die ganze Mühe überhaupt nicht machen müsse. Einigkeit herrscht indes allgemein darüber, dass grüner Salat, Tomaten, grüne Bohnen, Eier, Sardellen und schwarze Oliven niemals fehlen dürfen.

6 kleine, fest kochende Kartoffeln, ungeschält (nach Belieben), Salz

20–24 zarte grüne Bohnen, geputzt

250 g frischer oder 220 g in Olivenöl eingelegter Thunfisch aus der Dose

3 EL Olivenöl bei Verwendung von frischem Thunfisch

1 Kopfsalat oder Romana-Salat, in einzelne Blätter geteilt

5 kleine weiße Zwiebeln von 5 cm Durchmesser, in Scheiben geschnitten

9 kleine, feste Tomaten, geachtelt

1 grüne Paprikaschote, Samen entfernt, längs in schmale Streifen geschnitten

1 Stange Bleichsellerie, in Scheiben geschnitten

1 kleine, schlanke Salatgurke, nach Belieben geschält, in Scheiben geschnitten

12 Sardellenfilets in Olivenöl, längs halbiert

6 Babyartischocken, geputzt (siehe Seite 246) und längs halbiert (nach Belieben)

15–18 junge, zarte Dicke Bohnen, enthäutet (siehe Seite 246, nach Belieben)

90 g kleine, fleischige schwarze Oliven

12 frische Basilikumblätter, grob zerpflückt

6 hart gekochte Eier, geschält und längs geviertelt

FÜR DIE VINAIGRETTE

180 ml natives Olivenöl extra

3–4 EL frisch gepresster Zitronensaft oder Rotweinessig

2 Knoblauchzehen, zerdrückt

Salz und frisch gemahlener Pfeffer

◆ Die Kartoffeln, falls verwendet, in Salzwasser 10 Minuten kochen. Abgießen, unter fließendem kaltem Wasser abkühlen und gut abtropfen lassen. In 6 mm dicke Scheiben schneiden. Beiseite stellen.

◆ Den Topf zu drei Vierteln mit Wasser füllen, salzen und zum Kochen bringen. Die grünen Bohnen 2–3 Minuten blanchieren. Abseihen, unter fließendem kaltem Wasser abkühlen und gut abtropfen lassen. Beiseite stellen.

◆ Frischen Thunfisch, falls verwendet, in 2,5 cm breite Scheiben schneiden. In einer großen Pfanne in dem erhitzten Olivenöl von jeder Seite 1 Minute anbraten. Vom Herd nehmen, abkühlen lassen und in 5 cm lange Stücke schneiden. Thunfisch aus der Dose, falls verwendet, abtropfen lassen und grob zerpflücken.

◆ Eine große, weite Salatschüssel mit den Salatblättern auslegen. Alle Zutaten bis auf Oliven, Basilikum und Eier darauf anrichten. Die Oliven und das Basilikum darüber verteilen.

◆ Für die Vinaigrette das Olivenöl und den Zitronensaft oder Rotweinessig mit dem Knoblauch sowie Salz und Pfeffer gründlich verrühren. Den Salat mit der Vinaigrette übergießen und behutsam durchmischen. Mit den Eivierteln garnieren und servieren.

Für 6 Personen

Alpes-Maritimes

Beignets de fleurs de courgettes

Ausgebackene Zucchiniblüten

Im Frühjahr sind diese Beignets ein fester Bestandteil der provenzalischen Küche. Wer zu dieser Zeit in der Region weilt, sollte sich den Genuss nicht entgehen lassen.

150 g Mehl

2 Eier, getrennt

1 EL Olivenöl

250 ml Milch

30 Zucchiniblüten

Erdnuss- oder Traubenkernöl zum Frittieren

Salz

750 ml Tomatensauce (siehe Seite 67), erwärmt (nach Belieben)

◆ Das Mehl in eine Schüssel häufen und in die Mitte eine Mulde drücken. Die Eigelbe, das Olivenöl und 3 Esslöffel Milch in die Mulde geben und mit einem Schneebesen vermischen. Langsam das umgebende Mehl einrühren. Nach und nach die restliche Milch hinzufügen und dabei ständig weiterrühren, bis sich ein glatter Backteig ergibt. 1 Stunde ruhen lassen.

◆ Die Zucchiniblüten von den Staubgefäßen befreien. Bei Bedarf abspülen und trockentupfen.

◆ Die Eiweiße in einer Schüssel zu festem Schnee schlagen und diesen unter den Teig heben.

◆ Einen hohen Topf 7,5 cm hoch mit Erdnuss- oder Traubenkernöl füllen und dieses auf 165 °C erhitzen. Jeweils 4–6 Zucchiniblüten durch den Backteig ziehen, vorsichtig in das heiße Öl gleiten lassen und in 1½–2 Minuten goldgelb frittieren. Mit einem Schaumlöffel herausnehmen, auf Küchenpapier abtropfen lassen und im Backofen bei niedriger Temperatur warm stellen.

◆ Die Zucchiniblüten auf einer Servierplatte anrichten, mit Salz bestreuen und sogleich servieren. Alternativ auf vorgewärmte Teller etwas Tomatensauce geben, die Zucchiniblüten darauf anrichten, mit Salz bestreuen und servieren.

Für 6 Personen

Alpes-Maritimes

Raviolis tout nus

Nackte Ravioli

Die Grafschaft Nizza ist durch das Haus Savoyen mit der Geschichte Neapels verbunden. Zudem ist es von hier nicht weit zur italienischen Grenze, und so verwundert die Vorliebe der Einheimischen für Pizza und Pasta kaum. Bei diesem Rezept handelt es sich allerdings nicht wirklich um Ravioli, sondern vielmehr um Fleischbällchen, traditionsgemäß mit einer herzhaften Tomatensauce serviert.

FÜR DIE SAUCE

1 große Zwiebel, gehackt

1 Möhre, geschält und gehackt

1 Stange Bleichsellerie, gehackt

3 EL gehackte glatte Petersilie

Blättchen von 2 frischen Thymianzweigen, gehackt

Blättchen von 2 frischen Estragonzweigen, gehackt

2 Knoblauchzehen, fein gehackt

3 Schalotten, fein gehackt

125 g Hackfleisch vom Schwein

125 g Hackfleisch vom Kalb

2 EL Olivenöl

4 Tomaten, enthäutet, Samen entfernt, gehackt

3 EL Tomatenmark (nach Bedarf auch mehr)

20 g getrocknete Steinpilze, 1 Stunde in Wasser eingeweicht, abgeseiht und fein gehackt

1 l Wasser

Salz und frisch gemahlener Pfeffer

FÜR DIE RAVIOLI

Salz

1 großes Bund Mangold, dicke Stiele entfernt und die Blätter grob gehackt

375 g Hackfleisch vom Schwein

375 g Hackfleisch vom Kalb

100 g Gruyère, gerieben

1 Knoblauchzehe, fein gehackt

20 g gehackte glatte Petersilie

3 Eier, leicht verquirlt

Salz und frisch gemahlener Pfeffer

1 Prise frisch geriebene Muskatnuss

150 g Mehl

◆ Für die Sauce die Zwiebel, die Möhre und den Sellerie auf einem Schneidbrett zusammen so fein wie möglich hacken – so verbinden sich diese Zutaten später optimal mit den Aromen der Sauce. In einer kleinen Schüssel mit den Kräutern, dem Knoblauch und den Schalotten gut vermischen. Die beiden Hackfleischsorten in einer zweiten Schüssel gründlich vermengen.

◆ Das Olivenöl in einem Topf bei mittlerer Temperatur erhitzen. Die gehackte Gemüsemischung 2–3 Minuten unter häufigem Rühren andünsten. Das Hackfleisch gründlich untermischen, bis es krümelig zerfällt. Die Tomaten, 3 Esslöffel Tomatenmark, die Steinpilze und das Wasser hinzufügen. Bei hoher Temperatur aufkochen und dann bei reduzierter Temperatur ohne Deckel in etwa 1 Stunde auf die Hälfte einkochen lassen, dabei gelegentlich rühren. Mit Salz und Pfeffer würzen und, falls ein intensiveres Aroma gewünscht wird, weiteres Tomatenmark einrühren. Vom Herd nehmen und beiseite stellen.

◆ Für die Ravioli einen Topf zu drei Vierteln mit Wasser füllen, salzen und zum Kochen bringen. Den Mangold in etwa 5 Minuten darin weich kochen. Abseihen, kräftig ausdrücken, noch feiner hacken und abermals ausdrücken.

◆ In einer Schüssel den Mangold mit den beiden Hackfleischsorten vermengen. 50 g Gruyère, den Knoblauch und die Petersilie gründlich untermischen. Die Eier einarbeiten und mit Salz, Pfeffer und Muskatnuss würzen. Aus dem Fleischteig Bällchen von 2,5 cm Durchmesser formen. Das Mehl auf einem Teller verteilen, die Bällchen darin wälzen und den Überschuss wieder abschütteln.

◆ Einen Topf zu drei Vierteln mit Wasser füllen, salzen und bei hoher Temperatur zum Kochen bringen. Die Bällchen hineingleiten lassen und bei mittlerer Temperatur in 8–10 Minuten gar ziehen lassen. Inzwischen die Tomatensauce nochmals erwärmen.

◆ Die fertig gegarten Fleischbällchen mithilfe eines Schaumlöffels herausnehmen und auf vorgewärmten Tellern anrichten. Mit der Tomatensauce überziehen und gleichmäßig mit dem restlichen Gruyère bestreuen. Bei Verwendung hitzebeständiger Teller können diese kurz unter den vorgeheizten Elektrogrill geschoben werden, bis der Käse geschmolzen ist. Das Gericht sogleich servieren.

Für 6 Personen

Var

Petits pâtés aux olives

Kleine Olivenpasteten

Im vornehmen Badeort Saint-Tropez, der seinen Gästen natürlich auch gastronomisch viel zu bieten hat, sah ich diese Appetithappen das erste Mal.

*200 g große schwarze Oliven in Salzlake,
plus gehackte Oliven zum Garnieren
(nach Belieben)*

3 EL Olivenöl

*1 kleiner, runder, reifer Ziegenkäse (etwa 100 g),
gerieben*

*1 EL fein gehackter frischer Rosmarin,
plus 6 kleine Zweige*

*500 g Blätterteig, selbst hergestellt (siehe Seite 249)
oder fertig gekauft*

75–125 g Mehl zum Ausrollen des Teigs

1 Ei, leicht verquirlt

◆ Die Oliven entsteinen, fein hacken und in einer Schüssel mithilfe einer Gabel das Olivenöl einrühren. Den Käse dazugeben und locker einarbeiten. Den gehackten Rosmarin gründlich untermischen. Den Backofen auf 190 °C vorheizen.

◆ Den Blätterteig auf einer bemehlten Arbeitsfläche 6 mm dick ausrollen. Mit einem scharfen Messer und kleinen Tellern als Schablone je 6 Kreise von 13 cm und von 10,5 cm Durchmesser ausschneiden. Die kleineren Teigkreise auf ein dünn eingeöltes Backblech legen.

◆ Die Olivenmischung mit einem Löffel in die Mitte der Teigstücke häufen. Die Ränder mit dem verquirlten Ei bestreichen. Die größeren Teigkreise über die Füllung legen und die Teigränder mit den Fingern fest zusammendrücken. Die Oberflächen mit dem restlichen Ei bestreichen.

◆ Die Pasteten in etwa 20 Minuten goldbraun backen. Auf einem Drahtgitter leicht abkühlen lassen. Mit einem Rosmarinzweig und nach Belieben mit gehackten Oliven anrichten. Warm servieren.

Für 6 Personen

Les olives

Mit seinem knorrigen, gebogenen Stamm und den schmalen, silbrig schimmernden Blättern prägt der Olivenbaum, der sich von Palästina und Griechenland aus im gesamten Mittelmeerraum verbreitete, die provenzalische Landschaft, das hügelige Weideland und die privaten Nutzgärten. Vor allem im Var, Vaucluse und Bouches-du-Rhône wird er auch in Plantagen kultiviert.

Die gegen November unreif gepflückten grünen Oliven werden, um ihnen den enthaltenen Bitterstoff zu entziehen und sie genießbar zu machen, zunächst in Natronlauge und anschließend in Salzlake eingelegt. Im Dezember und Januar werden dann die inzwischen reifen schwarzen Oliven geerntet. Oft kommen dafür kleine Traktoren zum Einsatz, die mit kräftigen Greifarmen an den Stämmen rütteln, sodass die Früchte in die unter den Bäumen gespannten Tücher fallen. Da schwarze Oliven keine alkalische Behandlung benötigen, werden sie einfach in der Sonne getrocknet oder auf unterschiedliche Art eingelegt.

Auf dem Marché de Fourvilles in Cannes zählte ich einmal die Sorten und kam auf sage und schreibe sechsunddreißig. Da gab es grüne, fleischige *picholines* und schlanke, zugespitzte *lugnes,* schwarze Kalamata-Oliven, die dicken *violettes* aus Tunesien, grüne Sévillanes und die riesigen *mamouths,* weiterhin *tanche,* die man eher unter dem Namen ihres Herkunftsortes (Nyons) kennt – genau wie die winzigen, saftigen Niçoise, die sich perfekt für Salate und Tartes eignen.

Dazu konnte man wählen zwischen entsteinten, zerkleinerten oder angedrückten Oliven, die so wundervoll die klassischen Eintopfgerichte *(daubes)* und Ragouts abrunden. Geradezu unwiderstehlich war das Sortiment an Oliven für den Aperitif oder das Büfett: in Öl mariniert; mit Pfeffer, gehackten Chilischoten oder Kräutern gemischt; aromatisiert mit Knoblauch und Kapern, Knoblauch und Orangenschale oder auch Thymian, roten Paprikaschoten, Zwiebeln und Kapern; und sogar solche mit Sardellen. Große Schüsseln mit den lokalen Spezialitäten machten das Angebot komplett: *à la façon grecque* (in Brühe mit Zitronensaft geschmort), *à la camarguaise* (mit *crème d'anchois* und Knoblauch) und *à la sicilienne* (mit Zitrone).

Vaucluse

Terrine de veau aux fruits confits

Kalbfleischterrine mit getrockneten Aprikosen und Haselnüssen

Während die »charcuteries« (Geschäfte für Fleisch- und Wurstwaren) landauf, landab ähnliche Pasteten anbieten, wandeln Restaurantköche die Klassiker gern zu fantasievollen Kreationen ab. In einem kleinen Restaurant in der Nähe von Apt kosteten mein Schwager Bernard, seine Frau Danièle und ich eine »pâté de campagne«. Wieder zu Hause in Évreux, machte sich Bernard begeistert daran, eine eigene Variante zu entwickeln. So entstand diese exquisite Komposition aus Kalb- und Schweinefleisch mit getrockneten Aprikosen.

1 großes oder 2 kleine Schweinefilets (insgesamt etwa 250 g)

750 g Rückenspeck

3 Schalotten, in Scheiben geschnitten

2–3 Knoblauchzehen, in Scheiben geschnitten

125 ml Madeira, nach Belieben auch Madeira und Portwein oder Madeira und Weinbrand, zu gleichen Teilen gemischt

750 g Hackfleisch vom Schwein

750 g Hackfleisch vom Kalb

500 g Schweine- oder Kalbsleber, gewürfelt

Blättchen von 3 großen, frischen Thymianzweigen oder ½ TL getrockneter Thymian

1 Ei

2 EL Salz

Frisch gemahlener Pfeffer

4 Lorbeerblätter

1 Hand voll Haselnüsse oder Pistazien

Etwa 15 getrocknete Aprikosen

Kochendes Wasser nach Bedarf

Kerniges Landbrot, in Scheiben geschnitten

Cornichons

◆ Die Filets der Länge nach in etwa 6 mm breite Streifen schneiden. Etwa 90 g des Specks in ebensolche Streifen schneiden. Alle Streifen in einer flachen Schüssel mit den Schalotten und dem Knoblauch bestreuen und mit dem Madeira beziehungsweise der Madeira-Mischung übergießen. Zugedeckt 2 Stunden bei Raumtemperatur oder über Nacht im Kühlschrank marinieren.

◆ Die Marinade durch ein Sieb abgießen, auffangen und beiseite stellen. Die Fleisch- und Speckstreifen separat beiseite stellen. Die im Sieb verbliebenen Schalotten- und Knoblauchscheiben zusammen mit dem restlichen Speck, den beiden Hackfleischsorten und der Leber durch den Fleischwolf, bestückt mit der mittleren Lochscheibe, drehen und in einer Schüssel auffangen. Den Thymian, das Ei, das Salz, Pfeffer nach Geschmack und die Marinade hinzufügen. Alles gründlich mit den Händen zu einer homogenen Farce vermengen.

◆ Einen Rost in der Mitte oder im unteren Drittel des Backofens einhängen und den Ofen auf 190 °C vorheizen.

◆ Eine Steingut- oder ofenfeste Porzellanterrine mit Deckel und etwa 2 l Inhalt bereitstellen. In die Mitte des Terrinenbodens 2 Lorbeerblätter legen. 2 cm hoch Fleischfarce einfüllen, glatt streichen und darauf einen Teil der Fleisch- und Speckstreifen sowie der Nüsse und Aprikosen verteilen. Auf diese Weise die gesamten Zutaten verarbeiten. Eine 2 cm hohe, attraktiv gewölbte Schicht der Fleischfarce und darauf zwei hübsch arrangierte Lorbeerblätter bilden den Abschluss.

◆ Die Terrine mit Alufolie abdecken und diese gleichmäßig über die gesamte Fläche mit einer Messerspitze einstechen. Den Deckel auflegen.

◆ Die Form in einen großen, hohen Bräter setzen, in dem rundum ausreichend Platz verbleibt. Den Bräter zu drei Vierteln mit kochendem Wasser füllen, vorsichtig auf den Rost im Ofen setzen und bis beinahe zum Rand der Form weiteres heißes Wasser einfüllen. Die Pastete 1½–1¾ Stunden garen. Danach im abgeschalteten Ofen bei leicht geöffneter Tür abkühlen lassen, bis man sich mit dem Wasser beim Hantieren nicht mehr verbrennt. Soll die Oberfläche der Terrine leicht gebräunt sein, während der letzten 20 Minuten den Deckel und die Folie abnehmen und erst während des Abkühlens wieder auflegen.

◆ Nachdem die Terrine vollständig abgekühlt ist, den Deckel und die Folie abnehmen. Die Seiten und den Boden der Form mit einem Tuch gründlich vom Fett säubern. Den Deckel abspülen und wieder auflegen. Die Terrine 2–3 Tage in den Kühlschrank stellen.

◆ Vor dem Servieren in gut 1 cm dicke Scheiben schneiden. Dazu die Brotscheiben und eine kleine Schüssel mit Cornichons reichen.

Ergibt 1 Terrine mit 15–18 Scheiben

Bouches-du-Rhône

Tapenade

Olivenpaste mit Sardellen und Kapern

*Die Tapenade lässt sich vielseitig verwenden, ob als
Aufstrich für Röstbrotscheiben zum Aperitif oder als Dip
zu einer Rohkostplatte (siehe Seite 41), als Beigabe zu
gegrilltem oder pochiertem Fisch oder als Füllung für
Rouladen, vor allem aus Kalb-, Rind- oder Lammfleisch
und Kaninchen, und schließlich als Ergänzung zu Gerichten mit Tintenfisch. Sie kann gut im Voraus zubereitet
werden, denn in einem luftdicht verschlossenen Gefäß lässt
sie sich im Kühlschrank bis zu 10 Tage lagern. Bis zu
2 Monate hält sie sich sogar, wenn sie mit einer dünnen
Schicht Olivenöl bedeckt wird.*

250 g große schwarze Oliven in Salzlake, entsteint

2 Knoblauchzehen, zerdrückt

*6 eingesalzene Sardellen (insgesamt etwa 125 g),
filetiert und abgespült (siehe Seite 250)*

3 EL eingesalzene Kapern, abgespült

100–125 ml Olivenöl

FÜR DIE RÖSTBROTSCHEIBEN
125 ml Olivenöl, plus mehr zum Bestreichen

2 Baguettes, in 1,5 cm dicke Scheiben geschnitten

◆ Die Oliven, den Knoblauch, die Sardellen und die
Kapern im Mixer oder in der Küchenmaschine
pürieren. Bei laufendem Gerät langsam das Olivenöl
in feinem, gleichmäßigem Strahl hinzufügen, bis die
Paste eine streichfähige Konsistenz annimmt – eventuell wird nicht das gesamte Öl benötigt. Es sollten
sich etwa 500 ml Tapenade ergeben.

◆ Für die Röstbrotscheiben 1 Esslöffel Olivenöl in
einer Grillpfanne bei mittlerer bis hoher Temperatur
erhitzen und das Öl rasch mit Küchenpapier gleichmäßig über den Pfannenboden verteilen.

◆ Portionsweise arbeiten: Die Brotscheiben auf beiden Seiten mit Öl bestreichen und von einer Seite in
etwa 2 Minuten goldbraun braten. Mit einem Spatel
wenden und nochmals etwa 1 Minute braten, bis
auch die zweite Seite gebräunt ist. Bei der Zubereitung der weiteren Brotscheiben nach Bedarf mehr
Öl in die Pfanne geben.

◆ Die Röstbrotscheiben auf einer Platte anrichten
und die Tapenade dazu reichen.

Für 6 Personen

Alpes-de-Haute-Provence

Aïgo boulido

Knoblauchsuppe mit pochiertem Ei

*Fast überall in den französischen Gebirgsregionen kommt
diese Suppe in verschiedenen Abwandlungen auf den
Tisch, so auch in den provenzalischen Alpen. Schäfer
und besorgte Mütter schätzen den Vitamin-C-reichen
Knoblauch als winterlichen Grippeschutz. Die meisten
rustikalen Rezepte verlangen Eigelbe, mit denen die
Suppe zuletzt legiert wird. Hier kommen dagegen
ganze pochierte Eier in die Suppe. Das Rezept stammt
aus Digne, der Hauptstadt des Departements, die seit
langem von Bergtouristen und auch wegen ihrer Thermal-
bäder gern besucht wird. Sie liegt an der berühmten,
ursprünglich von den alten Römern durch Italien nach
Nordfrankreich angelegten Route Napoléon.*

2 l Wasser

20 Knoblauchzehen, grob gehackt

10 frische Salbeiblätter

Salz und frisch gemahlener Pfeffer

6 Eier

*12 Croûtons aus festem Sauerteigbrot, gegrillt
(siehe Seite 247)*

2 EL gehackte glatte Petersilie

6 EL Olivenöl

◆ Das Wasser mit dem Knoblauch und dem Salbei in
einem Suppentopf aufkochen und den Knoblauch in
etwa 15 Minuten weich kochen. Vom Herd nehmen,
mit einem Schaumlöffel den Knoblauch und den
Salbei entfernen. Den Salbei wegwerfen, den Knoblauch mit einer Gabel zerdrücken und zurück in den
Topf geben. Salzen und pfeffern.

◆ Das Wasser erneut erhitzen, bis es gerade siedet.
Die Eier einzeln in eine kleine Schüssel aufschlagen
und ins heiße Wasser gleiten lassen. Etwa 2 Minuten
pochieren, bis das Eiweiß fest, das Eigelb jedoch noch
flüssig ist.

◆ In 6 Suppenteller jeweils 2 Croûtons nebeneinander legen. Mit einem Schaumlöffel die Eier einzeln
aus der siedenden Suppe heben und jeweils 1 auf den
Croûtons anrichten. 2 Kellen Suppe darüber schöpfen. Die einzelnen Portionen mit Petersilie bestreuen
und mit 1 Esslöffel Olivenöl beträufeln. Sogleich servieren, damit die Eier nicht nachgaren.

Für 6 Personen

Alpes-Maritimes

»Sandwiches« d'aubergine et fromage de chèvre

Auberginen-»Sandwiches« mit Ziegenkäse

In einem noblen Restaurant am Cap d'Antibes fiel mir diese Vorspeise auf. Es handelt sich um eine moderne Interpretation der traditionellen Gemüsezubereitung namens »aubergines en éventail« (siehe Seite 193), die zwei einheimische Produkte vollendet verbindet: Auberginen und Ziegenkäse. Da dieser sich gut schneiden lassen muss, sollte er halb gereift sein. In der Provence würde man einen pyramiden- oder zylinderförmigen Käse von etwa 4 cm Durchmesser auswählen.

3 rundliche Auberginen von 5–7,5 cm Durchmesser

Salz

Etwa 125 g Mehl

Olivenöl zum Ausbacken und Bestreichen der Auberginen

6 sehr feste, gleichmäßig runde Tomaten

20–24 frische Basilikumblätter, in Streifen geschnitten, plus 6 Zweige zum Garnieren

315 g halb reifer Ziegenkäse (siehe Rezepteinleitung), in 1 cm dicke Scheiben geschnitten

Natives Olivenöl extra zum Servieren

◆ Die Auberginen ungeschält längs in etwa 1 cm dicke Scheiben schneiden – es werden insgesamt 18 Scheiben benötigt. Die Scheiben in einem Durchschlag mit Salz bestreuen und 30 Minuten abtropfen lassen, um sie zu entbittern, danach mit Küchenpapier trockentupfen. Das Mehl auf einem Teller verteilen, die Auberginenscheiben von beiden Seiten darin wenden und den Überschuss abschütteln.

◆ Eine große Pfanne 2,5 cm hoch mit Olivenöl füllen und auf 165 °C erhitzen. Jeweils 2 oder 3 Auberginenscheiben in insgesamt etwa 4 Minuten von beiden Seiten goldgelb ausbacken, dabei einmal wenden. Auf Küchenpapier abtropfen lassen.

◆ Den Backofen auf 150 °C vorheizen. Ein großes Backblech mit Öl bestreichen.

◆ 6 Auberginenscheiben mit unversehrter Hautoberfläche beiseite legen. Von den restlichen Scheiben 6 Stück auf das Backblech legen. Die Tomaten in dünne, gleichmäßige Scheiben schneiden und jeweils 3 oder 4 davon leicht überlappend auf den Auberginen anordnen. Darauf einen Teil der Basilikumstreifen und des Käses geben. Nun folgen wieder eine Auberginenscheibe, Tomaten, Basilikum und Käse. Zuletzt die reservierten Auberginenscheiben mit der Haut nach oben auflegen – auf den ersten Blick sehen die »Sandwiches« jetzt wie ganze Auberginen aus – und dünn mit Olivenöl bestreichen.

◆ Die »Sandwiches« 5–8 Minuten backen, bis sie richtig durchgewärmt und weich sind. Auf vorgewärmten Tellern anrichten, mit den Basilikumzweigen garnieren und mit nativem Olivenöl extra beträufeln. Sogleich servieren.

Für 6 Personen

Die felsige Hügellandschaft der Haute Provence mit ihren niedrigen Sträuchern bildet ein ideales Terrain für Ziegen.

Alpes-Maritimes

Tarte renversée aux tomates séchées

Gestürzte Tarte mit getrockneten Tomaten

Der eigentliche Clou bei dieser Abwandlung der normannischen Spezialität namens »tarte Tatin« sind die aromaintensiven, im Ofen getrockneten Tomaten.

315 g Blätterteig, selbst hergestellt (siehe Seite 249) oder fertig gekauft

3 EL Butter

1 EL Olivenöl

1 EL Zucker

15 Schalotten

125 ml Wasser

Blättchen von 1 frischen Thymianzweig

Salz und frisch gemahlener Pfeffer

10–12 Tomatenhälften, im Ofen getrocknet (siehe Seite 68)

◆ Den Blätterteig auf einer leicht bemehlten Arbeitsfläche zu einem etwa 3 mm dicken Kreis von etwa 26 cm Durchmesser ausrollen. Für 15–20 Minuten ins Gefrierfach legen.

◆ Den Backofen auf 200 °C vorheizen. In einer ofenfesten Pfanne von 25 cm Durchmesser die Butter mit dem Öl bei hoher Temperatur zerlassen. Den Zucker einstreuen und 40–50 Sekunden rühren. Die Schalotten 30 Sekunden darin schwenken. Das Wasser hinzugießen und die Schalotten zugedeckt bei niedriger Temperatur etwa 5 Minuten dünsten, bis die Flüssigkeit verdampft ist. Völlig abkühlen lassen.

◆ Die Schalotten gleichmäßig in der Pfanne verteilen, mit dem Thymian, Salz und Pfeffer bestreuen und die Tomaten mit der Hautseite nach unten dazwischen verteilen. Den Teig darauf legen, bei Bedarf rasch die Ränder zuschneiden. An vier Stellen mit einem Messer einstechen und in 20–25 Minuten goldbraun backen.

◆ Aus dem Ofen nehmen. Eine runde Servierplatte, die etwas größer als die Pfanne sein muss, darauf legen und die Tarte mit einem Schwung stürzen. Wie eine Torte aufschneiden und servieren.

Für 6 Personen

Le pissalat

Die offensichtlichen – und übrigens auch klanglichen – Parallelen zwischen der *pissaladière*, dem traditionellen »Zwiebelkuchen« der Provence, und der italienischen Pizza überraschen nicht, wenn man sich an die historische Vergangenheit Nizzas als italienischer Stadtstaat erinnert. Der Name *pissaladière* leitet sich von der fermentierten Fischpaste namens *pissalat* ab, die ursprünglich eine pikante Unterlage für die Zwiebeln bildete, inzwischen aber von Sardellenfilets oder auch Sardinen verdrängt wurde. Ihr direkter Vorläufer ist eine altrömische Zubereitung namens *garum*, mit der bereits die Fischer der Antike ihre überreiche Ausbeute an Sardellen und Sardinen vor dem Verderb bewahrten.

Gleiche Mengen der an sich schon intensiv schmeckenden Fische wurden mit einer würzigen Mischung aus Salz, Ingwer, Pfefferkörnern, Chilis, Zimt und Gewürznelken in einen irdenen Topf – oder *toupin* – gefüllt und täglich durchgemischt, ansonsten aber sich selbst überlassen. Wenn sich der Topfinhalt nach einer Woche oder mehr halb zersetzt hatte, wurde er zerdrückt und zuletzt durch ein Sieb gestrichen. Zur Aufbewahrung wurde die stark aromatische Paste in Gläser gefüllt und mit Öl bedeckt, um ein Oxidieren zu verhindern. Bis heute bereiten traditionsbewusste Provenzalen die Paste selbst zu, um sie bei den beliebten Picknicks großzügig auf Brotscheiben oder Croûtons zu streichen.

Pissaladière

Zwiebelkuchen mit Sardellen

Die »pissaladière« gehört zu den typischen Spezialitäten von Nizza, wo Straßenhändler sie ofenwarm stückweise anbieten. Über Kundenmangel können sie nicht klagen!

> *45 g frische Hefe, zerbröckelt,*
> *oder 1 EL Trockenhefe*
> *250 ml lauwarmes Wasser*
> *400 g Mehl*
> *2 EL plus 80 ml Olivenöl*
> *1 Prise Salz*
> *1,5 kg Zwiebeln, in Scheiben geschnitten*
> *Blättchen von 3–4 frischen Thymianzweigen*
> *Salz*
> *20 Sardellenfilets in Olivenöl*
> *18–20 kleine schwarze Oliven*

◆ Die Hefe in dem Wasser auflösen. Mit dem Mehl in der Küchenmaschine 15 Sekunden vermischen. Die 2 Esslöffel Öl und das Salz dazugeben und weitermischen, bis sich der Teig von selbst zusammenballt. Ist er zu trocken, etwas Wasser, ist er zu feucht, etwas Mehl hinzufügen. Auf einer bemehlten Arbeitsfläche kurz kneten und zu einer Kugel formen. In einer eingeölten Schüssel mehrmals wenden, mit einem feuchten Küchentuch abdecken und an einem warmen Ort in etwa 1 Stunde auf das doppelte Volumen aufgehen lassen.

◆ Inzwischen die 80 ml Olivenöl in einer tiefen Pfanne erhitzen und die Zwiebeln etwa 2 Minuten darin anschwitzen. Den Thymian einrühren und bei niedriger Temperatur in etwa 40 Minuten weich dünsten, dabei gelegentlich rühren.

◆ Den Backofen auf 235–245 °C vorheizen. Ein Backblech von 30 × 40 cm Größe bereitstellen. Den Teig zu einem Rechteck von etwa 25 × 35 cm Größe ausrollen und auf das Blech legen. Die Zwiebeln salzen und gleichmäßig auf dem Teig verteilen. Darauf gitterförmig die Sardellenfilets anordnen und die Oliven in die Zwischenräume legen. An einem warmen Ort gehen lassen.

◆ In 18–20 Minuten knusprig und goldbraun backen. In viereckige Stücke schneiden und nach Belieben heiß, warm oder raumtemperiert servieren.

Für 8 Personen

Bouches-du-Rhône

Escargots à la ventrèche

Schnecken mit Schweinswurst

Aus dem fetten Bauchfleisch (»ventre«) des Schweins wird eine Art Frischwurst namens »ventrèche« hergestellt, die man im Bouches-du-Rhône solo ebenso schätzt wie in dieser eher ungewöhnlichen Kombination mit Schnecken.

220 g Weinbergschnecken aus der Dose, abgetropft, abgespült und wieder abgetropft

2 EL Rotweinessig

3 frische Thymianzweige

3 Lorbeerblätter

60 ml Olivenöl

6 dünne, kräftig gewürzte frische Schweinswürste (insgesamt etwa 500 g), in 2,5 cm lange Stücke geschnitten

2 Zwiebeln, gehackt

2 kleine rote Paprikaschoten, Samen entfernt, längs in ihre Segmente geteilt und dann quer in 1 cm breite Streifen geschnitten

1 kg reife Tomaten, enthäutet, Samen entfernt, grob gehackt

Salz und frisch gemahlener Pfeffer

◆ Die Schnecken mit dem Essig vermischen und 30 Minuten ruhen lassen. Einen großen Topf zu drei Vierteln mit Wasser füllen und dieses mit 1 Thymianzweig und 1 Lorbeerblatt aufkochen. Die Schnecken einlegen und gleich nach dem erneuten Aufwallen abseihen.

◆ Das Olivenöl in einer schweren Pfanne erhitzen. Die Wurst darin etwa 5 Minuten anbraten, dann die Zwiebeln unter häufigem Rühren etwa 5 Minuten mitbraten. Die Paprikastreifen untermischen, dann die Tomaten dazugeben. Bei niedriger Temperatur den restlichen Thymian und die Lorbeerblätter zufügen, salzen, pfeffern und ohne Deckel etwa 20 Minuten köcheln lassen, dabei gelegentlich rühren, bis die Tomaten zerfallen. Die Schnecken zugedeckt etwa 15 Minuten mitgaren. Die Kräuter entfernen. Auf vorgewärmten Tellern anrichten und sogleich servieren.

Für 6 Personen

Alpes-Maritimes

Bagna cauda

Gemüse mit heißer Sardellen-Knoblauch-Sauce

Erst 1860 kam Nizza an Frankreich, nachdem es zuvor unter der Herrschaft des Hauses Savoyen und Sardiniens gestanden hatte. So erklären sich die vielen Gemeinsamkeiten mit der Küche jenseits der Grenze zu Italien. Genau wie die Piemonteser und die Ligurier betrachten die Nizzaer dieses Gericht als ihr eigenes und servieren die »bagna cauda« – übersetzt »heißes Bad« – ganz ähnlich wie ihre berühmte »aïoli«. Da die Sauce während des Essens auf einem Rechaud warm gehalten werden muss, bereitet man sie am besten in einem Fonduetopf zu.

15–18 kleine Kartoffeln von etwa 4 cm Durchmesser, geschält

12 Baby-Rote-Beten von etwa 2,5 cm Durchmesser

12 kleine, junge Lauchstangen, unzerteilt, oder 2 große Lauchstangen, samt dem zarten Grün in Stücke geschnitten

3–4 Stangen Bleichsellerie, längs halbiert und quer in 10 cm lange Stücke geschnitten

12 kleine, junge Möhren, geschält, oder 3 große Möhren, geschält und längs geviertelt

1 kleiner Blumenkohl, in Röschen geteilt

6 Babyartischocken, geputzt (siehe Seite 246) und längs geviertelt

12 Frühlingszwiebeln mit 5–6 cm Grün, geputzt

1 großes Bund Radieschen, geputzt

2 große rote Paprikaschoten, Samen entfernt, längs in gut 1 cm breite Streifen geschnitten

30–35 Kirschtomaten

3 Chicorée, in einzelne Blätter geteilt

FÜR DIE SAUCE
220 ml Olivenöl

15 eingesalzene Sardellen (insgesamt etwa 220 g), filetiert und abgespült (siehe Seite 250)

6 Knoblauchzehen, in Scheiben geschnitten

Frisch gemahlener Pfeffer

◆ Die Kartoffeln in einem Topf mit Wasser bedecken, zum Kochen bringen und im sanft sprudelnden Wasser 12–15 Minuten ohne Deckel garen. Abgießen, völlig abkühlen lassen.

◆ Das eventuell vorhandene Grün der Roten Beten auf gut 1 cm stutzen. Die Knollen ungeschält in einem Topf mit Wasser bedecken, aufkochen und im sanft sprudelnden Wasser 12–15 Minuten (ohne Deckel garen. Abgießen, kalt abbrausen, die Stiel- und Wurzelansätze abschneiden und die Knollen schälen. Beiseite legen.

◆ Einen Topf zu drei Vierteln mit Wasser füllen und zum Kochen bringen. Die unzerteilten jungen Lauchstangen 1 Minute, die Lauchstücke 2 Minuten blanchieren. Abseihen, kalt abbrausen, um den Garprozess zu stoppen, und abtropfen lassen. Die ganzen Lauchstangen schräg in 5 cm lange Stücke schneiden. Beiseite legen.

◆ Das gesamte Gemüse auf großen Platten arrangieren. Etwa 20 Minuten vor dem Servieren die Sauce zubereiten: In einem Fondue- oder ähnlichen Topf das Olivenöl mit den Sardellen und dem Knoblauch bei niedriger Temperatur aufsetzen. 15–20 Minuten ständig mit einem Holzspatel rühren, dabei die Sardellen zerdrücken – die Mischung darf auf keinen Fall aufkochen, der Knoblauch soll glasig werden, aber nicht bräunen, und die Sardellen dürfen keine Kruste bekommen. Die Sauce kräftig mit Pfeffer abschmecken.

◆ Den Topf auf einem Rechaud in die Tischmitte stellen, die Platten mit dem Gemüse rundum anrichten. Die Gäste bedienen sich selbst und beträufeln das Gemüse mit der warmen Sauce.

Für 8 Personen

Alpes-Maritimes

Les petits farcis

Gefülltes Gemüse

*Das Rezept für diese Leckerbissen überließ mir Kathie
Alex, die bei Grasse auf ihrem Bauernhof La Pitchoune für
Liebhaber der regionalen Spezialitäten Kochkurse abhält.*

FÜR DIE TOMATENSAUCE

2½ EL Olivenöl

2 Zwiebeln, gehackt

1 kg Tomaten, enthäutet, Samen entfernt, gehackt

2 Knoblauchzehen, fein gehackt

*1 Bouquet garni (siehe Seite 246), ergänzt durch
je 1 Stängel Bohnenkraut und Basilikum*

*1 Streifen Orangenschale von etwa 2,5 cm Breite
(möglichst getrocknet)*

Salz und frisch gemahlener schwarzer Pfeffer

1 Prise Cayennepfeffer (nach Belieben)

*2 EL gehackte Basilikum- oder glatte Petersilien-
blätter (nach Belieben)*

12 kleine Tomaten von etwa 5 cm Durchmesser

Salz

*3 Zucchini von etwa 18 cm Länge und
4,5 cm Durchmesser*

160 ml Olivenöl

1 große Zwiebel, fein gehackt

375 g kräftig gewürztes frisches Schweinsbrät

1 TL getrocknete Kräuter der Provence

3 EL gehackte glatte Petersilie

2 Knoblauchzehen, fein gehackt

90 g frische Weißbrotkrume

30 g frisch geriebener Parmesan

1 oder 2 Eier, leicht verquirlt

2 EL feine Semmelbrösel

250 ml heißes Wasser

◆ Für die Tomatensauce das Olivenöl in einer
großen, schweren Pfanne bei mittlerer Temperatur
erhitzen. Die Zwiebeln etwa 10 Minuten darin
ohne Farbe anschwitzen. Die Tomaten einrühren und
ohne Deckel etwa 15 Minuten dünsten, bis sie ihren
Saft abgeben. Den Knoblauch, das Bouquet garni
und die Orangenschale kurz untermischen, salzen.
Die Sauce bei niedriger Temperatur ohne Deckel

in 20–30 Minuten um etwa ein Drittel einkochen
lassen, dabei gelegentlich rühren. Das Bouquet garni
und die Orangenschale entfernen. Mit Salz, schwar-
zem und nach Belieben Cayennepfeffer würzen, das
Basilikum oder die Petersilie einstreuen.

◆ Inzwischen von den Tomaten oben einen flachen Deckel abschneiden. Die Tomaten mit einem
Löffel aushöhlen und das Fruchtfleisch hacken –
Samen und Saft werden nicht verwendet. Die Früchte mit Salz ausstreuen und kopfüber auf einem
Drahtgitter abtropfen lassen. Die Zucchini von den
Enden befreien und quer in vier gleich lange Stücke
schneiden. Mit einem Melonenausstecher so aushöhlen, dass der Boden und eine etwa 1 cm dicke
Wand erhalten bleiben. Das Fruchtfleisch hacken und
beiseite legen.

◆ Einen großen Topf zu drei Vierteln mit Wasser
füllen, salzen und aufkochen. Die Zucchinistücke
hineingeben. Nach dem erneuten Aufwallen die
Temperatur herunterschalten und die Zucchini in
etwa 4 Minuten eben weich garen. Mit einer
Schaumkelle herausheben und in einer Schüssel mit
Eiswasser abkühlen lassen. Mit der Höhlung nach
unten auf einem Küchentuch abtropfen lassen.

◆ Den Backofen auf 180 °C vorheizen. Eine ofenfeste Form, in der die Gemüsestücke bequem nebeneinander Platz haben, einölen.

◆ In einer kleinen Pfanne 3 Esslöffel Olivenöl bei
niedriger Temperatur erhitzen. Die Zwiebel darin
10 Minuten ohne Farbe anschwitzen. Das gehackte
Zucchini- und Tomatenfruchtfleisch untermischen,
salzen und in etwa 15 Minuten unter häufigem
Rühren weich dünsten. Den Pfanneninhalt in einer
Schüssel mit dem Wurstbrät, den Kräutern der
Provence, der Petersilie, dem Knoblauch, der Brotkrume und dem Parmesan gründlich verrühren. 1 Ei
und 2 Esslöffel Olivenöl mit den Händen gründlich
einarbeiten. Falls die Füllung zu trocken ist, ein
zweites Ei untermischen.

◆ Das ausgehöhlte Gemüse mit etwas Abstand in die
vorbereitete Form setzen. Mit Salz ausstreuen und
etwas von dem restlichen Olivenöl hineinträufeln.
Die Füllung mit einem Teelöffel gleichmäßig hinein-
drücken. Die aufgehäufte Oberfläche mit den Semmelbröseln bestreuen und mit dem restlichen Olivenöl beträufeln. Das heiße Wasser in die Form
gießen.

◆ In etwa 30 Minuten goldbraun backen. Die Sauce
sanft erwärmen und auf Teller verteilen. Das gefüllte Gemüse darauf anrichten und servieren.

Für 6 Personen

Alpes-Maritimes

La trouchia

Mangoldomelett

Der Name »la trouchia« bezeichnet eine ganz bestimmte Art von Omelett, die typisch für die Gegend um Nizza ist und dort ausschließlich mit Mangold zubereitet wird. Die Ähnlichkeit mit der italienischen »frittata« dürfte dem, der sich mit der italienischen Küche ein wenig auskennt, kaum entgehen.

6 EL Olivenöl

1 Zwiebel, fein gehackt

500 g Mangold, Stiele und dicke Blattrippen entfernt, die Blätter in grobe Streifen geschnitten

7 Eier

100 g frisch geriebener Parmesan

1 Knoblauchzehe, fein gehackt

2 EL gehackte glatte Petersilie

Salz und frisch gemahlener Pfeffer

8–10 kleine schwarze Oliven

◆ In einer beschichteten Pfanne 3 Esslöffel Olivenöl bei mittlerer Temperatur erhitzen. Die Zwiebel in etwa 1 Minute darin weich schwitzen. Den Mangold einrühren, bis er zusammenfällt, danach bei niedriger Temperatur unter häufigem Rühren in 5–6 Minuten gar dünsten. Abkühlen lassen.

◆ Die Eier in einer Schüssel mit einer Gabel gründlich verquirlen. Die Hälfte des Parmesans, den Knoblauch und die Petersilie einrühren. Salzen und pfeffern und zuletzt rasch den Mangold untermischen.

◆ Die Pfanne mit Küchenpapier auswischen und bei niedriger Temperatur das restliche Olivenöl erhitzen. Die Eimischung hineingießen und behutsam mit der Gabel rühren. Sobald das Ei zu stocken beginnt, das Omelett 3–4 Minuten ungestört garen. Einen Teller über die Pfanne legen, diese mit einem Schwung umdrehen und das Omelett vom Teller zurück in die Pfanne gleiten lassen. Gleichmäßig mit dem restlichen Parmesan bestreuen und bei niedriger Temperatur in 2–3 Minuten fertig garen, ohne zu rühren.

◆ Das Omelett auf einer Servierplatte anrichten. Mit den Oliven bestreuen, wie eine Torte aufschneiden und sogleich servieren.

Für 4–6 Personen

Alpes-Maritimes

Salade de tomates séchées au four

Salat von ofengetrockneten Tomaten

Früher trockneten die provenzalischen Hausfrauen kleine Eiertomaten in der Sonne und hängten sie dann, auf feine Schnüre gezogen, in der Küche auf, um bis zur nächsten Ernte von diesen Vorräten zu zehren. Noch leicht saftig sagen die Tomaten dem modernen Genießer eher zu, etwa in diesem aromatischen Salat. Abgekühlt und in ein luftdichtes Gefäß gefüllt, halten sich die Tomaten im Kühlschrank bis zu 1 Woche.

FÜR DIE OFENGETROCKNETEN TOMATEN

12–15 Eiertomaten

2 TL Zucker

Salz und frisch gemahlener Pfeffer

60 ml Olivenöl

3 Schalotten, fein gehackt

2 Knoblauchzehen, fein gehackt

3–4 EL Olivenöl

Etwa 2 TL Rotwein- oder Sherryessig

8–10 frische Basilikumblätter, zerpflückt oder in breite Streifen geschnitten

Salz nach Bedarf

Grob gemahlener Pfeffer

◆ Die Tomaten längs halbieren. Größere Früchte neben der Mitte durchschneiden und das größere Stück halbieren. Die Samen entfernen. Die Stücke mit den Schnittflächen nach oben auf ein geöltes Backblech legen, mit dem Zucker bestreuen, salzen, pfeffern und mit dem Olivenöl beträufeln.

◆ Das Blech in den Ofen schieben, diesen auf 65 °C einstellen und die Tomaten in 8–9 Stunden oder über Nacht trocknen lassen. Bei wenig Zeit den Ofen auf 110 °C einstellen und die Zeit auf 3–4 Stunden verkürzen – die Tomaten dürfen jedoch nicht garen, sondern sollen nur halb getrocknet werden.

◆ Etwa 30 Minuten vor dem Servieren des Salats die Tomaten aus dem Ofen nehmen und mit den Schalotten und dem Knoblauch in eine große Schüssel füllen. Mit dem Olivenöl und dem Essig beträufeln, mit dem Basilikum bestreuen und behutsam durchmischen. Salzen, pfeffern und servieren.

Ergibt 24–45 Tomatenstücke; für 6 Personen

Gougères du soleil

Herzhafte Brandteigbällchen

Die klassischen »gougères« sind kleine, mit Käse gewürzte Brandteigbällchen und stammen aus Burgund. Eine persönliche Version des Klassikers bekam ich bei einer Hausfrau in Arles zu kosten. Großzügig angereichert mit sonnengetrockneten Tomaten, Oliven und den obligaten Sardellen, erschienen mir ihre »gougères« wie der Inbegriff des Sommers. Als mein Blick über ihre sonnige, geranienbestandene Terrasse streifte und ich einen Schluck von dem erfrischenden Rosé aus der Camargue kostete, den sie mir eingeschenkt hatte, stand der Name für ihre Brandteigbällchen für mich fest: Sie konnten nur »gougères du soleil« heißen.

Für die Herstellung von Brandteig rührt man Mehl in Wasser ein und mischt zuletzt Eier unter – eine einfache Angelegenheit, bei der es aber auf das richtige Mengenverhältnis von Wasser und Mehl ankommt. Letzteres wird vorher auf Pergamentpapier gesiebt, um es dann auf einmal ins kochende Wasser zu schütten.

FÜR DEN BRANDTEIG

150 g Mehl

250 ml Wasser

75 g Butter, fein gewürfelt

1 Prise Salz

4 Eier

3 EL fein gewürfelter Gruyère

4 Sardellenfilets in Olivenöl, abgetropft, trockengetupft und gewürfelt

5 schwarze Oliven in Öl, entsteint und gehackt

3 sonnengetrocknete Tomaten, abgetropft, trockengetupft, falls in Öl eingelegt, und anschließend gewürfelt

1 Knoblauchzehe, fein gehackt

Salz und frisch gemahlener Pfeffer

◆ Bei Verwendung eines Elektroherds einen Rost in der Mitte, bei einem Gasherd im oberen Drittel des Ofens einhängen. Den Ofen auf 200 °C vorheizen. 2 Backbleche mit Backpapier auslegen.

◆ Für den Brandteig das Mehl auf ein Stück Pergamentpapier sieben. In einem eher hohen als weiten Topf das Wasser mit der Butter und dem Salz bei hoher Temperatur zum Kochen bringen und dabei rühren, sodass die Butter bis zum Aufsprudeln des Wassers geschmolzen ist.

◆ Die Temperatur auf die mittlere Stufe herunterschalten. Das gesiebte Mehl auf einmal ins Wasser schütten und sogleich energisch rühren – ein Holzspatel eignet sich dafür besser als eine Löffelform, in deren Wölbung sich Mehl sammeln könnte. Weiterrühren, bis sich der Teig nach 30–40 Sekunden von der Topfwand löst, um den Spatel zusammenballt und eine weiße Haut den Topfboden überzieht – bei diesem »Abbrennen« sollte möglichst viel Feuchtigkeit aus dem Teig entweichen, ohne dass dieser jedoch anbrennt. Den Topf vom Herd nehmen und den Teig in einer Schüssel 3 Minuten abkühlen lassen. Die Eier jedes einzeln gründlich einarbeiten.

◆ Den Käse, die Sardellen, die Oliven, die Tomaten, den Knoblauch sowie Salz und Pfeffer unter den Teig mengen. Mit zwei Löffeln Bällchen abstechen, zu etwa 3 cm großen Kugeln rollen und in Abständen von etwa 5 cm auf die vorbereiteten Bleche setzen – insgesamt sollten sich etwa 30 Bällchen ergeben.

◆ Die Bällchen in etwa 20 Minuten goldbraun backen, anschließend im abgeschalteten Ofen bei leicht geöffneter Tür 5–10 Minuten trocknen lassen (andernfalls geraten sie eher weich als knusprig). Die Bleche aus dem Ofen nehmen und behutsam auf eine Arbeitsfläche klopfen, um das Gebäck zu lösen.

◆ Die noch heißen Bällchen in einem mit einer Serviette ausgelegten Brotkorb anrichten und sogleich servieren.

Für 6 Personen

Im Norden ist die Provence auch als »Midi« bekannt, als Gegend, wo die Sonne mittags steil vom Himmel brennt.

Les rosés de Provence

Nichts passt besser zu den herzhaften bis deftigen Zubereitungen der provenzalischen Küche als die Rosés der Region. Die hiesigen Winzer verstehen sich vorzüglich auf die Herstellung dieses Weintyps, den sie mit einem jugendlichen, frischen, spritzigen und zumeist ungewöhnlich trockenen Charakter ausstatten. Nicht nur in Frankreich, sondern auch auf der internationalen Bühne erwarb sich der Tavel mit seiner tiefen, satten Tönung und dem vollen Abgang eine große Fangemeinde. Er kommt aus einem Anbaugebiet nördlich von Avignon rund um einen Ort gleichen Namens. Schon um das Jahr 1000 wurde dort Rosé gekeltert, genau wie im nahe gelegenen Lirac, das ebenfalls für seine Rosés berühmt ist. Von den renommierten Rotweinerzeugern der Provence bringen nur Gigondas und die Domaine Tempier in Bandol Rosés in den Handel.

Obwohl oft nur in einer kleinen Region von Bedeutung, sind die Rosés, die in vielen Restaurants offen ausgeschenkt werden, mit ihrer spritzigen und trockenen Art als Aperitif und zur Vorspeise ebenso bedenkenlos zu empfehlen wie zu leichten Gerichten mit Fisch oder hellem Fleisch. Einer der preiswertesten auf dem Markt ist der kalkig-rosafarbene *gris de gris de Listel*: ein besonders trockener Tropfen, der gerade deshalb die deftigen und kräftig gewürzten sowie mit viel Knoblauch und reichlich Öl zubereiteten Speisen auf die beste Weise ergänzt.

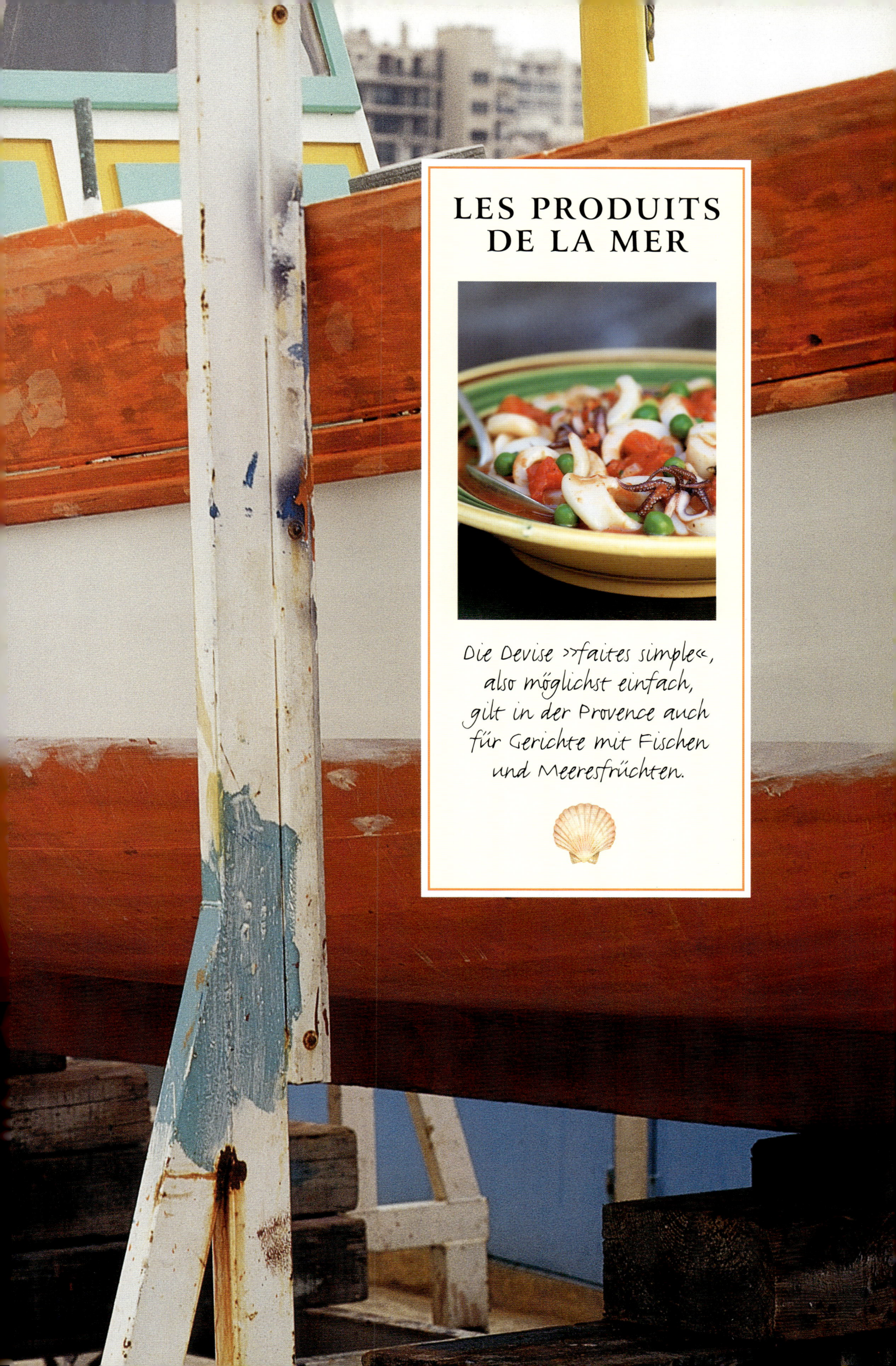

LES PRODUITS DE LA MER

Die Devise »faites simple«,
also möglichst einfach,
gilt in der Provence auch
für Gerichte mit Fischen
und Meeresfrüchten.

Vorhergehende Doppelseite: Frische Farbe lässt ein betagtes Boot im Marseiller Hafen in neuem Glanz erstrahlen. **Ganz oben:** Aus diesen Schätzen des Meeres entstehen die köstlichen Spezialitäten der provenzalischen Küche. **Oben:** Aus der felsigen Brandungszone kommen die delikatesten Fische des Mittelmeeres wie *rouget barbet* (Rotbarbe) und *rouget grondin* (Seekuckuck). **Rechte Seite:** Die Fischer von Marseille leisten Knochenarbeit, um die stete Nachfrage der Kunden zu befriedigen.

Nur etwas über 350 Kilometer lang ist die Küste zwischen Menton und Aigues-Mortes und zudem durch die Berge, die sich teilweise bis nahe ans Wasser heranschieben, die Felsen in Ufernähe und die morastigen Salzmarschen des Rhônedeltas oft schwer zugänglich. So gesehen ist es doch erstaunlich, welchen kulinarischen Stellenwert Fisch und Meeresfrüchte in der Provence innehaben. Immer wieder stößt man in kleinen Buchten auf Fischerdörfer, die mitunter auf eine jahrhundertealte Geschichte verweisen können. Einst eine schier unerschöpfliche Quelle von Delikatessen aller Art, ist das Mittelmeer inzwischen stark überfischt. Was ihm noch abgerungen wird, ist so teuer wie Fleisch und im Falle besonders begehrter Arten wie *rascasse* (Drachenkopf), *loup de mer* (Wolfsbarsch) und *rouget barbet* (Rotbarbe) sogar noch kostspieliger. Davon aber lassen sich die Provenzalen ihren Appetit nicht verderben und schwelgen weiter in jenen Gerichten, für die ihre Küche weltweit berühmt ist.

Wie rar die begehrten Arten heute sind, wird auf den Wochemärkten deutlich. Auf wackeligen Tischen liegen nur einige wenige und dazu oft kleine Exemplare, während sich daneben Miesmuscheln, Tintenfische, importierte Garnelen, Venusmuscheln und andere Meeresfrüchte in rauen Mengen türmen.

Auf meinen Streifzügen über den Großmarkt von Marseille lernte ich, angeleitet durch den provenzalischen Chefkoch André Perez, die farbenprächtigen Fische des Mittelmeeres kennen: den blassen Kleingefleckten Katzenhai, hier *saumonette* genannt und ideal zum Pochieren geeignet, sowie den ebenfalls leicht rosa getönten Lengdorsch, der, wenn er stattlichere Maße aufweist, aus tieferen Gewässern stammt und dessen fleischige Medaillons gedämpft oder gebraten herrlich munden; den bizarren, stacheligen *rascasse* (Drachenkopf), inzwischen fast schon eine Rarität, aber dennoch für Marseiller Köche eine unverzichtbare Zutat ihrer viel gerühmten Bouillabaisse, und den ihm verwandten *chapon* (Roter Drachenkopf); weiterhin den *baudroie* (Seeteufel), den Himmelsgucker mit seinem auffallend dicken Kopf und den Petersfisch, schließlich die kleinen Rotbarben, den *rouget grondin* (Seekuckuck) und andere, in felsiger Ufernähe lebende Fische, die zur Vielfalt der Bouillabaisse beitragen und auch gern auf dem Grill zubereitet werden. Ebenfalls gegrillt, aber auch frittiert, geschmort, als Röllchen mit einer Füllung aus Spinat und Walnüssen oder *en escabèche* zubereitet, also in einer würzigen Essigmarinade gegart und kalt serviert, werden die erschwinglichen Sardinen.

Linke Seite: Le Vieux Port, der Alte Hafen von Marseille, trägt seinen Namen zu Recht, denn er besteht seit 2600 Jahren. Während bis heute Vergnügungsschiffe hier festmachen, wurde der Fischerei- und Handelshafen weiter in Richtung Norden verlegt. **Unten:** Fangfrische *rougets de roche* (Streifenbarben) und *rougets barbets* (Rotbarben) lassen sich vorzüglich *en papillotes* zubereiten. Wenn man die Papierhülle öffnet, steigt einem der köstliche Duft in die Nase. **Ganz unten:** *Pétanque* heißt in der Provence die volkstümliche Version des Boules-Spiels. Der dem provenzalischen Dialekt entstammende Name ist abgeleitet von *pieds tanqués,* was bedeutet, dass die Füße fest auf dem Boden bleiben. Dagegen nehmen die Spieler beim Boules mit langen Schritten Anlauf.

Ebenfalls preiswert sind die Sardellen, die man in der Gegend um Nizza, wo sie im Frühjahr in großer Zahl vorkommen, mühelos erhält. Sie werden gegrillt oder gebraten und ergeben, lagenweise eingesalzen, eine pikante Zutat für Vorspeisen. Im Landesinneren bieten die Märkte Forellen aus den hoch in den Alpen entspringenden klaren Bächen sowie gelegentlich auch Flussbarsche oder den seltenen, in Gebirgsseen heimischen *omble chevalier* (Wandersaibling).

Unter den diversen Fischsuppen der Provence ist die Bouillabaisse fraglos die bekannteste, dicht gefolgt jedoch von der *bourride*. Ihre unvergleichliche Würze und samtige Konsistenz verdankt die aus weißfleischigen Fischen zubereitete Brühe der beachtlichen Por-

tion Aïoli, die zuletzt eingerührt wird. Darüber hinaus werden in jeder Familie aus den Fischen, die der Markt gerade hergibt, in Kombination mit Tomaten, Safran, Lauch und anderem Gemüse *soupes de poissons* in immer wieder anderen Varianten gekocht. Genau wie bei der Bouillabaisse kommt dazu eine Schale mit *rouille* auf den Tisch. Der Name dieser klassischen, stark an Aïoli angelehnten Sauce, übersetzt »Rost«, spielt auf ihre Farbe an, die durch eine rote Chilischote und eventuell Safran zustande kommt.

In ihrer ursprünglichen Form, die im Laufe der Jahrhunderte durch Safran, Fenchel, Orangenschale und schließlich Tomaten bereichert wurde, lässt sich die Bouillabaisse auf die Griechen aus Phokäa zu-

Links: Selbst an kühleren Tagen hält man es am Strand vor der Promenade des Anglais in Nizza gut aus, denn die Steine speichern die Wärme der Sonne und wirken quasi wie eine Fußbodenheizung. **Unten:** Was in eine echte Bouillabaisse wirklich hineingehört, wird nicht nur in der Provence unter Köchen und Genießern immer wieder heftig diskutiert. Nichts spräche dagegen, in den Strandrestaurants vor Ort verschiedene Versionen zu vergleichen – außer vielleicht den damit verbundenen Kosten. Einst ein *plat pauvre,* eine einfache Speise der Fischer, ist die Suppe heute, bereitet aus nur den besten, fangfrischen Fischen und duftendem Safran, ein teures kulinarisches Vergnügen.

rückführen, die vor etwa 2500 Jahren hier siedelten und Massalia gründeten. Somit erscheint der Anspruch des heutigen Marseille auf das Copyright für die legendäre Suppe durchaus berechtigt. Als der Pariser Koch Raymond Oliver, der sich als Chronist der Gastronomie einen Namen gemacht hat und sich in seiner langjährigen Arbeit auf eine der schönsten Sammlungen alter kulinarischer Handschriften des Landes stützen kann, im Fernsehen eine Bouillabaisse zubereitete, handelte er sich eine Klage der Marseiller Fischereigenossenschaft ein. Auf die *rascasse* und die erforderliche Menge lokaler Fische hatte er sicher nicht verzichtet. Man kann also nur vermuten, dass er vielleicht kein Wasser aus Marseille verwendet hatte.

Trotz aller Raffinesse unterliegen die Fischsuppen, wie so viele Zubereitungen der provenzalischen Küche, der Devise *faites simple,* erkennbar an der Verwendung unverfälschter Zutaten heimischen Ursprungs. Eine tragende Rolle spielt dabei das Olivenöl, ergänzt durch Kräuter und Knoblauch. Früher, als die Küchen nur über eine simple Feuerstelle verfügten, wurde der Fisch einfach mit Öl bestrichen, mit Knoblauch und Kräutern aromatisiert und auf dem Rost gegrillt. Heute bereitet man ihn auch in der Pfanne, im Herd oder auf dem Grill zu.

Auch das Pochieren von Fischen und Meeresfrüchten ist typisch für besagte Devise, mit einfachen Mitteln etwas Großartiges zu zaubern. Nicht etwa Brühe, sondern Wasser dient als Garflüssigkeit, wiederum aromatisiert mit typisch regionalen Zutaten wie Fenchel- oder Koriandersamen und der allgegenwärtigen Orangenschale. Anstatt mit einer *velouté* – hergestellt aus Butter, Mehl und Fond –, einer Butter- oder Sahnesauce, wie sie weiter nördlich üblich ist, werden die Fische und Meeresfrüchte hier meist schlicht mit etwas von dem eingekochten Sud serviert.

Obwohl nicht aus heimischen Gewässern stammend, bildet *morue* (getrockneter Kabeljau, ungesalzen = Stockfisch; gesalzen = Klippfisch) von der

Unten: Auf den Fischmärkten der Provence bekommt man das meeresbewohnende Pendant der gemeinen Gartenschnecke ebenso wie Seeigel, deren Rogen eine begehrte Delikatesse darstellen, oder die kleinen, austernartigen Schaltiere, die hier als *violets* verkauft werden. **Ganz unten:** Auf dem Markt am Quai des Belges in Marseille schneiden die Fischhändler die Steaks genau nach den Wünschen des Kunden zu. **Rechte Seite:** Von Fréjus-Plage aus, das mit seinem goldgelben Sand lockt, verläuft die Küste in einem Bogen in östlicher Richtung nach Saint-Raphaël. Beide Badeorte sind bei Familien sehr beliebt.

östlichen Grenze zu Italien bis in den äußersten Westen der Provence ein wichtiges Element der hiesigen Küche. Seinen Einzug hielt er, als provenzalische Händler, die im 19. Jahrhundert Olivenöl und Salz nach Skandinavien verkauften, ihre Schiffe nicht leer zurückfahren lassen wollten. Als ideale Ladung bot sich der kaum verderbliche, da getrocknete Nordseekabeljau an. Bald fand der gesalzene *klippfisk*, wie er bei den Norwegern heißt, als preiswerte Alternative zum frischen Mittelmeerfisch Anklang und hat bis heute in der Provence, genau wie in den Hafenstädten Italiens, Spaniens und Portugals, von seiner Popularität nichts verloren. In Nizza im Osten der Provence favorisiert man Klippfisch geschmort mit Tomaten, Sardellen, Knoblauch und Oliven. Außerhalb des Landes aber wohl bekannter als dieses traditionelle Gericht namens *estocaficada* dürfte die *brandade* sein, ein Stockfischpüree (heute aus Klippfisch), auf dessen Zubereitung man sich in Nîmes besonders versteht.

Während der Zusatz *à la provençale* in einem Rezeptnamen auf die Beteiligung von Knoblauch und Petersilie hindeutet, enthält ein Gericht mit dem Attribut *à la toulonnaise* Tomaten und Miesmuscheln. Für die *esquinade*, eine Spezialität aus Toulon, werden kleine Krebse in Muschelsud gekocht, ausgelöst und anschließend in Muschelschalenhälften überbacken. *Favouilles* heißen die kleinen Strandkrabben, die nur bei Toulon vorkommen, während größere Schwimmkrabben überall entlang der Küste heimisch sind. Die Marseiller genießen alle möglichen *fruits de mer* bevorzugt roh. Zu den begehrtesten Delikatessen zählen neben Seeigelrogen auch die *violets*, Seescheiden, deren fester schwarzer Mantel einen plumpen, gelblich getönten Körper mit stark nach Jod riechendem Fleisch umschließt. In Martigues wird *poutargue*, gesalzener und gepresster Meeräschenrogen, gerieben und mit Olivenöl angemacht, serviert, und zwischen Antibes und Menton bereitet man ausgebackene Küchlein und Rissolen mit den so genannten *nonats*, winzigen gemischten Fischen. Ausschließlich in der Gegend um Arles und in der Camargue werden die nur fingernagelgroßen Dreiecksmuscheln namens *tellines* an den Stränden aus dem Sand gegraben und in einer *persillade* gegart. Wen diese ungewöhnlichen Delikatessen vielleicht etwas befremden, der kann sich immer noch für gebratene, gegrillte oder geschmorte Sepien, Kalmare oder Kraken entscheiden, denn diese sind allerorts an der Küste im Angebot.

Var

Pot-au-feu de poisson

Fisch-Gemüse-Topf

Überall in Frankreich wird der »Topf auf dem Feuer« etwas unterschiedlich zubereitet. In der Provence kommen Fische aus dem Mittelmeer, Tomaten und anderes Gemüse, natürlich Knoblauch und edler Safran hinein.

FÜR DIE FISCHE UND MEERESFRÜCHTE

2 kg gemischte ganze Fische (Red Snapper, Sackbrassen, Sägebauch, Lengdorsch, Wolfsbarsch und Atlantischer Lachs), küchenfertig vorbereitet

24 kleine Miesmuscheln, abgebürstet und entbartet

16 Jakobsmuscheln

12 große Garnelen, geschält und Darm entfernt

FÜR DIE BRÜHE UND DAS GEMÜSE

2 große oder kleine Fenchelknollen, geputzt und längs in sechs Stücke geteilt, kleine Exemplare geviertelt

1 Stange Lauch, nur das Weiße in 10 cm lange Stücke geschnitten

4 Stangen Bleichsellerie, in 10 cm lange Stücke geschnitten

5 Tomaten, enthäutet, Samen entfernt, geviertelt

60 ml Olivenöl

2 Zwiebeln, gehackt

3 Knoblauchzehen, gehackt

3 EL gehackte glatte Petersilie

Salz und frisch gemahlener schwarzer Pfeffer

¼ TL Safranfäden, in 2 TL heißem Wasser eingeweicht

1 Prise Cayennepfeffer

300 ml trockener Weißwein

FÜR DIE SAUCE

Krume von 2 dicken Scheiben weißem Sauerteigbrot vom Vortag

3 große rote Paprikaschoten, enthäutet (siehe Seite 249)

Salz und frisch gemahlener schwarzer Pfeffer

1 kleine Prise Cayennepfeffer

1 Prise gemahlener Safran (nach Belieben)

3 EL gehackte glatte Petersilie

Etwa 24 Croûtons aus Baguettescheiben, geröstet (siehe Seite 247)

◆ Die Fische je nach ihrer Form filetieren und in Stücke von etwa 13 × 7,5 cm oder quer in Steaks schneiden. Insgesamt 500 g Köpfe, dickere Gräten oder Schwanzstücke für die Brühe beiseite legen.

◆ Für die Brühe von den Gemüseabschnitten, die beim Vorbereiten angefallen sind, etwa 150 g fein hacken. Das Olivenöl in einem Topf bei mittlerer Temperatur erhitzen. Die Zwiebeln, den Knoblauch und die Petersilie darin anschwitzen, bis es würzig duftet. Die fein gehackten Gemüseabschnitte und die Fischköpfe, Gräten oder Schwanzstücke hinzufügen und mit Salz, Pfeffer, Safran und Cayennepfeffer würzen. Den Wein und 1 l Wasser zugießen, zum Kochen bringen und ohne Deckel etwa 30 Minuten kräftig köcheln lassen. Durch ein mit einem Mulltuch ausgelegtes Sieb in einen sauberen Topf abseihen.

◆ Die Miesmuscheln in einen Topf füllen und dabei Exemplare, die sich bei Berührung nicht schließen, wegwerfen. Zugedeckt 3–5 Minuten bei hoher Temperatur garen, bis sich die Schalen öffnen, dabei den Topf gelegentlich rütteln. Die Muscheln auf einen Teller legen und noch geschlossene Exemplare wegwerfen. Den Muschelfond durch ein feines Sieb seihen. 8 Muscheln aus den Schalen lösen.

◆ Die Brühe bei hoher Temperatur aufkochen. Den Fenchel, den Lauch und den Sellerie darin in etwa 4 Minuten eben gar kochen, dann die Tomaten hinzufügen. Bei mittlerer bis niedriger Temperatur die Fischstücke in die Brühe einlegen und 6–8 Minuten garen, bis sie ihr glasiges Aussehen verlieren. Nach der Hälfte der Garzeit die Jakobsmuscheln und Garnelen hinzufügen. Den Topf vom Herd nehmen und alle Miesmuscheln einlegen. Mit Pfeffer und etwas von dem reservierten Muschelfond abschmecken.

◆ Inzwischen für die Sauce in einer Schüssel die Brotkrume in etwa 125 ml Wasser einweichen, bis die Flüssigkeit aufgenommen ist. Ausdrücken und mit den Paprikaschoten im Mixer pürieren. Mit Salz, Pfeffer und Cayennepfeffer sowie, falls das Püree zu farblos wirkt, mit etwas Safran würzen. Eine kleine Schöpfkelle Brühe aus dem Topf kurz untermischen. Die Sauce in einem kleinen Topf bei mittlerer Temperatur unter Rühren gründlich erhitzen.

◆ Die Fische, Meeresfrüchte und das Gemüse in einer großen, weiten Schüssel anrichten und die Brühe darüber schöpfen, mit einem Teil der Sauce beträufeln und mit der Petersilie bestreuen. Die restliche Sauce in einer kleinen Schüssel und die Croûtons separat dazu reichen.

Für 8 Personen

La Criée

La Criée hieß jahrhundertelang in Marseille die erste Adresse für Händler wie Hausfrauen, die guten Fisch kaufen wollten. Der Name, übersetzt »der Schrei«, hätte das lärmende Durcheinander in der großen Halle am Vieux Port – also am Alten Hafen – treffender kaum beschreiben können.

Auf Karren transportierten kräftige Männer aufgetürmte Kisten voller Fische herbei und hievten sie dann eine nach der anderen auf das Podium, wo ein Auktionator Art und Herkunft des Inhalts sowie den Namen des Verkäufers ausrief. Aufmerksam registrierte der Auktionator die Rufe aus der Menge und trieb dabei die Gebote und mit ihnen die Stimmen der Interessenten in die Höhe, um dann mit einem Hammerschlag den Handel perfekt zu machen und rasch zum nächsten Posten überzugehen.

Inzwischen sind die Fische aus La Criée verschwunden, doch der Name blieb: Er ist in der Fassade des Baues verewigt, der in das Théâtre National de la Criée umfunktioniert wurde. Bei einem Rundgang sieht man noch das alte, gewölbte Glasdach sowie Reste des ehemaligen Betonfußbodens; und mit etwas Fantasie kann man sich ausmalen,

wie es einst hier zuging, als nachts die Großhändler hektisch ihre Geschäfte abwickelten, um dann tagsüber den Einzelhändlern mit ihren kleinen Ständen das Feld zu überlassen.

Der Markt selbst ist in einen viel größeren, hochmodernen Komplex im westlich gelegenen Küstenvorort L'Estaque umgezogen, in dem zugleich der Fleischgroßmarkt von Marseille untergebracht ist. Nur in dem neuen Namen, Nouvelle Criée du Chalutage (übersetzt »die neue Criée der Fischereiflotte«), schwingt noch etwas von der alten Romantik mit. Ansonsten herrscht in den großen, mit Sicherheitssperren versehenen Hallen gleich am Wasser, zu denen private Käufer nicht mehr zugelassen sind, effiziente Nüchternheit wie in jedem anderen großen Warenumschlagplatz auch.

Im Alten Hafen machen weiterhin zwischen den Kreuzfahrtschiffen täglich ein, zwei Fischerboote fest, die ihren Fang direkt an Hausfrauen und Köche verkaufen. Wer eine größere Auswahl sucht, muss nur etwas weiter an der Küste entlangfahren und sich bei den Fischern in Martigues, Carro, Sausset-les-Pins oder Carry-le-Rouet umsehen.

Gratin de coquilles Saint-Jacques à la méditerranéenne

Gratinierte Jakobsmuscheln auf Mittelmeerart

Falls Sie Jakobsmuscheln in der Schale finden, greifen Sie zu und bitten Sie den Fischhändler, sie gleich zu öffnen und vorzubreiten. Denn für ihn ist es Routine, die Nüsschen und den orangefarbenen Corail vom grauen Rand zu trennen. Alternativ zu den Originalschalen, die natürlich gründlich abgebürstet werden, verwenden Sie kleine, ofenfeste Porzellanschalen, wie sie unter anderem von den französischen Firmen Apilco und Pillivuyt angeboten werden.

16 Jakobsmuscheln (siehe Rezepteinleitung)

4 Frühlingszwiebeln, samt dem zarten Grün in Scheiben geschnitten

2 feste Tomaten, enthäutet, Samen entfernt, in etwa 1 cm große Würfel geschnitten

75 g Streifen oder Würfel von roten und grünen Paprikaschoten

2 EL eingesalzene Kapern, abgespült und abgetropft

Salz und grob gemahlener Pfeffer

250 ml Olivenöl

2–3 EL gehackte glatte Petersilie

◆ Den Backofen auf 245 °C vorheizen.

◆ In die unteren Schalenhälften oder in muschelförmige Porzellanschalen jeweils ein Nüsschen legen. Pro Person vier Schalen auf einen ofenfesten Teller und die Teller auf Backbleche setzen.

◆ Die Frühlingszwiebeln, Tomaten, Paprikaschoten und Kapern um die Nüsschen verteilen, salzen, pfeffern und gleichmäßig mit dem Olivenöl beträufeln.

◆ Die Jakobsmuscheln etwa 3 Minuten backen, bis sich das glasige Aussehen verliert. Aus dem Ofen nehmen, mit der Petersilie bestreuen und sogleich servieren.

Für 4 Personen

Var

Calmars aux petits pois

Gedünstete Kalmare mit Erbsen

Die Stadt Toulon, in der ich dieses Rezept entdeckte, ist ein bedeutender Kriegshafen, aber auch ein Eldorado für Liebhaber von geschmortem Kalmar.

1 kg mittelgroße bis große Kalmare

75 ml Olivenöl

1 kleine Zwiebel, gehackt oder in feinen Scheiben

500 g Tomaten, enthäutet, Samen entfernt, grob gehackt

1 Knoblauchzehe, fein gehackt

Etwa 250 ml Wasser

2 frische Thymianzweige

2 kleine Lorbeerblätter

Salz und grob gemahlener Pfeffer

375 g frische oder tiefgefrorene Erbsen (mit Hülsen etwa 1,25 kg)

Tomatenmark (nach Belieben)

◆ Die Kalmare vorbereiten, wie auf Seite 247 beschrieben. Den schmaleren Teil der Körper in Ringe, den dickeren Teil der Länge nach in schmale Streifen von 10–13 cm Länge schneiden. Die Arme in vergleichbarer Länge zurechtschneiden.

◆ Das Olivenöl in einem Topf bei mittlerer Temperatur erhitzen und die Zwiebel etwa 1 Minute darin anschwitzen. Die Tomaten und den Knoblauch einrühren und zugedeckt etwa 5 Minuten köcheln lassen. Die Kalmare in den Topf geben und eben mit Wasser bedecken. Die Thymianzweige und die Lorbeerblätter einlegen, alles salzen und pfeffern. Zum Kochen bringen und bei niedriger Temperatur zugedeckt etwa 50 Minuten dünsten, bis die Kalmare gar sind.

◆ Die Erbsen untermischen, frische Erbsen 15–20 Minuten, Tiefkühlware nur 5 Minuten mitdünsten. Das Gericht nochmals salzen, großzügig pfeffern und nach Belieben mit etwas Tomatenmark abschmecken. Die Thymianzweige und die Lorbeerblätter entfernen und wegwerfen. Das Gericht in vorgewärmte tiefe Teller verteilen und sogleich servieren.

Für 6 Personen

Bouches-du-Rhône

Loup farci sur son lit de légumes

Wolfsbarsch auf einem Gemüsebett

Das Rezept erinnert stark an den »loup grillé au fenouil« (gegrillter Wolfsbarsch mit Fenchel), zweifellos die berühmteste Zubereitung der provenzalischen Küche mit einem ganzen Fisch. Dafür wird der Wolfsbarsch ungeschuppt, mit getrockneten Fenchelzweigen und etwas frischem Fenchel bedeckt, in einem Grillkorb über heißer Glut gegart. Nachdem er einmal gewendet und von der zweiten Seite fertig gegrillt wurde, beträufelt man ihn mit Pastis oder Pernod, der dem Fenchel ein herrlich aromatisches Anisaroma entlockt und, wenn er heruntertropft, außerdem einen würzigen Rauch erzeugt. Die hier vorgestellte, im Ofen zubereitete Variante ist weniger kompliziert und ergibt zudem aufgrund des Gemüses eine komplette Mahlzeit.

Einen großen Wolfsbarsch zu erstehen wird immer schwieriger und kostspieliger, doch bilden Red Snapper und Sackbrassen einen überaus akzeptablen Ersatz.

---

1 Wolfsbarsch (etwa 2,25 kg), küchenfertig vorbereitet, aber ungeschuppt

2 Lorbeerblätter

4 große, frische Thymianzweige

5 frische Fenchelzweige

Salz und frisch gemahlener Pfeffer

Olivenöl zum Bestreichen, plus 125 ml

2 große Zitronen, jeweils längs in 6 Spalten geschnitten

4 Tomaten, geviertelt, große Exemplare in 6 Spalten geschnitten

2 Zucchini, geputzt und in Scheiben geschnitten

3 dünne Möhren, geschält und quer gedrittelt

3 Zwiebeln, in schmale Spalten geschnitten

6 Knoblauchzehen, in Scheiben geschnitten

180 ml trockener Weißwein

2 EL Pernod oder Pastis (nach Belieben)

◆ Den Backofen auf 200 °C vorheizen.

◆ Den Fisch abspülen und mit den Händen abreiben, um etwaige lose Schuppen zu entfernen. Mit Küchenpapier trockentupfen und mit den Lorbeerblättern, den Thymian- und den Fenchelzweigen füllen. Innen salzen und pfeffern, außen erst mit Olivenöl bestreichen und dann ebenfalls salzen und pfeffern.

◆ Einen Bräter, in dem der Fisch ausreichend Platz hat, mit Öl ausstreichen. Die Zitronen-, Tomaten-, Zucchini-, Möhren- und Zwiebelstücke so auf dem Boden verteilen, dass dieser gleichmäßig bedeckt ist, mit 125 ml Olivenöl beträufeln und den Knoblauch einstreuen. Das Gemüsebett salzen und pfeffern. Den Fisch darauf legen und in den Ofen schieben.

◆ Nach 15 Minuten das Gemüse gleichmäßig mit dem Wein und, falls verwendet, mit dem Pernod oder Pastis beträufeln. Den Fisch weitere 15 Minuten garen. Anschließend die Form um 180 Grad drehen, damit der Fisch gleichmäßig gart, und das Gemüse mit einem Pfannenwender durchmischen, damit es nicht austrocknet. Weitere 20–30 Minuten backen, bis das Gemüse weich und der Fisch durchgegart ist. Zur Probe den Fisch mit einem scharfen Messer einstechen: Das Fleisch soll bis zur Mittelgräte sein glasiges Aussehen verloren haben.

◆ Den Fisch mit einem oder zwei Pfannenwendern vorsichtig auf ein Schneidbrett heben. Das Gemüse mit einer Schaumkelle auf einer großen, vorgewärmten Platte anrichten. Den Fond aus dem Bräter über einer Sauciere durch ein Sieb seihen. Die Haut des Fisches mit einem scharfen Messer an den Kiemen und an der Schwanzflosse einritzen und ablösen – da die Schuppen sie zusammenhalten, lässt sie sich mühelos abnehmen. Den Fisch vorsichtig umdrehen, auf das Gemüsebett legen und von der zweiten Seite ebenfalls enthäuten. Mit etwas Sauce überziehen und sogleich servieren. Die restliche Sauce separat dazu reichen.

Für 6 Personen

Bouches-du-Rhône

Le grand aïoli

Klippfisch, Huhn und Schnecken mit Gemüse und Aïoli

Der Name »aïoli« wird nicht nur für die klassische Knoblauchmayonnaise der Provence verwendet, sondern auch für jenes rustikale Festessen, das fast schon wie ein vorgezogenes Erntedankmahl anmutet: Klippfisch, Huhn und Schnecken dürfen dabei ebenso wenig fehlen wie eine breite Auswahl an Gemüsen, hart gekochte Eier und natürlich besagte pikante Knoblauchmayonnaise.

1 kg Klippfisch

220 g getrocknete oder 650 g abgetropfte Kichererbsen aus der Dose

FÜR DIE BRÜHE

2 l Wasser

1 große Möhre, geschält und in Scheiben geschnitten

1 Stange Lauch, samt dem Grün längs halbiert

1 Zwiebel, mit 2 Gewürznelken gespickt

2 Knoblauchzehen

1 Bouquet garni (siehe Seite 246), ergänzt durch 1 kleine Stange Bleichsellerie und 1 Fenchelstängel

20 kleine, mehlig kochende und möglichst gelbfleischige Kartoffeln

15 Babyartischocken, geputzt (siehe Seite 246)

2 Bund junge Möhren, geschält

8 kleine Zwiebeln

8 Zucchini, geputzt und längs geviertelt

500 g zarte grüne Bohnen, geputzt

1 großer Blumenkohl, in Röschen geteilt

16–20 Baby-Rote-Beten, der Stielansatz auf gut 1 cm eingekürzt

Salz

4 Dutzend Schnecken aus der Dose

1 Kapaun oder Suppenhuhn (2,25–2,5 kg) oder 5 Hühnerbrüstchen (jeweils etwa 250 g)

8–10 hart gekochte Eier, geschält

Aïoli (siehe Seite 41), hergestellt aus 8–10 Knoblauchzehen, 3 Eigelb, 1 EL Dijon-Senf und 750 ml Olivenöl

◆ Mindestens 2 Tage vor dem Servieren mit den Vorbereitungen beginnen: Den Klippfisch in einer großen Schüssel 24–48 Stunden zugedeckt im Kühlschrank wässern, das Wasser mehrmals erneuern.

◆ Am Tag vor dem Servieren getrocknete Kichererbsen auf etwaige Steinchen sowie hässlich geformte Exemplare durchsehen und diese wegwerfen. Gründlich abspülen, in einer Schüssel mit Wasser bedecken und über Nacht einweichen. Abseihen, in einem Topf etwa 7,5 cm hoch mit Wasser bedecken, aufkochen und zugedeckt bei niedriger Temperatur in etwa 30 Minuten garen, danach wieder abseihen. Kichererbsen aus der Dose gründlich abspülen und abtropfen lassen.

◆ Am eigentlichen Tag die Brühe herstellen. Dafür alle Zutaten in einem Topf bei mittlerer Temperatur langsam aufkochen und dann bei niedriger Temperatur zugedeckt 30 Minuten köcheln lassen. Vom Herd nehmen, durch ein feines Sieb ablaufen lassen, zurück in den Topf gießen und abkühlen lassen.

◆ Die Kartoffeln, die Artischocken, die Möhren, die Zwiebeln, die Zucchini, die Bohnen, den Blumenkohl und die Roten Beten separat in Salzwasser ohne Deckel zum Kochen bringen und *al dente* kochen. Als Richtwerte werden folgende Zeiten empfohlen: Kartoffeln 20–25 Minuten, Artischocken etwa 20 Minuten, Möhren etwa 12 Minuten, Zwiebeln etwa 6 Minuten, Zucchini etwa 5 Minuten, grüne Bohnen 4–5 Minuten, Blumenkohl 3–4 Minuten und Rote Beten 10–12 Minuten. Das Gemüse abseihen und auf großen Platten beiseite stellen, zuvor die Roten Beten schälen.

◆ Die Schnecken abgießen, gründlich abspülen und zum Gemüse stellen. Das ganze Huhn oder die Hühnerbrüstchen in der Brühe bei mittlerer bis hoher Temperatur zum Kochen bringen und bei reduzierter Temperatur und schräg aufgelegtem Deckel garen – Kapaun und Suppenhuhn benötigen etwa 1 Stunde und 20 Minuten, Hühnerbrüstchen 8–10 Minuten. Auf einem Tranchierbrett in größere Stücke schneiden und warm stellen.

◆ Den Klippfisch abgießen, in einem Topf mit kaltem Wasser bedecken und bei mittlerer Temperatur langsam bis kurz vor dem Siedepunkt erhitzen. Ohne Deckel in 8–10 Minuten gar ziehen lassen, danach abgießen und warm stellen.

◆ Während der Klippfisch gart, das gesamte Gemüse einschließlich der Kichererbsen nacheinander in der Brühe erwärmen – die einzelnen Sorten benötigen jeweils 3–4 Minuten, wobei die Roten Beten, da sie die Brühe färben, zum Schluss an die Reihe kommen. Zuletzt die Schnecken in der Brühe erwärmen.

◆ Den Fisch, das Huhn, die Schnecken, das Gemüse und die Eier getrennt voneinander auf großen Platten anrichten und sogleich servieren. Die Aïoli in einer oder mehreren Schalen dazu reichen.

Für 8 Personen

Alpes-Maritimes

La petite friture

Frittierte Fischchen

In die Netze der Fischer gelangen neben den größeren Kalibern, auf die sie eigentlich aus sind, auch ganz junge, kleine Exemplare von Sardinen, Sardellen, Rotbarben und anderen Arten mehr. Auf den Märkten sieht man diese oft als Mischung, einfach auf eine Papierunterlage gehäuft, auf die mit Bleistift der Preis gekritzelt ist. Häufig sind sie als »Fisch für Suppen« ausgezeichnet, aber goldgelb frittiert und zum Hauptgang oder auch einfach als leichtes Mittag- oder Abendessen serviert, lassen sie Genießerherzen höher schlagen. Ein »mesclun«-Salat und ein frischer Weißwein oder Rosé aus der Gegend machen den Genuss perfekt.

625 g gemischte winzige Fische oder Weißfischchen

Etwa 180 ml Milch

150 g Mehl

Olivenöl zum Frittieren

Salz und frisch gemahlener Pfeffer

30 g frische Stängel glatte Petersilie (nach Belieben), nach dem Waschen gut abgetropft

2 Zitronen, geachtelt

◆ Die Fische in einer Schüssel eben mit Milch bedecken und 30 Minuten ruhen lassen.

◆ Das Mehl in eine Schüssel füllen. Die Fische abseihen, gut abtropfen lassen und gründlich in dem Mehl wenden, danach in einem Sieb den Überschuss abschütteln.

◆ Einen tiefen Topf 4 cm hoch mit Olivenöl füllen und dieses auf 165 °C erhitzen. Mit einem Schaumlöffel aus Draht etwa ein Drittel der Fische ins heiße Öl gleiten lassen und vorsichtig darin bewegen, damit sie nicht aneinander kleben, und gleichmäßig garen. Sobald sie nach 1½–2 Minuten goldbraun sind, herausnehmen und auf Küchenpapier abtropfen lassen. Die restlichen Fische in weiteren zwei Portionen frittieren.

◆ Die Fische salzen und pfeffern. Die Petersilie, falls verwendet, für einige Sekunden ins heiße Öl tauchen und dann auf Küchenpapier abtropfen lassen.

◆ Die Fische auf einer großen Platte anrichten und mit den Petersilienstängeln, falls verwendet, garnieren. Sogleich mit den Zitronenachteln servieren.

Für 6 Personen

Le nonats

Bei dieser Spezialität der Alpes-Maritimes, die auch als *poutines* bekannt ist, handelt es sich um fast durchsichtige Fischchen aus den einheimischen Gewässern. Als die Grafschaft Nizza 1860 an Frankreich fiel, sicherte die Regierung den Fischern zwischen dem Cap d'Antibes und Menton das Recht zu, die kleinen, ganz jungen Fische, die sich als Beifang in ihren Netzen befanden, für sich zu behalten. Während der Name *nonats* ursprünglich nur für Weißfische stand, bekommt man heute oft Mischungen mit *sardinettes*, also ganz jungen Sardinen, winzigen Sardellen und anderen Heringsfischchen. Sie werden zwischen Februar und April auf den Märkten entlang der Riviera angeboten, allerdings ist die Verkaufssaison auf 45 Tage begrenzt.

In fangfrischem Zustand kleben die Fischchen zu einer glasig schimmernden Masse zusammen. Oft werden daraus kleine Frikadellen geformt, die dann eingemehlt und knusprig frittiert werden. Eine weitere beliebte Zubereitungsart ist die *sartagnade*. Dafür werden die *nonats* in Olivenöl gebraten und zugleich zusammengedrückt, sodass eine Art knuspriger Pfannkuchen entsteht, der schließlich wie eine Torte aufgeschnitten wird. Einst eine gängige Speise der Fischer, die ihre Haushaltskasse schonte, finden sich die *nonats* heute gelegentlich auf der Tageskarte von Bistros mit lokalen Spezialitäten.

Var

Soupe aux moules

Muschelsuppe

Jede Gegend Frankreichs, die ans Meer grenzt, kennt ein Rezept für Muschelsuppe. Meist handelt es sich um eine einfache Brühe, in der sich der salzige Muschelsaft mit etwas Knoblauch, Zwiebel und Petersilie sowie einem Schuss Weißwein, Bier oder Sahne aufs Köstlichste verbindet. Etwas aufwendiger und üppiger ist die nachfolgend vorgestellte Version.

4 EL Butter

2 Möhren, geschält und fein gewürfelt

2 Stangen Lauch, nur das Weiße fein gewürfelt

2 Stangen Bleichsellerie, fein gewürfelt

2 Kartoffeln, geschält und gewürfelt

2 Tomaten, enthäutet, Samen entfernt, gewürfelt

1 Bouquet garni (siehe Seite 246)

750 ml–1,25 l Wasser

250 ml trockener Weißwein

2 kg Miesmuscheln, abgebürstet und entbartet

125 g durchwachsener Räucherspeck am Stück, quer in gut 1 cm breite Streifen geschnitten

Salz und frisch gemahlener Pfeffer

◆ In einem großen Topf 3 Esslöffel Butter bei niedriger Temperatur zerlassen. Jeweils drei Viertel der Möhren, des Lauchs und des Selleries etwa 2 Minuten unter Rühren darin anschwitzen, bis das Gemüse glasig schimmert und gleichmäßig mit Butter überzogen ist. Die Kartoffeln, die Tomaten, das Bouquet garni und 750 ml Wasser hinzufügen. Alles bei hoher Temperatur einmal aufkochen und dann zugedeckt bei niedriger Temperatur etwa 30 Minuten köcheln lassen, bis das Gemüse gar ist.

◆ Inzwischen in einem großen Suppentopf den Wein aufkochen. Die Muscheln hineingeben und dabei Exemplare, die sich bei Berührung nicht schließen, wegwerfen. Zugedeckt bei hoher Temperatur 2–3 Minuten dämpfen, bis sich die Schalen öffnen, dabei einmal durchmischen. Vom Herd nehmen, noch geschlossene Exemplare aussortieren. 24 Muscheln in ihren Schalen beiseite legen, die anderen auslösen. Den Muschelsud abseihen.

◆ Den Suppentopf ausspülen. Den Speck mit der restlichen Butter hineingeben und bei mittlerer Temperatur etwa 1 Minute ausbraten, bis er knusprig wird. Den Rest der Möhren, des Lauchs und des Selleries hinzufügen und bei mittlerer Temperatur etwa 2 Minuten rühren, bis das Gemüse glasig schimmert und halb gar ist.

◆ Das Bouquet garni aus dem anderen Topf entfernen und wegwerfen. Etwa 60 g der ausgelösten Muscheln und die Hälfte des Muschelsuds gründlich untermischen. Das Ganze mit einem Stabmixer im Topf, alternativ im Mixer oder in der Küchenmaschine, fein pürieren. Langsam den restlichen Muschelsud einrühren und dabei immer wieder probieren – die Suppe soll nicht zu salzig werden. Daher bei Bedarf anstelle von Sud Wasser hinzugießen, bis sich insgesamt 750 ml bis 1 l Flüssigkeit im Topf befinden. Die pürierte Suppe in den Topf mit dem Gemüse und dem Speck durch ein mittelfeines Sieb streichen. Mit Salz und eventuell mit Pfeffer abschmecken.

◆ Die restlichen ausgelösten Muscheln in die Suppe geben und sanft auf Serviertemperatur erhitzen. Die Suppe in einzelne Schalen schöpfen und in der Mitte jeder Portion 3 der nicht ausgelösten Muscheln arrangieren. Sogleich servieren.

Für 8 Personen

Alpes-Maritimes

Thon à la méridionale

Gegrillter Thunfisch mit Kräutern

Mit seinem festen roten Fleisch lässt sich Thunfisch hervorragend grillen. Die frischen Kräuter des Südens – Rosmarin, Thymian und Fenchel – unterstreichen hier seinen exquisiten Geschmack.

6 Thunfischsteaks (jeweils etwa 150 g schwer und 2,5 cm dick)

2–3 EL Olivenöl, plus mehr zum Bestreichen des Grillrosts

7 g frische Rosmarinblättchen, nach Belieben leicht gehackt

Blättchen von 3 großen, frischen Thymianzweigen (etwa 1 EL)

1 EL Fenchelsamen, zerdrückt

Salz und frisch gemahlener Pfeffer

6 EL natives Olivenöl extra

◆ Die Steaks mit 2–3 Esslöffeln Olivenöl bestreichen. Den Rosmarin, den Thymian und die Fenchelsamen auf einem Stück Pergamentpapier oder einem Schneidbrett gründlich vermischen und gleichmäßig verteilen. Die Steaks von beiden Seiten in die Mischung drücken – sie sollen gleichmäßig überzogen sein. Zugedeckt für mindestens 30 Minuten oder bis zu 2 Stunden ruhen lassen.

◆ Im Gartengrill eine ausreichende Glut vorbereiten.

◆ Den Grillrost mit Olivenöl bestreichen und die Steaks darauf legen. 2½–3 Minuten grillen, dabei nach etwa 1½ Minuten um 45 Grad drehen, sodass sich ein attraktives Rautenmuster ergibt. Die Steaks wenden, mit Salz und Pfeffer bestreuen und fertig grillen – nach etwa 2 Minuten sind sie außen schön gebräunt, aber innen noch rosa, und genau so schätzt man sie in der Provence. (Alternativ können Sie den Fisch auf dem Herd in einer gusseisernen Grillpfanne braten, wobei die Garzeiten ähnlich sind.)

◆ Die Thunfischsteaks auf vorgewärmten Tellern anrichten, jeweils mit 1 Esslöffel nativem Olivenöl extra beträufeln und sogleich servieren.

Für 6 Personen

Truite à l'oseille

Forelle mit Sauerampfersauce

Wenn das Stichwort »Provence« fällt, denken die meisten zunächst an Sonne, Sand und das weite, blau schimmernde Mittelmeer. Dabei vergessen sie natürlich die weiten Gebirgslandschaften, die sich im Osten und Nordosten in den Alpes-Maritimes und der Haute Provence sowie in westlicher Richtung bis ins Departement Vaucluse erstrecken. Hier tummeln sich in Seen und kristallklaren Bächen die herrlichsten Forellen und andere Süßwasserfische.

2 EL Butter, plus mehr für den Bräter

6 Forellen (jeweils etwa 185 g), küchenfertig vorbereitet

Salz und frisch gemahlener Pfeffer

Etwa 185 g bunt gemischte, feine Gemüsestreifen von Möhren, weißen Rüben, Zuckerschoten und Bleichsellerie oder ähnlichem Gemüse der Saison

80 ml frischer, leicht säuerlicher Weißwein, beispielsweise Riesling

250 ml Sahne

12–15 Sauerampferblätter, grob gehackt

◆ Den Backofen auf 200 °C vorheizen. Einen Bräter, in dem die Fische nebeneinander Platz haben, buttern. Die Forellen abspülen und trockentupfen, innen und außen salzen und pfeffern.

◆ In einer Pfanne, die für das gesamte Gemüse ausreichend Platz bietet, 2 Esslöffel Butter bei mittlerer Temperatur zerlassen und das Gemüse 1 Minute andünsten, salzen, pfeffern und die Pfanne vom Herd nehmen. Die Forellen mit der Gemüsemischung füllen und in die vorbereitete Form legen. Gleichmäßig mit dem Wein beträufeln und lose mit einem Stück Alufolie abdecken, damit sie im Ofen nicht austrocknen. 10–12 Minuten garen, bis das Fleisch durch und durch sein glasiges Aussehen verliert.

◆ Die Forellen mit einem Pfannenwender auf vorgewärmte Teller heben und warm stellen. Den Fond aus dem Bräter in einen kleinen Topf gießen, mit der Sahne und dem Sauerampfer bei hoher Temperatur zum Kochen bringen und etwa 2 Minuten einkochen lassen, bis eine sämige, deckende Sauce entsteht. Mit Salz und Pfeffer abschmecken.

◆ Die Forellen mit der Sauerampfersauce überziehen und servieren.

Für 6 Personen

Alpes-Maritimes

Sardines farcies au four

Gefüllte Sardinen aus dem Ofen

Sardinen sind an der Côte d'Azur ein echter Verkaufs-schlager. Sie werden frittiert, gebraten oder »en escabèche« zubereitet, also in eine Marinade eingelegt und dann im Kühlschrank aufbewahrt – eine herzhafte schnelle Mahlzeit. Für eine besonders exquisite Zubereitung werden sie entgrätet und mit Kräutern, oft auch in Kombination mit Walnüssen, gefüllt und im Ofen gebacken.

16 große, frische Sardinen, ausgenommen

10 g gehackte glatte Petersilie

Blättchen von 1 kleinen, frischen Rosmarinzweig, gehackt

1 EL gehackter frischer Thymian

4 Knoblauchzehen, fein gehackt

2 EL gemahlene Walnüsse

1 EL frisch geriebener Parmesan

5 EL Olivenöl

◆ Die Sardinen einzeln unter fließendem kaltem Wasser säubern. Den Kopf nach unten drücken und mit ihm die Mittelgräte bis zum Schwanzende in einem Stück herausziehen. Die Fische mit einem scharfen Messer schuppen und alle Flossen bis auf die Schwanzflosse abschneiden. Nochmals gründlich abspülen und aufgeklappt auf eine Platte legen.

◆ Den Backofen auf 220 °C vorheizen. Einen Bräter, in dem die zusammengeklappten Sardinen nebeneinander Platz haben, mit Öl ausstreichen.

◆ In einer kleinen Schüssel die Petersilie, den Rosmarin und den Thymian vermischen. In einer zweiten kleinen Schüssel den Knoblauch, die Walnüsse und den Parmesan vermischen. 2 Esslöffel der Kräuter und 1 Esslöffel Olivenöl gründlich unter die Knoblauchmischung rühren. Die Sardinen damit bestreichen, zusammenklappen und in die vorbereitete Form legen. Gleichmäßig mit dem Rest der Kräuter und 4 Esslöffeln Olivenöl beträufeln.

◆ Die Sardinen etwa 6 Minuten im Ofen garen, bis das Fleisch durch und durch sein glasiges Aussehen verliert. Auf einer Platte anrichten und servieren.

Für 4 Personen

Alpes-Maritimes

Le blanc de loup Belle Mouginoise

Wolfsbarschfilet mit Tomaten, Champignons und Gurken

Roger Vergé zählt zu den renommiertesten Chefköchen der Provence. Seit vielen Jahren pilgern Feinschmecker aus aller Herren Länder zu seinem mit drei Michelin-Sternen dekorierten Restaurant Le Moulin de Mougins in dem hinter Cannes gelegenen Städtchen Mougins oder zu der etwas weiter oben in der Stadt befindlichen Dependance L'Amandier. Umgekehrt haben die von Vergé ausgebildeten Köche das kulinarische Flair der Provence in die Gourmettempel in aller Welt getragen.

Vergés Rezept für Wolfsbarschfilet vermittelt auch Daheimgebliebenen eine Ahnung von der Virtuosität des Meisters. Ein selbst farblich höchst ansprechender Genuss, der sich ebenso mit Steinbutt, Sägebauch, Lengdorsch oder Petersfisch einfach nachkochen lässt.

Butter für die Form

3 EL fein gehackte Schalotten

6 Wolfsbarschfilets (jeweils etwa 185 g schwer und 2,5 cm dick)

3 feste Tomaten

Kochendes Wasser nach Bedarf

6 sehr große, frische weiße Champignons, sorgfältig abgerieben

2 Salatgurken, ungeschält in feine Scheiben geschnitten

Salz und frisch gemahlener Pfeffer

3 EL roter Vermouth

5 EL trockener Weißwein

3 EL reduzierte Fischbrühe (siehe Seite 251)

160 ml Sahne

75 g Butterflöckchen

2 EL Schnittlauchröllchen

◆ Den Backofen auf 200 °C vorheizen.

◆ Einen Bräter, in dem die Fischfilets nebeneinander Platz haben, großzügig mit Butter ausstreichen. Die Schalotten auf dem Boden verteilen und die Filets darauf legen.

◆ Die Tomaten in einer großen, hitzebeständigen Schüssel mit kochendem Wasser überbrühen. Nach 1 Minute abgießen und in kaltem Wasser abkühlen lassen. So vorsichtig enthäuten, dass sie möglichst unverletzt bleiben, anschließend in feine Scheiben schneiden. Die Pilze ebenfalls in feine Scheiben schneiden –

Tomaten- und Pilzscheiben sollen etwa gleich groß sein. Die Tomaten-, Pilz- und Gurkenscheiben so in Längsrichtung auf den Fischfilets arrangieren, dass sich sowohl die einzelnen Scheiben als auch die drei Reihen leicht überlappen. Salzen und pfeffern.

◆ Den Vermouth und den Weißwein in die Form gießen, diese in den Ofen schieben und den Fisch garen, bis er nach etwa 4 Minuten sein glasiges Aussehen verliert. Aus dem Ofen nehmen und die Fischfilets mit einem breiten Pfannenwender vorsichtig auf eine große, vorgewärmte Platte heben. Warm stellen.

◆ Den Fond aus dem Bräter in einen kleinen Topf gießen, mit der reduzierten Fischbrühe und der Sahne bei hoher Temperatur zum Kochen bringen und in etwa 1 Minute zu einer Sauce einkochen lassen, dabei kräftig mit einem Schneebesen schlagen. Vom Herd nehmen und die Butterflöckchen mit dem Schneebesen gründlich einrühren. Den Schnittlauch hinzufügen und die Sauce mit Salz und Pfeffer abschmecken.

◆ In der Mitte jedes vorgewärmten Tellers etwas Sauce verteilen. Die Gemüsescheiben dünn mit Sauce überglänzen. Die Filets vorsichtig auf dem Saucenspiegel anrichten und sogleich servieren.

Für 6 Personen

La bouillabaisse

Provenzalische Spitzenköche behaupten gern, eine ordentliche Bouillabaisse sei eine zeit- und kostenintensive Angelegenheit. Dabei handelt es sich ursprünglich um ein einfaches Gericht der Marseiller Fischer, die am Strand über einem Holzfeuer einen Topf mit verdünntem Meerwasser aufsetzten und die unverkäuflichen Reste ihres Tagesfangs zusammen mit einigen gesammelten Kräutern hineingaben. Wenn die Fische und Meeresfrüchte gar waren, wurden sie auf Brotscheiben angerichtet, mit der Brühe übergossen, und das gemeinsame Mahl konnte beginnen.

Mit dieser Schlichtheit ist es vorbei. Mindestens acht Sorten, so meinen Puristen, seien erforderlich, um die richtige Geschmacksfülle hinzubekommen, und ohne *rascasse* (Drachenkopf) wäre es keine Bouillabaisse, sondern einfach eine Fischsuppe. Das Brot wird jetzt mit Knoblauch eingerieben, geröstet und mit *rouille* bestrichen, und Safran ist ein unbedingtes Muss. In Toulon, das Marseille das Urheberrecht für die berühmte Suppe erbittert streitig macht, kommen Miesmuscheln und andere Schaltiere hinein. Nur die »Pariser«, sagen die Fischer verächtlich und meinen dabei auch die Nobelrestaurants der vornehmen Badeorte, verwenden Edelkrebse und Languste. In traditionellen Rezepten besteht der Sud aus Wasser und etwas Wein, in klassischen Variationen aber auch aus Fischbrühe.

La bouillabaisse

Marseiller Fischsuppe

Einst von den Fischern in Marseille als billiges Gericht erfunden, avancierte die Bouillabaisse zu einem Klassiker der südfranzösischen Küche.

FÜR DIE ROUILLE

3 große Knoblauchzehen, gehackt

1 scharfe rote Chilischote, Samen entfernt, gehackt

Salz

3 Eigelb

430 ml feines Olivenöl

Frisch gemahlener Pfeffer

¼ TL Safranfäden, in 2 TL heißem Wasser eingeweicht (nach Belieben)

FÜR DIE BRÜHE

Olivenöl

2 große Zwiebeln, in Scheiben geschnitten

2 große Tomaten, enthäutet, Samen entfernt, grob gehackt

1 Stange Lauch, nur das Weiße längs halbiert

3 Knoblauchzehen, gehackt

½ Fenchelknolle, längs gedrittelt

Breit abgeschälte Schalenstreifen von ½ Orange

1 kleine Zitrone, geachtelt

2,5–3 l Wasser oder Fischbrühe (siehe Seite 251) und trockener Weißwein, gemischt im Verhältnis von 3 Teilen Wasser oder Brühe und 5 Teilen Wein

2 frische Thymianzweige

1 Lorbeerblatt

½ TL Safranfäden, in 2 TL heißem Wasser eingeweicht

Etwa 2 TL Tomatenmark (nach Geschmack)

Salz und frisch gemahlener Pfeffer

FÜR DIE FISCHE UND MEERESFRÜCHTE

3–3,5 kg ganze Fische wie Drachenkopf, Seeteufel, Snapper, Meeraal, Wittling, Knurrhahn, Großer Rotbarsch und Petersfisch

1 kg Edelkrebse, in Medaillons geschnitten, kleinere Exemplare längs halbiert (nach Belieben)

4 kleine Krabben, küchenfertig vorbereitet und geviertelt (nach Belieben)

16 Miesmuscheln, abgebürstet und entbartet (nach Belieben)

3 EL gehackte glatte Petersilie

24 kleine Kartoffeln, gar gekocht, gepellt, quer halbiert und warm gestellt (nach Belieben)

20 Croûtons aus Baguettescheiben, ausgebacken (siehe Seite 247)

◆ Für die Rouille den Knoblauch und die Chilischote im Mörser verreiben – eine Prise Salz erleichtert die Prozedur. In eine Schüssel umfüllen und die Eigelbe mit einem Schneebesen untermischen. Tropfenweise das Olivenöl hinzufügen, bis sich eine Emulsion ergibt, dann das Öl in feinem Strahl dazugießen und ununterbrochen weiterrühren. Salzen, pfeffern und nach Belieben mit dem Safran färben. Zugedeckt in den Kühlschrank stellen.

◆ Für die Brühe einen großen, weiten Suppentopf knapp 1 cm hoch mit Olivenöl füllen und dieses bei mittlerer Temperatur erhitzen. Die Zwiebeln etwa 1 Minute darin dünsten. Die Tomaten, den Lauch, den Knoblauch, den Fenchel, die Orangenschale und die Zitronenachtel untermischen. 3 Schöpfkellen der Mischung aus Wasser oder Brühe und Wein sowie die restlichen Zutaten hinzufügen, kräftig aufkochen und 10 Minuten kochen lassen.

◆ Drachenkopf und Meeraal in größere Stücke teilen (die übrigen Fische werden im Ganzen verwen

det). Zunächst die festfleischigen Sorten in den Topf geben und so viel von der Flüssigkeit zugießen, dass sie beinahe bedeckt sind. Nun folgen die Edelkrebse und Krabben, falls verwendet. 10 Minuten kochen lassen, dann die weicheren Fischsorten hinzufügen. Bei mittlerer bis niedriger Temperatur 10 Minuten gar ziehen lassen und 4–5 Minuten vor Ende der Garzeit die Muscheln, falls verwendet, in den Topf geben (Exemplare, die sich bei Berührung nicht schließen, wegwerfen). Die Suppe mit Salz, Pfeffer und Tomatenmark abschmecken.

◆ Mit einem breiten Pfannenwender die Fische und Meeresfrüchte auf eine vorgewärmte Servierplatte heben, noch geschlossene Muscheln aussortieren. Die Kartoffeln, falls verwendet, um die Fische und Meeresfrüchte anordnen. Mit der Petersilie bestreuen.

◆ Die Brühe in eine große Suppenterrine abseihen. 8–10 Croûtons mit Rouille bestreichen, auf die Brühe legen. Die restliche Rouille in eine Schale füllen, die übrigen Croûtons auf einen Teller legen.

◆ Die Terrine, die Platte mit den Fischen und Meeresfrüchten, die Rouille und die Croûtons auf den Tisch stellen, der bereits mit Suppentellern eingedeckt ist.

Für 8–10 Personen

Bouches-du-Rhône

Moules au basilic

Miesmuscheln in Basilikumbutter

Frische Tomatenwürfel und Basilikumbutter, die duftet wie der Sommer selbst, runden in dieser raffinierten Zubereitung die Miesmuscheln ab.

6 Dutzend kleine Miesmuscheln (insgesamt etwa 2 kg), abgebürstet und entbartet

3 kleine, intensiv rote Tomaten, enthäutet und Samen entfernt

FÜR DIE BASILIKUMBUTTER
250 g Butter, raumtemperiert

10 g frische Basilikumblätter, in feine Streifen geschnitten

2 EL gehackte Schalotten

Salz und frisch gemahlener Pfeffer

Frisch gepresster Zitronensaft

◆ Die Miesmuscheln in einen großen Topf füllen und dabei Exemplare, die sich bei Berührung nicht schließen, wegwerfen. Zugedeckt bei hoher Temperatur 3–5 Minuten dämpfen, bis sich die Schalen öffnen, dabei den Topf gelegentlich rütteln. Die Muscheln mit einer Schaumkelle in eine Schüssel füllen, dabei noch geschlossene Exemplare aussortieren. Den Fond durch ein mit einem Mulltuch ausgelegtes feines Sieb in eine Schüssel seihen.

◆ Von allen Exemplaren die obere Schalenhälfte entfernen und die Muscheln auf eine große, hitzebeständige Platte legen. Falls Sie nicht über geeignetes Geschirr verfügen, legen Sie die Muscheln auf ein Backblech und richten sie später auf Tellern an.

◆ Die Tomaten in gleichmäßige, etwa 6 mm große Würfel schneiden und je 3–4 Würfel auf den Muscheln verteilen.

◆ Den Elektrogrill einschalten oder den Backofen auf 200 °C vorheizen.

◆ Für die Basilikumbutter in einer Schüssel die Butter mit einem Schneebesen cremig rühren. Das Basilikum, die Schalotten und etwas Muschelfond einrühren, mit Salz, Pfeffer und Zitronensaft abschmecken. Die Muscheln mithilfe eines kleinen Spatels gleichmäßig mit der Basilikumbutter bestreichen. Etwa 13 cm unterhalb der Heizelemente 2–3 Minuten grillen, bis die Butter Blasen wirft und die Muscheln richtig heiß sind. Alternativ etwa 5 Minuten im Ofen backen. Sogleich servieren.

Für 6 Personen

Bouches-du-Rhône

Brandade de morue

Stockfischpüree

Wenn man einmal weiß, wie es geht, ist diese beliebte Spezialität der provenzalischen Küche ohne Schwierigkeiten zuzubereiten. Ich wurde in ihre Geheimnisse durch André Perez eingeweiht, einen befreundeten Koch, der westlich von Marseille lebt. Wie er mir verriet, müssen die Milch und das Olivenöl getrennt erwärmt und dürfen nicht zu schnell eingerührt werden. Sonst sammeln sie sich unten im Topf, und die »brandade« erhält nicht die gewünschte cremige Konsistenz.

500 g Klippfisch (ursprünglich Stockfisch), möglichst ein dickes Stück aus der Mitte

250 ml Olivenöl

180 ml Milch

2 Knoblauchzehen, zerdrückt

Weißer Pfeffer

12 dreieckige Croûtons aus festem weißem Sauerteigbrot, ausgebacken (siehe Seite 247)

◆ Mindestens 2 Tage vor dem Servieren den Klippfisch in einer großen Schüssel 24–48 Stunden zugedeckt im Kühlschrank wässern, dabei das Wasser mindestens fünfmal erneuern.

◆ Am Tag des Essens den Fisch abgießen, in einem Topf mit frischem Wasser bedecken und bei mittlerer Temperatur langsam bis kurz vor dem Siedepunkt erhitzen. 15–18 Minuten gar ziehen lassen, bis der Fisch weich und durchgegart ist. Abgießen, gut abtropfen lassen und nach kurzem Abkühlen sorgfältig enthäuten. Den Fisch mit zwei Gabeln zerpflücken und dabei alle verbliebenen Gräten entfernen.

◆ In separaten kleinen Töpfen 125 ml Olivenöl und die Milch bei mittlerer Temperatur erhitzen. Beides vom Herd nehmen. In einem großen Topf das restliche Olivenöl bei niedriger Temperatur erhitzen. Den zerpflückten Fisch mit einem Holzspatel einrühren und dabei gleichzeitig zerdrücken. Den Knoblauch gründlich untermischen. Unter ständigem Rühren abwechselnd das zuvor erwärmte Olivenöl und die Milch esslöffelweise hinzufügen – mit der nächsten Zugabe jeweils warten, bis die vorherige eingearbeitet ist. Wenn das Öl und die Milch aufgebraucht sind, die *brandade* mit weißem Pfeffer würzen.

◆ Mit einem Löffel auf den Croûtons verstreichen und sogleich servieren.

Für 6 Personen

Bouches-du-Rhône

Encornets farcis à la tapenade

Kalmar mit Hackfleisch-Tapenade-Füllung und Tomatensauce

Das Rezept stammt aus Saintes-Maries-de-la-Mer. Der kleine, beschauliche Küstenort, in der Camargue am Rhônedelta gelegen, wird gern von Touristen angesteuert, die mit dem Auto die Gegend erkunden. In der größten Kirche des Ortes sind die Gebeine der Schwarzen Sara aufbewahrt, der Schutzpatronin der Roma und Sinti. Das ganze Jahr über weilen einige »gitanes« in der Nähe der Wallfahrtskirche, tauschen regelmäßig die Kleidung der Statue Saras aus und zünden Kerzen vor ihrem Bildnis an. Anlässlich der Prozession, in der die Statue feierlich zum Meer getragen wird, reisen im Mai aus ganz Europa Roma und Sinti in großer Zahl an. Dann ist es mit der Ruhe im Städtchen vorübergehend vorbei.

Das Gericht gelingt mit Kalmaren oder Sepien gleichermaßen gut. Dazu passt körnig gekochter Reis.

FÜR DIE SAUCE

2 EL Olivenöl

1 Zwiebel, fein gehackt

1 Knoblauchzehe, fein gehackt

12 frische Basilikumblätter

2 frische Thymianzweige

1 Lorbeerblatt

Salz und frisch gemahlener Pfeffer

500 g Tomaten, enthäutet, Samen entfernt, grob gehackt

1 Prise Zucker

8 mittelgroße Kalmare oder Sepien (jeweils 15–18 cm lang)

250 g Hackfleisch vom Kalb

250 g Hackfleisch vom Schwein

3 Knoblauchzehen, fein gehackt

1 rote Zwiebel, fein gehackt

60 g Tapenade (siehe Seite 59)

4 EL Olivenöl

160 ml trockener Weißwein

Etwa 250 ml Wasser (nach Bedarf)

◆ Für die Sauce das Olivenöl in einem weiten, schweren Topf bei mittlerer Temperatur erhitzen. Die Zwiebel etwa 30 Sekunden darin anschwitzen, bis sie eben glasig wird. Den Knoblauch, das Basilikum, den Thymian, das Lorbeerblatt sowie Salz und Pfeffer gründlich untermischen und bei niedriger Temperatur etwa 10 Minuten mitschwitzen, bis die Zutaten weich werden und sich die Aromen vermischt haben.

◆ Die Tomaten mit dem Zucker gründlich einrühren und köcheln lassen, dabei mit einem Holzlöffel zerdrücken, bis nach etwa 30 Minuten eine nicht zu dünne Sauce entstanden ist. Vom Herd nehmen und warm stellen.

◆ Den Backofen auf 165 °C vorheizen.

◆ Die Kalmare oder Sepien vorbereiten, wie auf Seite 247 beschrieben. Die Körper weder zerteilen noch von der dünnen Haut befreien – die gesprenkelte Haut gibt der Sauce zusätzliche Farbe. Die Fangarme werden weggeworfen oder anderweitig verwertet.

◆ In einer Schüssel die beiden Hackfleischsorten gut vermengen. Den Knoblauch, die Zwiebel und die Tapenade gründlich untermischen und zuletzt 2 Esslöffel Olivenöl sowie 1 EL Weißwein einarbeiten.

◆ Die Tintenfische nicht zu fest mit der Masse füllen und die Körper mit Zahnstochern verschließen.

◆ Nebeneinander in eine ofenfeste Form legen, gleichmäßig mit der Sauce überziehen und mit dem restlichen Olivenöl beträufeln. Die Form mit Alufolie abdecken.

◆ Die Tintenfische 50–60 Minuten im Ofen garen – sie sind fertig, wenn ein hineingesteckter Zahnstocher sauber wieder herauskommt. Nach der Hälfte der Garzeit die Folie behutsam anheben und den restlichen Weißwein zugießen. Sollte die Sauce noch immer trocken wirken, das Wasser gleichmäßig in der Form verteilen.

◆ Die Tintenfische mit einem Bratenwender vorsichtig aus der Form heben und die Zahnstocher entfernen. Die Sauce nochmals unter häufigem Rühren erwärmen und zuletzt abschmecken.

◆ Die gefüllten Tintenfische entweder im Ganzen servieren oder schräg in 1 cm dicke Scheiben schneiden und diese fächerförmig auf vorgewärmten Tellern anrichten. In beiden Fällen zum Schluss mit der Sauce überziehen.

Für 8 Personen

Vaucluse

Cabillaud Demoiselle d'Avignon

Gedämpfter Kabeljau mit Gemüse

Meine Gastgeberin, die mir dieses Gericht in Avignon servierte, achtete mehr auf ihre Figur als die meisten französischen Hausfrauen, die ich kenne. Der Fisch wird einfach gedämpft und das Gemüse kaloriensparend nur in etwas Olivenöl gedünstet. Auch Steinbutt oder Schwertfisch eignen sich für dieses Rezept.

6 Kabeljaufilets (jeweils 185 g schwer und 7,5 × 2,5 cm groß)

75 ml Olivenöl

1 kleine Aubergine, geputzt und ungeschält in 1 cm große Würfel geschnitten

1 kleine Zucchini, geputzt und ungeschält in 1 cm große Würfel geschnitten

4 große, feste Tomaten, enthäutet, Samen entfernt, in 1 cm große Würfel geschnitten

Salz und frisch gemahlener Pfeffer

6 EL natives Olivenöl extra

3 EL frische Schnittlauchstücke (etwa 2,5 cm lang)

◆ Die Fischfilets in einen Dämpfeinsatz legen und beiseite stellen. In einem Dämpftopf Wasser zum Kochen bringen.

◆ Inzwischen in einer kleinen Pfanne das Olivenöl bei mittlerer Temperatur erhitzen. Die Auberginenwürfel darin dünsten und, sobald sie weich werden, die Zucchiniwürfel dazugeben. Zuletzt werden die Tomaten nur kurz mit erwärmt – sie sollen, genau wie das übrige Gemüse, ihre feste Konsistenz behalten. Die Gesamtgarzeit beträgt 4 Minuten. Das Gemüse salzen, pfeffern und warm stellen.

◆ Den Dämpfeinsatz über dem kochenden Wasser platzieren und den Fisch 4–6 Minuten garen, bis er durch und durch sein glasiges Aussehen verliert.

◆ Das Gemüse mit einer Schaumkelle aus der Pfanne heben und ringförmig auf vorgewärmten Tellern anrichten. In die Mitte jeweils ein Fischfilet legen, mit 1 Esslöffel nativem Olivenöl extra beträufeln, mit Schnittlauch bestreuen und sogleich servieren.

Für 6 Personen

Le repas de midi

In kleinen Orten wie in großen Städten kommt das Leben mittags zum Stillstand. Vor den Läden rasseln die Rollläden herunter, während in den Büros die Fenster geschlossen werden. Alles eilt nach Hause zum Mittagessen mit der Familie. Zum Frühstück gab es nur Brot und Milchkaffee oder Schokolade für die Kinder, und so wird es höchste Zeit für *le repas di midi,* die wichtigste Mahlzeit des Tages.

Stets beginnt sie mit einer Vorspeise, und seien dies auch nur Wurstscheiben, ein hart gekochtes Ei mit einer klein gewürfelten Gemüsemischung oder eine Scheibe Pastete. Zum Hauptgang wird ein Fleisch- oder Fischgericht mit meist einer Gemüsebeilage serviert. In der Regel folgen dann ein Salat und Käse sowie zuletzt frisches Obst und für die Kinder vielleicht ein mit Honig beträufelter Frischkäse.

Sonntags findet das Mittagessen in größerem Rahmen und oft erweitertem Familienkreis statt. Zum unverzichtbaren Aperitif, etwa einem Pastis oder einem für die Region typischen Suze, Vennoise oder Figuoun, werden kleine Kekse, Nüsse und eine Auswahl an Oliven auf den Tisch gestellt. Rohkost mit *aïoli* oder *tapenade,* möglicherweise aber auch Garnelen oder Sardinen, beispielsweise gebraten oder mit Walnüssen, manchmal auch mit Spinat gefüllt, oder ausgebackene Zucchiniblüten könnten das eigentliche Essen eröffnen.

Die Fleisch- oder Fischportion fällt besonders üppig aus und die Beilage wird, der Tradition und der Jahreszeit folgend, sorgsam ausgewählt. Beliebte Kombinationen sind etwa Lammkeule mit grünen Bohnen, Steak oder Lamm mit Ratatouille, Fisch mit Lauch oder ein Braten mit einem dekorativen *tian.* Dem anschließenden Salat folgen ein, zwei Sorten Käse mit knusprigem Brot, bevor dann nach einer Weile das Dessert seinen Auftritt hat. Eine passionierte Hausfrau wird es sich nicht nehmen lassen, eine Bavaroise oder eine Tarte mit Früchten der Saison vorzubereiten. Eher aber dürfte ein Mitglied der Familie aus der nächsten Pâtisserie etwas holen, was, da schließlich von professioneller Hand gemacht, für den besonderen Anlass angemessener erscheint.

Zu jedem Gang wird Wein ausgeschenkt, wobei nach dem Käse der Rote beiseite gestellt und durch einen süßen Muscat, vielleicht aber auch eine *ratafia* aus eigener Herstellung oder einen kräftigen Marc zum Kaffee abgelöst wird.

Var

Civet de thon

Thunfisch, in Rotwein geschmort

Das Wort »civet« bezeichnet ein französisches Ragout. In der klassischen Form handelt es sich um ein Hasenragout, doch wird auch anderes Wild nach demselben Rezept mit herzhaften Zutaten in Rotwein geschmort. Mit ihrem festen, dunklen Fleisch eignen sich ebenso Thunfisch oder Schwertfisch für dieses Gericht, und selbst mit Seeteufel gelingt es vorzüglich. Als typische Beilage wird Reis dazu serviert.

60 g Butter

12 ganze Schalotten, plus 1 Schalotte, fein gehackt

90 g durchwachsener Räucherspeck am Stück, in mundgerechte Stücke geschnitten

1 Möhre, geschält und gehackt

1 Zwiebel, gehackt

1 kg Thunfischfilet, in 3 cm große Würfel geschnitten

1 EL Mehl

1 Knoblauchzehe, fein gehackt

250 ml trockener Rotwein

2 EL Olivenöl

125 g frische weiße Champignons, sorgfältig abgerieben, kleine Exemplare im Ganzen, größere längs geviertelt

12 kleine schwarze Oliven in Öl

2 Zitronenscheiben, in kleine Dreiecke geschnitten

Salz und frisch gemahlener Pfeffer

Frisch gehackte glatte Petersilie

12 dreieckige Croûtons aus festem weißem Sauerteigbrot, ausgebacken (siehe Seite 247)

◆ In einem kleinen, gusseisernen Schmortopf die Butter bei hoher Temperatur zerlassen. Die ganzen Schalotten etwa 1 Minute darin dünsten, anschließend den Speck einige Sekunden ausbraten. Die Möhre und die Zwiebel hinzufügen und etwa 1 Minute rühren, bis sie gleichmäßig mit dem ausgebratenen Fett und der Butter überzogen sind. Die Thunfischwürfel dazugeben, von allen Seiten kurz scharf anbraten, mit dem Mehl bestäuben und dieses unter ständigem Rühren etwa 30 Sekunden mitbraten.

◆ Die gehackte Schalotte und den Knoblauch untermischen und das Ganze mit dem Wein ablöschen. Zum Kochen bringen und dann bei niedriger Temperatur zugedeckt etwa 20 Minuten köcheln lassen, bis der Fisch fest geworden und gar ist.

◆ Inzwischen das Olivenöl in einer kleinen Pfanne bei hoher Temperatur erhitzen. Die Pilze etwa 1 Minute darin wenden, bis sie gleichmäßig vom Öl überzogen sind. Etwa 5 Minuten bevor der Fisch gar ist, die Pilze mit den Oliven und Zitronenstückchen untermischen.

◆ Die Thunfischwürfel und das Gemüse mit einer Schaumkelle herausheben und auf einer Servierplatte anrichten. Den Schmorfond bei hoher Temperatur zu einer Sauce einkochen, mit Salz und Pfeffer abschmecken. Das Ragout mit der Sauce beträufeln, mit der Petersilie bestreuen und servieren. Die Croûtons separat dazu reichen.

Für 4–6 Personen

In den Häfen des Departements Var sieht man noch »pointus«, die traditionellen Fischerboote der Mittelmeerküste.

Var

Cuisses de grenouilles provençales

Froschschenkel auf provenzalische Art

Die Menge an Knoblauch und Petersilie verweist deutlich darauf, dass dieses Gericht aus der Provence stammt. Falls Sie die inzwischen rar gewordenen Froschschenkel heimischen Ursprungs nicht finden, weichen Sie auf die größeren Pendants aus Asien aus.

9 Paar Froschschenkel, geteilt

Etwa 150 g Mehl

250 g Butter

2 EL Olivenöl

6 Knoblauchzehen, fein gehackt

Salz und grob gemahlener Pfeffer

Etwa 2 EL frisch gepresster Zitronensaft

3 EL gehackte glatte Petersilie

◆ Die Froschschenkel abspülen und gründlich mit Küchenpapier trockentupfen.

◆ Das Mehl auf einen Teller streuen, die Froschschenkel einzeln darin wenden und den Überschuss abklopfen.

◆ In einer Pfanne 90 g Butter mit dem Olivenöl bei mittlerer Temperatur zerlassen. Die Froschschenkel 8–10 Minuten darin braten, dabei gelegentlich wenden, bis sie gar und gleichmäßig gebräunt sind. Erst 3–4 Minuten vor Ende der Garzeit den Knoblauch untermischen – er darf nicht verbrennen.

◆ Inzwischen die restliche Butter in kleine Stücke schneiden. Sobald die Froschschenkel gar sind, bei niedriger Temperatur die Butterstückchen untermischen und unter Rühren langsam schmelzen. Das Gericht salzen und pfeffern, mit dem Zitronensaft beträufeln und mit der Petersilie bestreuen.

◆ Auf einer vorgewärmten Platte oder Tellern anrichten und sogleich servieren.

Für 6 Personen

Bouches-du-Rhône

La bourride

Legierte Fischsuppe

In den Häfen, Fischerdörfern und Badeorten von Saint-Raphaël über Saint-Tropez bis Nizza wird diese Suppe in fast allen Restaurants und, bei speziellen Anlässen, auch in den Familien serviert. Das Besondere an der Spezialität aus dem Südosten der Provence ist die Aïoli, die in beachtlicher Menge eingerührt wird. Sie verleiht der »bourride« ihr cremiges Aussehen, mit dem sie sich von der Bouillabaisse, der zweiten berühmten Fischsuppe der Region, so deutlich unterscheidet. Meist enthält sie Seeteufel, aber auch Wolfsbarsch, Wittling und Petersfisch werden verwendet.

FÜR DIE BRÜHE

2 EL Olivenöl

1 Zwiebel, in Scheiben geschnitten

4 Möhren, geschält und in Scheiben geschnitten

2 Stangen Lauch, nur das Weiße in Scheiben geschnitten

2 Mangoldblätter, Rippen entfernt, in grobe Streifen geschnitten (nach Belieben)

1 frischer Thymianzweig

2 Streifen Orangenschale (etwa 6 cm lang und gut 1 cm breit)

450 ml trockener Weißwein

1,5–2 l Wasser oder leichte Fischbrühe (siehe Seite 251)

1,5 kg Filets oder dicke Medaillons von weißfleischigen Fischen

Salz und frisch gemahlener Pfeffer

12 Scheiben Baguette oder festes weißes Sauerteigbrot vom Vortag

Aïoli (siehe Seite 41), hergestellt aus 3 Eigelb, 6 Knoblauchzehen und 250–350 ml Olivenöl

3 Eigelb

◆ Für die Brühe das Olivenöl in einem großen Topf bei mittlerer Temperatur erhitzen. Die Zwiebel, die Möhren und den Lauch etwa 1 Minute unter Rühren darin anschwitzen, bis das Gemüse weich wird und von dem Öl überzogen ist. Den Mangold, falls verwendet, den Thymian und die Orangenschale kurz untermischen, dann den Wein und das Wasser oder die Brühe zugießen. Bei hoher Temperatur zum Kochen bringen und dann bei niedriger Temperatur ohne Deckel 20 Minuten köcheln lassen.

◆ Die Brühe durch ein feines Sieb seihen und zurück in den Topf füllen. Erneut zum Kochen bringen und ohne Deckel auf zwei Drittel einkochen lassen. Vom Herd nehmen und etwa 15 Minuten etwas abkühlen lassen.

◆ Falls Fischfilets verwendet werden, diese in große, etwa 10 cm lange Stücke schneiden. Den Fisch in die abgekühlte Brühe einlegen und alles leicht salzen und pfeffern. Die Brühe bis kurz vor dem Siedepunkt erhitzen und den Fisch bei niedriger Temperatur ohne Deckel in 8–10 Minuten gar ziehen lassen, bis er durch und durch sein glasiges Aussehen verliert und sich fest anfühlt.

◆ Inzwischen jeweils 2 Brotscheiben in einzelne Suppenteller legen. Den fertig gegarten Fisch mit einer Schaumkelle oder einem Bratenwender vorsichtig aus der Brühe heben und auf eine Servierplatte legen. Warm stellen.

◆ Falls die Brühe nicht intensiv genug schmeckt, noch etwas einkochen lassen, um das Aroma zu konzentrieren, zuletzt mit Salz und Pfeffer abschmecken. Das Brot mit etwas Brühe befeuchten. Die Hälfte der Aïoli in eine kleine Servierschüssel füllen. Die Eigelbe mit einem Schneebesen unter die andere Hälfte der Aïoli mischen. Etwa 180 ml der heißen Brühe kräftig einrühren und die Mischung mit dem Schneebesen gründlich in die Brühe rühren. Unter ständigem Rühren mit dem Schneebesen nochmals erwärmen, bis das Eigelb bindet – damit es nicht ausflockt, darf die Suppe keinesfalls aufkochen. Sie hat die richtige Konsistenz, wenn sie den Rücken eines Löffels wie eine Creme überzieht.

◆ Die Suppe über die Brotscheiben schöpfen. Den Fisch und die Schüssel mit der Aïoli separat dazu reichen, sodass sich die Gäste selbst nach Belieben davon nehmen können.

Für 6 Personen

seit jeher sichern die Früchte des Meeres den Fischern der Provence ihren Lebensunterhalt.

Alpes-Maritimes

Mostelle croutée aux olives noires

Seequappe mit schwarzer Olivenkruste

Bestreichen Sie den Fisch möglichst schon etwa 3 Stunden im Voraus mit der Olivenpaste. So trocknet sie etwas ein und haftet besser. Sackbrassen, Wolfsbarsch, Steinbutt und Heilbutt lassen sich ähnlich zubereiten.

FÜR DAS SCHWARZE OLIVENÖL

1 EL sehr fein gehackte schwarze Oliven in Salzlake

125 ml natives Olivenöl extra

125 g entsteinte schwarze Oliven, gewürfelt

60 ml Olivenöl

3 Schalotten, fein gehackt

30 g feine Krume von altbackenem Weißbrot, fein zerkleinert

2 TL frische Thymianblättchen

Salz und frisch gemahlener Pfeffer

4 Seequappen-, ersatzweise Lengdorschfilets (jeweils 185 g schwer und 10 × 7,5 × 2,5 cm groß)

◆ Die gehackten Oliven mit dem Olivenöl in einer Schüssel verrühren. 1–2 Stunden ruhen lassen.

◆ Den Backofen auf 220 °C vorheizen. Einen Bräter, in dem die Filets nebeneinander Platz haben, mit Öl ausstreichen. Die gewürfelten Oliven in eine Schüssel füllen. Das Olivenöl in einer kleinen Pfanne bei mittlerer Temperatur erhitzen und die Schalotten darin etwa 45 Sekunden anschwitzen. Bei hoher Temperatur die Krumen einrühren und in 45–60 Sekunden leicht knusprig braten. Mit dem Thymian gründlich unter die Oliven mischen. Salzen und pfeffern.

◆ Die Filets in die vorbereitete Form legen und gleichmäßig mit der Olivenpaste überziehen. 8–10 Minuten backen, bis sie durch und durch ihr glasiges Aussehen verlieren. Auf vorgewärmten Tellern anrichten, ringsum jeweils etwas von dem schwarzen Olivenöl träufeln und das Gericht servieren.

Für 4 Personen

Var

Rougets barbets en papillotes à l'estragon

Rotbarben in der Papierhülle

Französische Köche schützen Fischfilets gern durch eine Papierhülle vor der Ofenhitze. Aber auch anderes empfindliches Fleisch wie das von Hühnerbrüstchen wird gelegentlich nach dieser traditionellen Methode gegart. Hier verbergen sich in den Päckchen Rotbarben, die sich als »rougets« in der Provence großer Wertschätzung erfreuen. Im Departement Var wird auch der preiswertere Knurrhahn gern »en papillote« zubereitet. Grundsätzlich eignen sich die Filets aller weißfleischigen Fische, also auch vom Seehecht und Hornhecht, für dieses klassische Gericht.

Die Päckchen blähen sich im Ofen auf. Wenn sie sogleich serviert werden, sehen sie nicht nur sehr attraktiv aus, sondern entlassen, während die Gäste sie selbst öffnen, zugleich einen wundervollen Duft.

FÜR DAS GEMÜSE

6 Schalotten

6 kleine weiße Rüben

1 Bund junge Möhren, geschält

75 g Butter

1 TL Zucker

Salz und frisch gemahlener Pfeffer

6 kleine Zucchini, geputzt

12 Zuckerschoten, geputzt

12 Rotbarbenfilets (jeweils etwa 15 cm lang und 1 cm dick)

6 EL Olivenöl, plus mehr zum Bestreichen der Päckchen

Salz und frisch gemahlener Pfeffer

6 frische Estragonzweige

2 kleine Zitronen, ungeschält in 18 dünne Scheiben geschnitten

60 ml frisch gepresster Zitronensaft

◆ Zunächst das Gemüse vorbereiten. Dafür die Schalotten, die weißen Rüben, die Möhren, die Butter und den Zucker in einen kleineren Topf füllen. Mit Salz und Pfeffer bestreuen und mit etwa 500 ml Wasser eben bedecken. Bei hoher Temperatur zum Kochen bringen und dann bei schräg aufgelegtem Deckel 6–8 Minuten köcheln lassen. Nach der Hälf-te der Zeit die Zucchini hinzufügen. Das Wasser soll verdampfen, doch darf das Gemüse nicht anbrennen. Vom Herd nehmen und beiseite stellen.

◆ Den Backofen auf 180 °C vorheizen.

◆ Sechs quadratische Pergamentpapierstücke mit 35 cm Kantenlänge zuschneiden, in der Mitte gerade zusammenfalten und die beiden Ecken an den offenen Kanten abrunden. Eines der Stücke auf die Arbeitsfläche legen und wie ein Buch auffalten. Auf die rechte Hälfte 2 Fischfilets legen, mit 1 Esslöffel Olivenöl beträufeln, salzen und pfeffern. 1 Estragonzweig sowie 3 Zitronenscheiben darauf legen und das Ganze mit 2 Teelöffeln Zitronensaft beträufeln. Die linke Papierhälfte darüber klappen und dann, am unteren Rand nahe dem Falz beginnend, die offenen Papierkanten nach innen umschlagen, dabei alle 5 cm neu ansetzen und so Stück für Stück den Fisch luftdicht einschließen.

◆ Wenn alle Päckchen fertig sind, diese auf ein Backblech heben und die Oberflächen mit Olivenöl bestreichen. 6 Minuten im Ofen garen.

◆ Inzwischen das Gemüse bei mittlerer Temperatur erwärmen und dabei durchmischen, damit es nicht ansetzt. In der letzten Minute die Zuckerschoten hinzufügen, die im Nu gar sind.

◆ Die Fischpäckchen auf einzelne Teller legen und das Gemüse daneben anrichten. Sogleich servieren.

Für 6 Personen

Les plateaux de fruits de mer

Die Marseiller sind große Liebhaber von Meeresfrüchten. Also gönnen sie sich im Restaurant gern eine opulente gemischte Platte davon, und auch zu Hause kommt bei festlichen Anlässen eine solche *plateau de fruits de mer* auf den Tisch. Seit Jahrzehnten gilt die Familie Toinou in der Stadt als eine der besten Adressen für Schal- und Krustentiere. Während sie früher ihre Waren in Kiosken mit gekühltem Boden feilbot, nennt sie inzwischen ein fünfstöckiges Restaurant mit fünfhundert Tischen ihr Eigen.

Von Tisch 252 aus sah ich mir das Geschehen eines Tages einmal genau an. Manche Gäste genießen hier einfach ein halbes Dutzend Seeigel mit einem Glas Wein. An anderen Tischen werden dreibeinige Chromgestelle mit zwei darin eingehängten Tellern aufgetragen, der obere aus Metall und mit Eis gefüllt, auf dem verschiedene, oft rohe Meeresfrüchte aufgetürmt sind. Wie die Mischung letztlich aussieht, hängt von der Jahreszeit, den Vorlieben der Gäste und den Empfehlungen der Ober ab. An jenem Tag kostete ich rohe Miesmuscheln aus Carteau, verglich Bouzigue-Austern mit Côtes Bleu, löffelte den Rogen aus Seeigeln und probierte die berühmten *violets* (Meerscheiden). Die gelben, austernähnlichen Muscheln sind zwar im Geschmack gewöhnungsbedürftig, gelten aber als Delikatesse dieser Gegend. Gekochte kleine und Riesengarnelen sowie *langoustines* (Kaisergranate) rundeten die üppige Auswahl ab.

Alpes-Maritimes

Crevettes au fenouil

Garnelen mit Fenchel

Dass dieses Gericht aus dem sonnigen Süden Frankreichs stammt, verraten der Fenchel und der Pernod genauso wie der Knoblauch und die Petersilie. Auf demselben einfachen Prinzip der Zubereitung basieren auch viele andere Rezepte. Ohne Fenchel und Pernod, aber mit mehr Knoblauch erhält man »crevettes à l'ail«, die allseits beliebten Knoblauchgarnelen. Für »coquilles Saint-Jacques à la provençale« ersetzt man die Garnelen durch Jakobsmuscheln, für »cuisses de grenouilles provençales« (siehe Seite 107) tauscht man sie gegen Froschschenkel aus. Als Vorspeise reichen die angegebenen Mengen für 6 Personen.

> *30–32 große Garnelen (insgesamt etwa 1 kg), geschält und Darm entfernt*
>
> *140 g Butter*
>
> *2 TL Fenchelsamen*
>
> *1 Knoblauchzehe, fein gehackt*
>
> *3 EL Pernod oder Pastis*
>
> *Salz und frisch gemahlener Pfeffer*
>
> *2 gehäufte EL gehackte glatte Petersilie, gemischt mit 1 gehäuften EL gehacktem frischem Dill oder Fenchelgrün*

◆ Die Garnelen gründlich mit Küchenpapier trockentupfen. In einer Pfanne 50 g Butter bei hoher Temperatur zerlassen, bis sie zischt, aber noch nicht gebräunt ist. Die Garnelen mit den Fenchelsamen und dem Knoblauch hinzufügen und braten, bis sie ihre Farbe wechseln – je nach Größe dauert dies etwa 2 Minuten.

◆ Den Pernod oder Pastis darüber träufeln, vorsichtig mit einem langen Streichholz anzünden und die Flammen von selbst verlöschen lassen.

◆ Die restliche Butter in kleine Stücke schneiden und in die Pfanne geben. Sobald sie schmilzt und eine Sauce bildet, das Ganze salzen und pfeffern, mit der Petersilie und dem Dill oder Fenchel bestreuen und die Kräuter kurz untermischen.

◆ Die Garnelen auf einer vorgewärmten Platte anrichten und sogleich servieren.

Für 4 Personen

Alpes-Maritimes

Rougets grondins Monte Carlo

Seekuckuck Monte Carlo

Der Seekuckuck ist im gesamten Mittelmeerraum verbreitet und geschätzt. Falls Sie für dieses ungewöhnliche Grillgericht nach einer Alternative suchen, ist neben dem Geschmack auch entscheidend, dass der Fisch auf dem Bauch liegt, ohne umzufallen.

FÜR DIE SARDELLENBUTTER

125 g Butter, raumtemperiert

3 eingesalzene Sardellen, filetiert und abgespült (siehe Seite 250), oder 4–6 Sardellenfilets in Olivenöl

Frisch gemahlener Pfeffer

Etwa 2 EL frisch gepresster Zitronensaft

FÜR DIE CROÛTONS

1 langer Sandwichlaib vom Vortag

Olivenöl zum Braten

6 kleine Seekuckuck mit Kopf (jeweils etwa 185 g), küchenfertig vorbereitet (ersatzweise eine andere Knurrhahnart)

2 EL Olivenöl

Salz und frisch gemahlener Pfeffer

125 g Butter

2 Schalotten, fein gehackt

Etwa 1 TL frisch gepresster Zitronensaft

3 EL gehackte glatte Petersilie

◆ Für die Sardellenbutter in einer Schüssel die Butter mit einem Schneebesen cremig rühren. Die Sardellen fein hacken, mit Pfeffer und dem Zitronensaft unter die Butter mischen. Bis zum Servieren beiseite stellen.

◆ Den Elektrogrill vorheizen. Ein Blech einölen.

◆ Für die Croûtons den Brotlaib entrinden und längs in 6 gleich dicke Scheiben schneiden. Diese sollten lang genug sein, um jeweils einem Fisch als Unterlage zu dienen, sie werden dessen Form entsprechend beschnitten. Eine Pfanne gut 1 cm hoch mit Öl füllen und erhitzen, bis es zischt, wenn man ein Stückchen Brot hineinwirft. Die Brotscheiben einzeln in etwa 45 Sekunden von jeder Seite goldgelb ausbacken. Mit einer Zange herausnehmen und auf Küchenpapier abtropfen lassen.

◆ Die Fische auf der Oberseite in gleichmäßigen Abständen drei- oder viermal schräg einschneiden. Von beiden Seiten leicht mit Olivenöl bestreichen und mit der Bauchseite nach unten auf das vorbereitete Blech legen. Mit Salz und Pfeffer bestreuen.

◆ Das Blech in etwa 13 cm Abstand von den Heizelementen unter den Grill schieben und den Fisch in etwa 8 Minuten garen.

◆ Die Croûtons im Backofen bei 95 °C leicht erwärmen, falls sie inzwischen völlig abgekühlt sind, und großzügig mit der Sardellenbutter bestreichen. Auf vorgewärmte Teller legen und darauf jeweils einen Fisch anrichten.

◆ Die Butter in einem kleinen Topf bei mittlerer Temperatur erhitzen. Die Schalotten in etwa 1 Minute darin glasig schwitzen. Mit etwas Zitronensaft und Pfeffer würzen, die Petersilie einstreuen, kurz umrühren und gleichmäßig über die Fische verteilen. Sogleich servieren.

Für 6 Personen

Var

Espadon des mémés toulonnaises

Schwertfisch nach Art von Toulon

Der Zusatz »toulonnaise« deutet darauf hin, dass an dem betreffenden Gericht auch Miesmuscheln und Tomaten beteiligt sind. Es gelingt ebenso mit Thunfisch.

60 ml Olivenöl

1,5 kg Schwertfisch am Stück

125 ml trockener Weißwein

3 große Tomaten, enthäutet, Samen entfernt, grob gehackt

250 g große, frische weiße Champignons, sorgfältig abgerieben und längs geviertelt

12 Schalotten

2 frische Thymianzweige

12 frische Estragonblättchen, gehackt

Salz und frisch gemahlener Pfeffer

Etwa 25 Miesmuscheln, abgebürstet und entbartet

2 EL gehackte glatte Petersilie

◆ In einer tiefen Pfanne das Olivenöl bei mittlerer Temperatur erhitzen. Den Fisch in insgesamt 6–8 Minuten darin von beiden Seiten leicht anbraten. Den Wein zugießen und den Bratensatz mit einem Holzlöffel losrühren. Tomaten, Pilze, Schalotten, Thymian und Estragon hinzufügen, salzen und pfeffern. Zum Kochen bringen und den Fisch danach bei niedriger Temperatur zugedeckt in etwa 30 Minuten gar schmoren.

◆ Inzwischen die Muscheln in einen Topf füllen – Exemplare, die sich bei Berührung nicht schließen, wegwerfen. Zugedeckt bei hoher Temperatur 3–5 Minuten dämpfen, dabei den Topf rütteln. Anschließend noch geschlossene Exemplare aussortieren.

◆ Den Fisch auf einer Platte anrichten. Die Muscheln zur Sauce geben. Mit Salz und Pfeffer abschmecken, die Petersilie einrühren und über den Fisch verteilen. Erst bei Tisch aufschneiden.

Für 6 Personen

LES PLATS DE RÉSISTANCE

Fleisch, Geflügel und Wild
erhalten durch die Gewürze
und Kräuter des Midi
einen erdigen Hauch.

Vorhergehende Doppelseite: Ziegen sind in puncto Nahrung und Terrain sehr genügsam. **Ganz oben:** Neben einer Kirche mit dem Sarkophag der Maria Magdalena hat das viel besuchte Städtchen Saint-Maximin-la-Sainte-Baume auch Beschauliches zu bieten. **Oben:** Jacques Bon ist von Beruf *gardian*, ein Cowboy der Camargue. **Rechte Seite:** Die spektakulären Gorges von Verdon fallen teils senkrecht zur Var ab.

Ein kleiner Elektrozug mit nur drei oder vier Wagen pendelt zwischen dem am Meer gelegenen Nizza und Digne, der Hauptstadt des Departements Alpes-de-Haute-Provence. Während er zunächst dem Lauf der Var folgt, macht man in dem engen Flusstal immer wieder Schafe und Ziegen sowie hier und da ein kleines Gehöft aus. Dann beginnt der Anstieg. Auf schmalen Gleisen passiert der Zug Brücken, Tunnels und Ortschaften, die sich an die Hügel schmiegen, um schließlich entlang einem Bergpfad seiner Endstation entgegenzurattern. Auf dieser Fahrt sieht man noch das unberührte Hinterland der Provence, das einem von den neu angelegten Straßen aus, die fast überall schnurgerade die Landschaft durchschneiden, verborgen bleibt.

Ähnlich ergeht es mir, während ich über die *autoroute* durch das breite, bewaldete Tal der Durance brause. Die neue, vierspurige Trasse führt mich von Aix-en-Provence über Manosque und vorbei an der Abzweigung nach Digne zu meinem Ziel Sisteron, dem Zentrum der Lammfleischproduktion Frankreichs. Unterwegs fallen mir die Schilderungen des längst verstorbenen, aus Manosque gebürtigen Schriftstellers Jean Giono ein, der von einsamen, gewundenen Bergpässen als einziger Verbindung zwischen benachbarten Dörfern schrieb. Größer könnte der Kontrast nicht sein, und ich bin

Ganz oben: Das traditionsreiche Weinbaugebiet Châteauneuf-du-Pape feiert drei große Feste: am 25. April die Fête de la Saint-Marc zu Ehren des Schutzpatrons der Winzer, die mit der Segnung der Weinberge beginnt; als Nächstes Anfang August die Fête de la Véraison anlässlich der einsetzenden Reife der Trauben; und schließlich Mitte September die Fête des Vendanges, mit der die Lese eingeleitet wird. **Oben:** Die Wildkräuter im Hochland rings um das mittelalterliche Sisteron in den Alpes-de-Haute-Provence bekommen den Lämmern bestens.

dankbar, dass es jenen Zug noch gibt und dass ich seinerzeit meinen unsäglichen Schwindel überwand, um tollkühn meinen Wagen über die steile Straße durch die Gorges von Verdon zu steuern und einen Blick in diese Welt zu erhaschen. Zur selben Jahreszeit drängten sich einst Hunderttausende Schafe, die von ihren Hirten auf die üppigeren Weiden in höheren Gefilden geleitet wurden, in diesem Tal und erweckten den Eindruck, als würde die ganze Straße mit den Herden mitwandern. So ähnlich jedenfalls beschrieb es Alphonse Daudet in seinem Erzählband *Briefe aus meiner Mühle.*

Das Spektrum gräulich blauer Nuancen weicht dem Grün der Bergkulisse, vor dem sich gelegentlich zerklüftete Felsen abzeichnen. Der Mont Ventoux, die höchste Erhebung im Lubéron, scheint von ewigem Schnee bedeckt, doch stelle ich, als ich mich dem Berg weiter nähere, fest, dass er aus weißem Gestein besteht. Es wird gebirgiger um mich herum, und ich befinde mich jetzt unübersehbar im Land der Schafe. Nicht saftiges Gras überzieht ihren Weidegrund, sondern ein Teppich kleiner, aromatisch duftender Sträucher wie Wildthymian, Rosmarin, Bohnenkraut, *serpolet* – manchmal als Wildthymian oder *sariette* bezeichnet – sowie wilder Fenchel. Heute werden die Schafe in weit geringerer Zahl und dazu per Lkw oder Zug aus den

Ebenen hierher auf die duftenden Weideflächen gebracht, nicht ahnend, dass das köstliche Nahrungsangebot ihrem Fleisch jene besondere Würze verleiht, aufgrund derer sie höchste Marktpreise erzielen werden.

Obwohl in der Provence, wie überall in Frankreich, erschwinglich, gilt Lammfleisch eher als Luxus, der vor allem einen wesentlichen Beitrag zu den Exporteinnahmen leistet. Man isst hier eher kleinere Mengen und die weniger teuren Stücke, es sei denn, ein Fest stünde an. Ohne Lamm ist Ostern undenkbar, und *gigot,* die Keule, bildet den traditionellen Hochzeitsbraten. In den Familien wird, wenn das erste Frühlingsgemüse erntereif ist, ein Lammragout namens *navarin d'agneau* serviert, oder man bereitet aus einem Vorderstück und verschiedenem Wurzelgemüse eine *estouffade,* ein würziges Schmorgericht.

Bei den *pieds-et-paquets* liefern sich Hersteller aus Sisteron und Marseille, wo die »Füße und Pakete« ursprünglich erfunden wurden, einen erbitterten Kampf um die Marktführung. In dreieckige Stücke von *panse d'agneau,* der Magenauskleidung von Schafen, wird kunstvoll und ohne Verwendung von Schnur Schweinefleisch mit *persillade* eingewickelt. Anschließend werden diese kleinen Päckchen zusammen mit Lammfüßen in einer aromatischen Brühe aus Möhren,

Zwiebeln und Tomatenmark bis zu 15 Stunden geschmort. Zwei Konkurrenten aus Sisteron – Richaud et Badel sowie Rizzo – wetteifern um die Gunst der Kunden mit Anbietern aus Marseille, in deren Rezepten Tomaten vielleicht eine etwas größere Rolle spielen. Ansonsten gibt es kaum Unterschiede zu den Erzeugnissen aus Sisteron.

Die kleinen schwarzen *taureaux,* jene besondere Rinderrasse der Camargue, werden hauptsächlich für den Stierkampf gezüchtet. In entsprechend geringen Mengen ist ihr Fleisch erhältlich, das zwar vergleichsweise preiswert, aber auch ziemlich zäh ist. Denn die Tiere leben in freier Wildbahn, und dort fällt ihre Nahrung nicht eben üppig aus. Die Kühe werden nach dem ersten Kalben geschlachtet, die Bullen nach dem Ende ihrer Zeit im »Ring«. (Die EU will dem Stierkampf allerdings unbedingt Einhalt gebieten.) Lange geschmort, schmeckt das Fleisch am besten. Zwar würde kaum ein *gardian* (Cowboy) eine *côte de bœuf* (Lendenkotelett) oder ein Porterhouse-Steak mit *herbes de Provence* vom Grill verschmähen, trotzdem gehören *daubes* und *estouffades* in der Camargue zu den traditionellen Zubereitungsarten für Rindfleisch. In beiden Fällen wird es in Wein mariniert und anschließend langsam in einem dicht verschlossenen Topf geschmort.

Stets ist das Ergebnis ein Gericht mit dicker Sauce, dem erdigen Aroma von Wurzelgemüse und einem Fleisch, das sich mit einem Löffel zerteilen lässt. Der Unterschied besteht in dem schweren Gusseisentopf, in dem die *estouffade* früher vor den niedrigen, weiß gekalkten und strohgedeckten Hütten über dem offenen Feuer zubereitet wurde.

Schweinefleisch stammt in der Provence nicht aus großen Zuchtbetrieben, sondern vom Bauernhof. Was nicht zu luftgetrocknetem Schinken, Würsten und Terrinen verarbeitet wird, kommt zumeist in Form von Braten oder Schmorgerichten auf den Tisch. Bestimmte Stücke werden auch gepökelt, andere für Rissolen, die hier *caillettes* heißen, im Schweinsnetz gebraten.

Am preiswertesten und mithin äußerst beliebt ist in der Provence Geflügel, allen voran der große, gemästete Kapaun mit seinem saftigen und höchst aromatischen Fleisch. Auf den Märkten werden zwar immer mehr Batteriehühner angeboten, trotzdem zahlen die Hausfrauen selbst in den Städten oft bereitwillig den deutlich höheren Preis für die Produkte von Bauern, die ihren Hühnern, Enten und Perlhühnern Auslauf gewähren und sie mit Getreide füttern.

Seit jeher wird die Jagd in der Provence nicht von den Reichen zur Kurzweil, sondern von den Menschen auf dem Land betrieben, um so den Speiseplan kostensparend zu erweitern. Wie bis heute Kaninchen,

Linke Seite: Die Zeit und die Witterung haben an dieser Fassade in Carpentras, einem bedeutenden Marktflecken des Vaucluse, sichtbare Spuren hinterlassen. **Unten:** Zwiebeln aller Art spielen in vielen provenzalischen Gerichten, vor allem aber in den gehaltvollen, langsam geschmorten *daubes* und anderen Schmorgerichten der Region, eine zentrale Rolle. **Ganz unten:** Beim Einkauf von Geflügel sollte, wer Wert auf beste Qualität legt, ausschließlich Tiere mit dem Zusatz *élevés en plein air* – »aus Freilandhaltung« – wählen.

Ganz oben: Alljährlich stellt der Nordwind namens Mistral vom Winter bis ins zeitige Frühjahr mit seinen eisigen Böen die Widerstandskraft der Provenzalen auf eine harte Probe. **Oben:** Ein, zwei Thymianzweige dürfen im Bouquet garni nicht fehlen. In den Hügeln der Provence, vor allem in den als *garrigues* bekannten Strauchheiden, wächst wilder Thymian in Hülle und Fülle. **Rechts:** Schafherden sieht man überall in Südfrankreich, besonders aber in den Alpes-de-Haute-Provence, wo sie für den Sommer von den Tälern hinauf auf die Bergweiden getrieben werden.

Wildschweine, auch ihre Frischlinge, die hier *marcassins* heißen, Wildenten und Rebhühner, nahmen sie früher genauso kleine Vögel aufs Korn. Doch machen sich Drosseln, Lerchen, Schnepfen, Tauben und Regenpfeifer inzwischen so rar, dass ich öfter an Marcel Pagnols *La gloire de mon père* denken muss: Als der Vater einmal mit einer kleinen Drossel nach Hause kommt, wird er als Held gefeiert. (*Faute de grives, on mange des merles* – »Wenn es keine Drossel gibt, essen wir eben Amsel«, so lautet ein altes Sprichwort.) Den Mangel gleichen Zuchtbetriebe aus, deren Rebhühner, Perlhühner, Wachteln und Fasane, obwohl nicht gerade billig, inzwischen häufiger serviert werden. Kaninchen, ob *en gibelotte* (in Wein geschmort) oder *chasseur* (mit Pilzen), ist beliebt wie eh und je. Auch Hasen laufen den Jägern gelegentlich vor die Flinte, und eine reiche Beute ist garantiert, wenn die Enten auf ihrem alljährlichen Zug die Region überqueren.

Wild wird selten gebraten, da langes Schmoren, wie es etwa zu einer *daube* gehört, dem muskulösen Fleisch besser bekommt. Nur gezüchtete Fasane und Enten gelten als gute Braten, wobei Letztere häufig mit Lavendelhonig bestrichen werden. Die Wachtel wird typischerweise als *pot-au-feu* mit Wurzelgemüse, Kohl und Kastanien zubereitet.

Perlhuhn gedeiht, auf einem Hof im Freien gehalten, prächtig. Die Bauern bringen die Tiere lebend zum Markt, weil sie so, was sie nicht verkaufen, in der folgenden Woche wieder anbieten können. Als ich ganz am Anfang meiner Ehe das erste Mal ein Perlhuhn erstand, wollte mir die Marktfrau das aufgeregt flatternde und gackernde Tier schon reichen, sah dann aber meinen entgeisterten Blick und begriff sofort, dass ich als Stadtmensch nicht damit umzugehen wusste. So bot sie mir an, das Tier für mich zu töten. Um nicht mit ansehen zu müssen, wie sie ihm mit einem Ruck das Genick brach, versteckte ich mich hinter dem nächsten Stand. Dann trug ich das noch warme Tier nach Hause, wissend, dass ich, nachdem mein Mann es gerupft hatte, um das Ausnehmen nicht herumkommen würde. Was mich damals noch mit Grausen erfüllte, erscheint mir inzwischen selbstverständlich, denn ich habe gelernt, was jeder Provenzale weiß und versteht: Gutes Essen kommt vom Land und nicht aus der Tiefkühltruhe. Man muss etwas dafür tun, kann es aber dann auch viel bewusster genießen.

Alpes-Maritimes

Le tian d'agneau niçois

Lammfilet auf dem Gemüsesockel

Jacques Maximin, der sich als Küchenchef des berühmten Hotels Negresco am Boulevard des Anglais in Nizza seine Sporen verdiente, hatte bestimmt den »tian«, das traditionsreiche provenzalische Gratin im Sinn, als er dieses delikate Lammgericht auf einem Gemüsesockel kreierte. Benötigt werden dafür einzelne Metallringe von etwa 10 cm Durchmesser und 2 cm Höhe. Alternativ schneiden Sie entsprechende Streifen aus kräftigem Karton zu, die Sie zu Kreisen schließen, an der Verbindung zusammentackern und mit Alufolie überziehen.

5 EL Olivenöl

1 kleine Zwiebel, fein gehackt

4 große, reife Tomaten, enthäutet, Samen entfernt, grob gehackt

Salz und frisch gemahlener Pfeffer

Etwa 1 EL gehacktes frisches Basilikum

500 g Spinat, Stiele entfernt

75 g Butter, plus 2 EL gewürfelte kalte Butter

1 Prise frisch geriebene Muskatnuss

250 g frische weiße Champignons, sorgfältig abgebürstet und fein gehackt

3 ausgelöste Lammfilets (insgesamt etwa 750 g)

6 Knoblauchzehen

125 ml trockener Weißwein

375 ml Rinderbrühe (siehe Seite 251)

1 EL Trüffeljus (nach Belieben)

4 schwarze Trüffelscheiben (alternativ 1 Tomate, enthäutet, Samen entfernt, gewürfelt) und gehackter frischer Schnittlauch (nach Belieben)

◆ In einer Pfanne 2 Esslöffel Olivenöl bei mittlerer Temperatur erhitzen und die Zwiebel in etwa 2 Minuten darin weich schwitzen. Die Tomaten hinzufügen und 8–10 Minuten dünsten, dabei gelegentlich rühren, bis sie ihren Saft abgegeben haben und leicht musig werden. Mit Salz und Pfeffer würzen, das Basilikum einrühren und die Pfanne vom Herd nehmen.

◆ Einen Topf zu drei Vierteln mit Wasser füllen und zum Kochen bringen. Den Spinat hineingeben und, sobald das Wasser erneut aufwallt, abseihen und unter fließendem kaltem Wasser abschrecken. Etwas abkühlen lassen, mit den Händen ausdrücken und hacken. In einer kleinen Pfanne 15 g Butter bei mittlerer Temperatur zerlassen und den Spinat etwa 45 Sekunden darin dünsten. Mit Salz, Pfeffer und Muskatnuss würzen.

◆ In einer zweiten Pfanne 2 Esslöffel Olivenöl bei hoher Temperatur erhitzen. Die Pilze etwa 4 Minuten darin dünsten, bis der austretende Saft verdampft ist, danach mit Salz und Pfeffer würzen.

◆ Den Backofen auf 65 °C vorheizen.

◆ Die Filets gründlich von Fett und Sehnen befreien. Die restliche Butter mit dem verbliebenen Olivenöl in einer Pfanne bei hoher Temperatur zerlassen, das Fleisch mit dem Knoblauch darin von allen Seiten anbraten und dabei immer wieder wenden, bis es nach insgesamt 4–5 Minuten kräftig gebräunt, aber innen noch rosa ist. Mit Salz und Pfeffer würzen und auf einem Teller zugedeckt im Ofen warm stellen. Den gebratenen Knoblauch herausfischen und beiseite legen.

◆ Das Fett aus der Pfanne abschöpfen. Den Wein zugießen und bei hoher Temperatur den Bratensatz losrühren. Weiterkochen lassen, bis die Flüssigkeit auf 1–2 Teelöffel reduziert ist. 250 ml Brühe und den Trüffeljus, falls verwendet, hinzufügen. Die Sauce salzen und pfeffern, unter ständigem Rühren einmal aufkochen lassen, durchseihen, zurück in die Pfanne gießen und warm stellen.

◆ Die Mitte großer Teller mit gebratenem Knoblauch einreiben und jeweils einen Metall- oder Pappring aufsetzen. Den Spinat, die Pilze und die Tomaten sanft erhitzen. Mithilfe einer Gabel in jeden Ring ein Viertel von dem Spinat pressen. Darauf eine Lage Pilze verteilen und diese mit den Tomaten bedecken, ebenfalls fest andrücken. Das Fleisch quer zur Faser in sehr dünne Scheiben schneiden – insgesamt werden 24 Scheiben benötigt (jedes Filet dürfte für jeweils 2 Portionen ausreichen, wobei das dritte Filet zur Sicherheit vorgesehen ist). Auf jedem Gemüsesockel kreisförmig überlappend 6 Fleischscheiben anrichten.

◆ Die Teller eventuell nochmals in den Ofen schieben, jedoch nicht länger als 30 Sekunden, da sonst das Fleisch gräulich anläuft. Die Ringe vorsichtig abnehmen. Die kalten Butterwürfel rasch in die Sauce einrühren und diese mit einem Löffel um die einzelnen Portionen verteilen. Nach Belieben in der Mitte mit einer Trüffelscheibe oder einigen Tomatenwürfeln garnieren und mit Schnittlauch bestreuen. Sogleich servieren.

Für 4 Personen

Côtes de bœuf aux herbes

T-Bone-Steak mit Kräutersauce

Gute Rindersteaks gelten in Frankreich als großer Luxus und werden, wie die Lammkeule auch, bevorzugt bei Hochzeitsessen und anderen Festen serviert.

> Jeweils 2 EL Butter und Olivenöl
>
> 2 dicke T-Bone-Steaks (jeweils etwa 750 g)
>
> Meersalz und frisch gemahlener Pfeffer
>
> **FÜR DIE SAUCE**
>
> 3 EL Butter
>
> 4 Schalotten, fein gehackt
>
> 190 ml Rinderbrühe (siehe Seite 251)
>
> 2 EL Kräuter- oder Dijon-Senf
>
> 3 EL gehackte frische Kräuter, gemischt aus glatter Petersilie, Kerbel und Estragon
>
> Salz und grob gemahlener Pfeffer

◆ Die Butter mit dem Olivenöl in einer gusseisernen Pfanne bei hoher Temperatur zerlassen, bis die Mischung leicht gebräunt ist. Die Steaks darin etwa 1 Minute scharf anbraten. Wenden, mit Meersalz bestreuen und die zweite Seite etwa 2 Minuten anbraten. Wieder wenden und bei leicht verminderter Hitze weitere 6 Minuten von jeder Seite braten – die exakte Zeit richtet sich nach der gewünschten Garstufe. Auf einer Platte locker mit Alufolie abdecken und bis zum Servieren 5–8 Minuten ruhen lassen.

◆ Inzwischen für die Sauce 2 Esslöffel Butter in einem Topf bei mittlerer Temperatur zerlassen. Die Schalotten darin in etwa 30 Sekunden ohne Farbe weich schwitzen. Die Brühe zugießen, zum Kochen bringen und auf die Hälfte reduzieren. Vom Herd nehmen, den Senf, die restliche Butter, die Kräuter und den Fleischsaft, der sich eventuell auf der Platte gesammelt hat, einrühren. Die Sauce salzen und pfeffern und in eine vorgewärmte kleine Schüssel füllen.

◆ Die Steaks auf ein Schneidbrett legen, mit grobem Pfeffer bestreuen und servieren. Das Fleisch zunächst vom Knochen lösen und dann schräg zur Faser in Scheiben schneiden. Die Sauce dazu reichen.

Für 6 Personen

Bouches-du-Rhône

Nougat de bœuf

Gemischter Rindfleischtopf

Nougat gibt es in Braun und in Weiß, Letzteres hergestellt aus Zucker, Honig und Eischnee, durchsetzt von Nüssen und kandierten Früchten. An diese Optik fühlt man sich beim »nougat de bœuf« erinnert.

1 Kalbsfuß, längs gespalten

1 Ochsenschwanz (etwa 1 kg), in Stücke gehackt

750 g Rinderhesse, ohne Knochen

Jeweils 1 kg Rinderbrust oder Schwanzstück und Rinderkamm

250 g gepökelter fetter Speck

1 Stück frische Speckschwarte (15 × 10 cm groß)

2 große Tomaten, enthäutet, Samen entfernt, gehackt

4 Knoblauchzehen, fein gehackt

1–2 TL fein gehackte Orangenschale

Etwa 1 EL Tomatenmark

3 EL eingesalzene Kapern, abgespült

1 TL Pfefferkörner

Salz und frisch gemahlener Pfeffer

3 Zwiebeln, mit 6 Gewürznelken gespickt und in Spalten geschnitten

2 Möhren, geschält und in dicke Scheiben geschnitten

3 Stangen Lauch, samt dem zarten Grün in große Stücke geschnitten

1 großes Bouquet garni (siehe Seite 246)

750 ml körperreicher, trockener Rotwein, zum Beispiel Cabernet Sauvignon

60 ml Weinbrand

Jeweils 75 ml Rotweinessig und Olivenöl

2 eingesalzene Sardellen, filetiert und abgespült (siehe Seite 250), oder 4 Sardellenfilets in Olivenöl

◆ Am Vorabend den Kalbsfuß, den Ochsenschwanz und die 3 Rindfleischstücke von überschüssigem Fett, Sehnen und Häuten befreien. Das Rindfleisch in Stücke von jeweils etwa 125 g, den Speck in dicke, etwa 5 cm lange Scheiben schneiden. Die Schwarte mit der Haut nach oben in einen großen, möglichst ovalen gusseisernen Schmortopf legen.

◆ In einer Schüssel die Tomaten, den Knoblauch, die Orangenschale, das Tomatenmark, 1 Esslöffel Kapern und die Pfefferkörner vermischen. Ein Drittel der Mischung über der Speckschwarte verteilen. Darauf jeweils ein Drittel der Fleischstücke sowie der Zwiebeln, der Möhren und des Lauchs einlegen und, genau wie die folgenden Schichten, salzen und pfeffern. Als Nächstes folgen etwa die Hälfte der restlichen Tomatenmischung, das Bouquet garni und jeweils die Hälfte des restlichen Fleisches und Gemüses; diesen Vorgang mit den verbliebenen »Hälften« noch einmal wiederholen. Den Wein, den Weinbrand, den Essig und das Olivenöl hineingießen. Zugedeckt über Nacht in den Kühlschrank stellen.

◆ Am folgenden Tag bei mittlerer Temperatur langsam zum Kochen bringen und anschließend auf niedrigster Stufe und gut verschlossen 4–4 ½ Stunden köcheln lassen – das Fleisch soll zuletzt so zart sein, dass es in der eingekochten Flüssigkeit beinahe zerfällt. Etwa 20 Minuten vor Ende der Garzeit die Sardellen in einem Mörser zerdrücken und mit 2 Esslöffeln der Flüssigkeit verrühren. In den Fleischtopf einrühren und gut zugedeckt fertig garen.

◆ Das Fleisch mit einer Schaumkelle auf eine vorgewärmte Platte heben und dabei das Bouquet garni entfernen. Die Flüssigkeit, sofern sie nicht zu salzig schmeckt, bei hoher Temperatur sirupartig einkochen lassen. Nach Belieben etwas Fett von der Oberfläche abnehmen. Die Sauce zuletzt mit Salz, Pfeffer und eventuell weiterem Tomatenmark abschmecken.

◆ Das Fleisch mit den restlichen Kapern bestreuen und gleichmäßig mit einem Teil der Sauce überziehen. Den Rest separat dazu servieren.

Für 8–10 Personen

Vaucluse

Poulet rôti farci aux courgettes

Brathuhn mit Zucchinifüllung

Ein klassisches Beispiel dafür, dass eine Füllung auch »unter die Haut gehen« kann, also nicht unbedingt in der Bauchhöhle untergebracht werden muss, ist die »poularde demi-deuil«. Bei diesem »Huhn in Halbtrauer« wird das Fleisch mit Scheiben von schwarzer Trüffel, unter die Haut geschoben, köstlich aromatisiert.

Hier entfalten Zucchini und Kräuter eine zweifach wohltuende Wirkung. Sie verleihen dem Fleisch nicht nur eine delikate Note, sondern sorgen gleichzeitig dafür, dass Brust und Keulen saftig bleiben, während das Huhn im Ofen gebraten wird.

2 große oder 3 kleine Zucchini (etwa 330 g), geputzt und grob geraspelt oder in Julienne geschnitten

2 Frühlingszwiebeln, samt dem zarten Grün in Scheiben geschnitten

2 EL Krume von altbackenem Weißbrot

2 EL frisch geriebener Parmesan

1 EL gehackter frischer Oregano

1 TL gehackter frischer Thymian

Salz und frisch gemahlener Pfeffer

1 küchenfertige Poularde (etwa 2 kg)

Etwa 3 EL Olivenöl

FÜR DIE SAUCE (NACH BELIEBEN)
250 ml leichte Hühnerbrühe (siehe Seite 251) oder Wasser

½ Hühnerbouillonwürfel (bei Verwendung von Wasser)

Salz und frisch gemahlener Pfeffer

Etwa ½ TL Tomatenmark (nach Belieben)

1 EL Sherry oder Madeira (nach Belieben)

◆ Den Backofen auf 220 °C vorheizen. Einen Bräter mit Öl ausstreichen. Die Zucchini mit den Frühlingszwiebeln, der Brotkrume, dem Parmesan, dem Oregano, dem Thymian sowie Salz und Pfeffer in einer Schüssel gründlich vermengen.

◆ Das Huhn abspülen und trockentupfen. Falls an der Bauchöffnung das Brustbein freiliegt, diese Partie mit Küchengarn locker zunähen. Das Tier drehen und die Haut vom Halsende aus behutsam vom Fleisch lösen. Dabei die Finger zwischen Haut und Fleisch schieben und bis zu den Unterschenkeln

hinunter voneinander trennen, ohne die Haut zu beschädigen. Jetzt sollte ausreichend Platz zwischen Haut und Fleisch vorhanden sein, um die Farce vorsichtig mit einem Löffel einzufüllen.

◆ Die Farce beim Einfüllen zum Bürzel hin und bis in die Schenkel schieben und das Ganze rundlich modellieren. Der vorhandene Platz sollte die gesamte Farce aufnehmen.

◆ Die Haut am Hals wieder glatt streichen und über die Öffnung auf die Unterseite ziehen. Sofern der Hautlappen lang genug ist, muss er nur gut angedrückt werden, andernfalls wird er mit einer Nadel und Küchengarn fixiert.

◆ Das Huhn mit der Brust nach oben in den vorbereiteten Bräter legen. Die Brustseite salzen und pfeffern und mit dem Olivenöl bestreichen.

◆ Im Ofen etwa 1¼ Stunden braten, dabei den Bräter nach der Hälfte der Zeit um 180 Grad drehen – das Huhn ist gar, wenn beim Einstechen mit einer Messerspitze in das Schenkelgelenk klarer Saft austritt oder ein in den dicksten Schenkelteil gestecktes Fleischthermometer 82 °C anzeigt. Sollte das Fleisch zu stark bräunen, die Temperatur auf 200 °C herunterschalten.

◆ Das Huhn auf ein Schneidbrett legen, locker mit Alufolie abdecken und 10–15 Minuten ruhen lassen. Mit einer Geflügel- oder kräftigen Küchenschere in 4 Stücke zerteilen: Zunächst entlang dem Brustbein aufschneiden, vorsichtig etwas aufspreizen und dann beidseits des Rückgrats, das anschließend weggeworfen wird, auseinander schneiden. Die entstandenen Hälften entlang der Rundung der Schenkel jeweils nochmals so halbieren, dass jeder Flügel mit einem großzügigen Stück Brust verbunden ist.

◆ Falls eine Sauce gewünscht wird, die Brühe oder das Wasser mit dem Bouillonwürfel in den Bräter gießen. Bei hoher Temperatur zum Kochen bringen, dabei den Bratensatz losrühren. Zu einer sirupartigen Sauce einkochen lassen und mit Salz und Pfeffer abschmecken. Nach Belieben mit Tomatenmark, alternativ auch mit Sherry oder Madeira aromatisieren. Durch ein Sieb in eine vorgewärmte kleine Schüssel seihen.

◆ Das Huhn mit der Farce auf vorgewärmten Tellern anrichten. Die Sauce separat dazu servieren.

Für 4 Personen

Les daubes

Manche Experten in kulinarischen Fragen behaupten, das Wort *daube* sei auf das spanische *dabar* – übersetzt etwa »fest verschlossen garen« – zurückzuführen und habe über die in Marseille gewachsene katalanische Gemeinde Eingang in die französische Sprache gefunden. Nach Ansicht der meisten Provenzalen aber ist ihr populärstes Schmorgericht nach der *daubière* benannt, dem oft bauchigen Topf mit fest schließendem Deckel, in dem Traditionalisten es seit jeher zubereiten. Heutzutage wird sein Name für jedes geschmorte Gericht verwendet, bei dem die Zutaten erst in Wein mariniert und dann langsam in ihm gegart werden. Meist basieren *daubes* auf Rindfleisch, und in der Regel ist der Wein rot, doch bekommt man auch Varianten mit Lamm, Schwein oder Reh, Kaninchen, Huhn und anderem Geflügel, ja sogar mit Seeteufel, Thunfisch oder anderem Fisch, der beim langen Garen nicht zerfällt.

Typischerweise werden diese herzhaften Gerichte mit Kräutern und Orangenschale aromatisiert und auf kleinster Stufe in ganz wenig Flüssigkeit lange geschmort. Sofern ein gut schließender Deckel die Verdunstungsverluste gering hält, geraten selbst eher minderwertige Fleischstücke auf diese Weise wundervoll zart, und der austretende Saft verschmilzt mit dem Wein zu einer herrlich sämigen Sauce. Was von einer *daube* übrig bleibt, kann, da die Sauce im Kühlschrank geliert, wie eine Sülze serviert werden.

Daube de bœuf

Rindfleisch-Gemüse-Schmortopf

Vermutlich gibt es ebenso viele Versionen der »daube« wie Köche in der Provence. Allen Rezepten gemeinsam aber sind die würzige Rotweinmarinade und das ausgiebige, sanfte Schmoren, wobei das Fleisch so zart wird, dass es sich mit einem Löffel zerteilen lässt. Oft wird die »daube« mit einer »persillade« serviert, einer Mischung aus fein gehacktem Knoblauch und Petersilie.

1,5 kg ausgelöstes Schmorfleisch vom Rind (Brust, Kamm oder Bug)

3 Zwiebeln, in dicke Spalten geschnitten

3 Möhren, geschält und in 4 cm lange Stücke oder Stifte geschnitten

5 Knoblauchzehen, gehackt

2–3 frische Stängel glatte Petersilie

1 Stange Bleichsellerie, quer halbiert

5 Pfefferkörner, leicht zerdrückt

4 Wacholderbeeren, leicht zerdrückt

4 Gewürznelken

1 Prise frisch geriebene Muskatnuss

2 Lorbeerblätter

1 großer, frischer Thymianzweig

750 ml roter Bandol oder ein anderer tanninreicher Rotwein wie Cabernet Sauvignon

2 EL Rotweinessig

2 Streifen Orangenschale (jeweils gut 1 cm breit)

250 g gepökelter fetter Speck

60 g Schweineschmalz

2 EL Olivenöl

2 Tomaten, enthäutet, Samen entfernt, grob gehackt

1 Stück frische Speckschwarte (15 × 7,5 cm groß)

Salz

3 EL Mehl (nach Belieben)

Frisch gemahlener Pfeffer

◆ Am Vorabend das Fleisch in 3 etwa gleich große Stücke schneiden. Mit 1 Zwiebel, den Möhren, dem Knoblauch, der Petersilie, dem Sellerie, den Pfefferkörnern, den Wacholderbeeren, den Gewürznelken, der Muskatnuss, den Lorbeerblättern und dem Thymian in eine große Schüssel füllen. Mit dem Wein und dem Essig übergießen und zugedeckt über Nacht im Kühlschrank marinieren lassen.

◆ Am nächsten Tag das Fleisch aus der Schüssel nehmen. Den restlichen Inhalt durchseihen, dabei die Marinade in einer Schüssel auffangen. Zwiebel und Möhren aus dem Sieb nehmen und, genauso wie das Fleisch, mit Küchenpapier trockentupfen. Die Kräuter, die Gewürze und den Sellerie aus dem Sieb zusammen mit der Orangenschale auf ein kleines Stück Mulltuch legen. Die Stoffecken zusammenführen und mit Küchengarn umbinden, sodass ein Säckchen entsteht.

◆ Den Speck abspülen und in 5 cm große Würfel schneiden. In einem großen, gusseisernen Schmortopf das Schmalz bei mittlerer Temperatur zerlassen und den Speck darin in etwa 5 Minuten von allen Seiten anbräunen. Das Olivenöl und die Zwiebel aus der Marinade hinzufügen. Die Fleischstücke nacheinander in je 10–15 Minuten ringsum anbraten. Das gesamte Fleisch mit der Marinade, den Möhren, den restlichen Zwiebelspalten, den Tomaten und dem Kräuter-Gewürz-Säckchen wieder in den Topf geben. So viel Wasser zugießen, dass das Fleisch knapp bedeckt ist, und dieses mit der Schwarte – Hautseite nach oben – abdecken. Leicht salzen.

◆ Zum Kochen bringen und dann auf kleinster Stufe köcheln lassen, nach 5 Minuten einmal abschäumen.

Den Topf verschließen; nach Belieben das Mehl mit Wasser zu einer Paste verrühren und diese in die Fuge zwischen Topfrand und Deckel streichen, damit kein Dampf entweicht. Die *daube* 4 Stunden sanft garen.

◆ Die Paste, sofern verwendet, mit einem Messer entfernen, den Deckel abnehmen und das Fleisch zur Garprobe mit einem Messer einstechen – es soll zuletzt ganz weich sein und braucht daher vermutlich weitere 30–60 Minuten. Den Topf (diesmal ohne Paste) wieder verschließen und das Fleisch sanft weiterschmoren, bis es sich mit einem Löffel zerteilen lässt. Fleisch und Gemüse mit einer Schaumkelle aus dem Topf heben, auf einer vorgewärmten Platte anrichten und warm stellen. Das Kräuter-Gewürz-Säckchen entfernen. Die Schwarte nach Belieben in Streifen schneiden und mit der *daube* servieren oder auch wegwerfen.

◆ Vom Schmorfond das Fett abschöpfen. Den Topf wieder aufsetzen und den Fond, sofern er nicht zu salzig schmeckt, bei hoher Temperatur zu einer leichten Sauce einkochen lassen. Mit Salz und Pfeffer abschmecken, über das Fleisch schöpfen und das Gericht sogleich servieren.

Für 8 Personen

Alpes-de-Haute-Provence

Pintade au chou

Perlhuhn mit Wirsing

Gleich nach Huhn und Ente folgt in der provenzalischen Geflügelhitliste das Perlhuhn. In dieser klassischen Zubereitung wird es mit Kastanien, Wirsing und einer leichten Sauce serviert.

2 Perlhühner (jeweils etwa 1 kg), samt ihrer Leber (ersatzweise zusätzlich 6 Hühnerlebern)

FÜR DIE FÜLLUNG

60 g durchwachsener Räucherspeck am Stück, quer in gut 1 cm breite Streifen geschnitten

Etwa 3 EL Butter (nach Bedarf)

Jeweils 90 g Hackfleisch vom Schwein und vom Kalb

3 EL Pinienkerne

Blättchen von 2 frischen Thymianzweigen

3 Schalotten, fein gehackt

1 Knoblauchzehe, fein gehackt

Salz und frisch gemahlener Pfeffer

60 g Butter

1 kleine Zwiebel, gehackt

2 große Möhren, geschält und in 5 cm lange Stücke geschnitten, dickere Exemplare zuvor längs halbiert

250 ml Hühnerbrühe (siehe Seite 251)

125 ml trockener Weißwein

16–20 getrocknete Esskastanien, über Nacht in Wasser eingeweicht, abgeseiht, 30 Minuten in Wasser gekocht und gut abgetropft

2 Schalotten, fein gehackt

1 Knoblauchzehe, fein gehackt

1 Bouquet garni (siehe Seite 246)

Salz und frisch gemahlener Pfeffer

1 kleiner Kopf Wirsing, längs geachtelt

1½ TL Weinbrand oder 1½ EL Madeira

◆ Die Perlhühner abspülen. Die Hälse und Flügelspitzen entfernen. Die Haut am Hals über die Öffnung legen und unter den Rücken ziehen, mit einem kleinen Spieß fixieren oder einige Stiche mit Küchengarn anbringen.

◆ Für die Füllung den Speck in einer kleinen Pfanne bei hoher Temperatur etwa 1 Minute ausbraten, danach in eine Schüssel füllen. Die Lebern in dem in der Pfanne verbliebenen Fett etwa 1 Minute braten, bis sie gebräunt, im Kern aber noch rosa sind – damit

sie nicht anbrennen, eventuell etwas Butter hinzufügen. Auf einem Schneidbrett grob hacken und zum Speck in die Schüssel geben. Die beiden Hackfleischsorten in der Pfanne bei hoher Temperatur 4–5 Minuten unter häufigem Rühren mit einem Holzlöffel braten, bis sie die Farbe wechseln und krümelig zerfallen. Die Pinienkerne, den Thymian, die Schalotten und den Knoblauch untermischen, mit Salz und Pfeffer würzen. Vom Herd nehmen, ebenfalls in die Schüssel geben und alles gründlich vermischen. Die Bauchhöhlen der Perlhühner mit der Hackfleischfarce füllen, in Form drücken und die Öffnung mit kleinen Spießen oder Küchengarn verschließen.

◆ Die Butter in einem großen, gusseisernen Schmortopf bei mittlerer Temperatur zerlassen. Die Perlhühner von allen Seiten in etwa 15 Minuten anbraten und anschließend herausnehmen. Die Zwiebel in etwa 3 Minuten in dem Topf weich schwitzen. Die Möhren, die Brühe, den Wein, die Kastanien, die Schalotten, den Knoblauch und das Bouquet garni hinzufügen, bei hoher Temperatur zum Kochen bringen und dann bei niedriger Temperatur 5 Minuten köcheln lassen. Die Perlhühner einlegen, salzen und pfeffern und zugedeckt in 50–60 Minuten gar schmoren – ein mit etwas Abstand zum Knochen in den Schenkel gestecktes Fleischthermometer sollte 80 °C anzeigen.

◆ Etwa 15 Minuten bevor die Perlhühner gar sind, in einem Dämpftopf Wasser zum Kochen bringen, die Kohlstücke auf dem Einsatz zugedeckt in etwa 8 Minuten dämpfen, anschließend warm stellen.

◆ Die Perlhühner auf eine Platte legen und im Backofen bei 110 °C und leicht geöffneter Tür warm halten. Mit einer Schaumkelle die Möhren und Kastanien aus dem Fond nehmen und zusammen mit dem Kohl auf der Platte neben den Perlhühnern in kleinen Portionen anrichten.

◆ Mit einem Holzlöffel den Bratensatz vom Topfboden losrühren und den Fond in einen kleinen Topf abseihen. Bei hoher Temperatur zu einer leichten Sauce einkochen lassen. Mit Salz abschmecken und mit dem Weinbrand oder Madeira verfeinern. In eine vorgewärmte kleine Schüssel füllen und ebenfalls im Ofen warm stellen.

◆ Vor dem Servieren die Perlhühner von den Spießen oder vom Küchengarn befreien und mit einer Geflügel- oder anderen kräftigen Küchenschere in Portionsstücke schneiden. Auf vorgewärmten Tellern anrichten, dabei die Füllung, die Möhren, die Kastanien und den Kohl gleichmäßig auf die einzelnen Portionen verteilen. Jeweils 2 Esslöffel Sauce darüber träufeln, den Rest separat dazu reichen.

Für 8 Personen

Alpes-de-Haute-Provence

Navarin d'agneau

Lammragout mit Frühlingsgemüse

Unter einem »navarin« versteht jeder Franzose auch ohne den Zusatz im deutschen Rezeptnamen ein Gericht, das gewissermaßen ein Sinnbild des Frühlings ist. Denn es verbindet junges, zartes Lamm mit dem ersten Gemüse der Saison: jungen Möhren, weißen Rübchen, Erbsen und Spargelspitzen, nach Belieben dazu auch Dicke oder grüne Bohnen. Die Sauce ist leichter und weniger gehaltvoll als bei den deftigeren Wintergerichten. Neue Kartoffeln, in Butter und Petersilie geschwenkt, bilden die typische Beilage.

60 g Butter

1 ausgelöste Lammkeule, in 5 cm große Würfel geschnitten

1 große Zwiebel, gehackt

2 EL Mehl

500 ml trockener Weißwein

625 ml leichte Hühnerbrühe (siehe Seite 251) oder Wasser

1 Bouquet garni (siehe Seite 246)

4 Knoblauchzehen, fein gehackt

2 TL Zucker

Salz und frisch gemahlener Pfeffer

500 g junge, zarte Möhren, geschält

16 junge weiße Rübchen, geschält

1 Bund kleine Radieschen, geputzt

250 g Schalotten

500 g Erbsen, ausgehülst

24 Spargelspitzen (jeweils 7,5 cm lang)

2 EL gehackte glatte Petersilie

◆ Die Butter in einem großen, gusseisernen Schmortopf bei mittlerer Temperatur zerlassen. Das Fleisch darin portionsweise in jeweils etwa 15 Minuten von allen Seiten kräftig anbraten. Anschließend das gesamte Fleisch mit der Zwiebel zurück in den Topf füllen und alles etwa 1 Minute braten, bis die Zwiebel glasig ist. Mit dem Mehl bestäuben und etwa 30 Sekunden rühren, bis dieses leicht Farbe annimmt.

◆ Den Wein, die Brühe oder das Wasser zugießen und das Bouquet garni einlegen. Zum Kochen bringen und dann bei niedriger Temperatur ohne Deckel 15 Minuten köcheln lassen. Das Fleisch durchmischen, den Knoblauch und den Zucker sowie etwas Salz und Pfeffer hinzufügen und das Fleisch zugedeckt bei niedriger Temperatur etwa 30 Minuten schmoren.

◆ Die Möhren, die weißen Rübchen, die Radieschen, die Schalotten und die Erbsen untermischen und zugedeckt mitschmoren, bis das Fleisch nach weiteren 40 Minuten gar ist. 6–8 Minuten vor Ende der Garzeit die Spargelspitzen hinzufügen.

◆ Das Fleisch und Gemüse mit einer Schaumkelle in eine vorgewärmte Schüssel füllen und warm stellen. Den Fond bei hoher Temperatur unter häufigem Rühren rasch zu einer leichten Sauce einkochen lassen, zuletzt mit Salz und Pfeffer abschmecken.

◆ Das Fleisch und Gemüse mit der Sauce übergießen. Das Gericht mit der Petersilie bestreuen und sogleich servieren.

Für 6 Personen

L'agneau

Fast überall in der Provence, wo das flache Land allmählich in sanfte Hügel und die Gebirgsausläufer übergeht, begegnet man Schafen. Zum Ausgleich für das dürre Gestrüpp und magere Gras der Region bietet die Natur den Tieren aromatische Kräuter, die ihrem Fleisch einen unverwechselbaren Geschmack verleihen und somit höchste Marktpreise garantieren. Nur für Lamm von den Salzmarschen der Normandie wird noch mehr gezahlt.

Einst wurde das Merino-Schaf um Arles und in der weiten Crau-Ebene im Departement Bouches-du-Rhône als Lieferant hochwertiger Wolle gehalten. Als es aber mit den Wollpreisen bergab ging, verlegten sich fast alle Züchter in der Provence auf die Erzeugung von Lammfleisch. Das Zentrum bildet das an der Durance gelegene Sisteron, überragt von der im 11. Jahrhundert erbauten Zitadelle, von der aus man auf die von senkrechten, gähnenden Schluchten durchzogenen Felsen am unwegsamen gegenüberliegenden Flussufer blickt, aber auch das ganze Tal überschaut. Früher ein Umschlagplatz für Wolle wie für Fleisch, kann Sisteron heute im nahe gelegenen Jabron-Tal den zweitgrößten Schlachthof Europas vorweisen und avancierte damit zu einem großen Exportzentrum für Lammfleisch aus der Provence.

Von den ausgedörrten Weiden in der Umgebung des fernen Arles und der Crau-Ebene zogen in der Vergangenheit ab Mitte Juni über eine halbe Million Tiere die Straßen und Flussufer entlang und manchmal auch durch die Dörfer bis ins Durance-Tal und die Alpilles, um den Sommer in höheren Gefilden auf den saftigen, kräuterbestandenen Wiesen zu verbringen. Da die Zahl der Schäfer jedoch stetig schwindet, ist der *transhumance,* wie diese einstige romantische Prozession heißt, inzwischen zu einem logistisch durchorganisierten Massentransport per Lkw und Zug verkommen.

Lamm verkauft sich seit jeher gut in Frankreich, wobei der Fleischkonsum allerdings gerade in der Provence niedriger ist als gemeinhin angenommen. Lammkeulen und andere große Braten sind zumeist besonderen Festlichkeiten vorbehalten. Dagegen werden die kleineren Stücke guter Qualität, obwohl inzwischen günstiger zu haben, weiterhin in bescheidenen Portionen im Rahmen eines mehrgängigen Essens serviert oder, wenn sie der preiswerteren Kategorie angehören, in klassischen Schmorgerichten, zum Beispiel in Kombination mit Gemüse in *navarins* oder auch in *daubes,* verarbeitet.

Vaucluse

Râble de lapin
en paupiettes

Kleine Kaninchenrollbraten

Dass der Var ein ideales Kaninchenterrain ist, lassen die Felsvorsprünge, das niedrige Gestrüpp und die kargen Hügel schon ahnen. Und jeder Jäger wird bestätigen, dass die hiesigen Tiere zu den besten gehören, die man bekommen kann. Denn der wilde Thymian, der Lavendel und anderes würziges Grün, das sie hier mümmeln, würzen sie gewissermaßen von innen heraus.

Das zarteste Fleisch liefert der Sattel, also das Rückenstück zwischen den Vorder- und Hinterläufen, das die Lende mit den beiden Filets umschließt. Besonders Wildkaninchen sind aber eher mager, weshalb ihr Fleisch beim Garen leicht austrocknet. Daher wird es häufiger geschmort als gebraten. Hier sorgen Hackfleisch vom Schwein als Füllung und luftgereifter Schinken dafür, dass es schön saftig bleibt.

Falls Sie nur ein ganzes Kaninchen bekommen, können Sie die hier nicht benötigten Stücke einfrieren und später für jedes Ragout, etwa das Kaninchen mit Wildkräutern von Seite 151, oder anstelle der Kalbskoteletts in dem Rezept auf Seite 143 verwenden.

---

2 große Kaninchen (jeweils etwa 1,75 kg)

FÜR DIE FÜLLUNG

125 g Hackfleisch vom Schwein

125 g Hackfleisch vom Kalb

1 Schalotte, fein gehackt

1 Knoblauchzehe, fein gehackt

Abgeriebene Schale von 1 kleinen Zitrone

2 frische Salbeiblätter, fein gehackt

3 EL gehackte schwarze Oliven

1 Ei, leicht verquirlt

Salz und frisch gemahlener Pfeffer

8 Spinatblätter, Stiele entfernt (nach Belieben)

8 dünne Scheiben luftgereifter Schinken (siehe Seite 250) oder Prosciutto

3 EL Olivenöl

250 ml trockener Weißwein

2 frische Salbeiblätter

1 frischer Thymianzweig

Salz und frisch gemahlener Pfeffer

2 EL Wasser

◆ Die Kaninchen mit dem Bauch nach unten auf ein Schneidbrett legen. Mit einem scharfen Messer um die Rundung der Hinterläufe herum einen Schnitt anbringen und die Läufe mit einem Küchenbeil oder schweren Messer abtrennen. Ebenso die Vorderläufe abtrennen. Die Läufe für ein anderes Gericht verwerten (siehe Rezepteinleitung).

◆ Die Sattel umdrehen und von der Bauchseite aus die Nieren mit dem umgebenden Fett herauslösen, das Fett wegwerfen. Die Nieren häuten und hacken, sie werden später in der Füllung verwendet. Nun beide Sattel auslösen: Mit einem scharfen, spitzen Messer die fleischigen Bauchlappen von den Rippen lösen, aber nicht abschneiden. Den Sattel wenden, das Fleisch bis zum Rückgrat von der Karkasse lösen und abtrennen. Aus jedem Sattel gewinnen Sie also zwei Fleischstücke. Das an der Karkasse verbliebene Fleisch ablösen und für die Füllung fein hacken.

◆ Für die Füllung die beiden Hackfleischsorten mit der Schalotte, dem Knoblauch, der Zitronenschale, dem Salbei, den Oliven sowie den gehackten Nieren und Fleischresten in einer Schüssel gründlich vermengen. Das Ei untermischen, salzen und pfeffern.

◆ Die Fleischstücke flach auf eine Arbeitsfläche legen und mit einem Fleischklopfer so bearbeiten, dass sie eine annähernd ovale Form von etwa 18 cm Länge und 9–10 cm Breite erhalten. Jeweils 2 Spinatblätter, falls verwendet, darauf legen und dann die Füllung gleichmäßig auf den Stücken verstreichen. Von einer Schmalseite aus aufrollen und jeweils mit 2 Schinkenscheiben umwickeln. Die Rollen in gleichmäßigen Abständen an drei Stellen mit Küchengarn umbinden.

◆ Das Olivenöl in einer tiefen Pfanne erhitzen. Die Rollen zunächst mit der glatten Seite nach unten einlegen und in 5–8 Minuten von allen Seiten mit leichter Farbe anbraten, dabei einmal wenden. Den Weißwein, den Salbei und den Thymian hinzufügen, zum Kochen bringen, leicht salzen und pfeffern. Bei niedriger Temperatur zugedeckt 15–20 Minuten sanft schmoren, bis sich das Fleisch mit einer Messerspitze mühelos einstechen lässt. Die Rollen auf einem Schneidbrett locker mit Alufolie abdecken und 5 Minuten ruhen lassen.

◆ Jede Rolle in gut 1 cm dicke Scheiben schneiden und diese mithilfe eines Spatels auf vorgewärmten Tellern anrichten. Die Pfanne bei hoher Temperatur wieder aufsetzen, das Wasser hinzufügen und den Bratensatz losrühren. Die Sauce leicht einkochen lassen, mit Salz und Pfeffer abschmecken und über das Fleisch träufeln. Sogleich servieren.

Für 4 Personen

Le gigot de sept heures

Sieben-Stunden-Lammkeule

Je weiter man sich einer Gegend nähert, in der Schafzucht betrieben wird, desto häufiger steht das Fleisch von Tieren auf dem Speisezettel, die bereits zwölf bis achtzehn Monate alt sind. Es ist saftiger und schmeckt intensiver als das junger Lämmer und eignet sich ideal für dieses klassische Rezept aus der Umgebung von Sisteron in den Ausläufern der Alpen.

*1 Lammkeule von 2,5–2,75 kg
(siehe Rezepteinleitung)*

2 EL Butter

1 EL Olivenöl

3 EL Weinbrand

*2 Knoblauchknollen, in Zehen geteilt
(insgesamt etwa 40 Stück) und diese geschält*

160 ml trockener Rotwein

160 ml Hühnerbrühe (siehe Seite 251)

4 große, frische Thymianzweige

Salz und frisch gemahlener Pfeffer

◆ Einen großen Suppentopf zu drei Vierteln mit Wasser füllen und dieses zum Kochen bringen. Die Lammkeule einlegen und nach dem erneuten Aufsprudeln des Wassers bei mittlerer Temperatur 15 Minuten köcheln lassen. Abgießen und trockentupfen.

◆ Den Backofen auf 120 °C vorheizen.

◆ In einem schweren, gusseisernen Schmortopf die Butter mit dem Olivenöl zerlassen. Die Lammkeule in etwa 15 Minuten ringsum anbraten. Mit dem Weinbrand übergießen und diesen mit einem langen Streichholz entzünden. Sobald die Flammen erlöschen, die Knoblauchzehen, den Wein, die Brühe und den Thymian hinzufügen. Die Lammkeule salzen und pfeffern. Zugedeckt im Ofen etwa 7 Stunden garen, bis das Fleisch weich ist, dabei zweimal wenden.

◆ Den Topf aus dem Ofen nehmen. Die Lammkeule auf eine vorgewärmte Platte heben und warm stellen. Den Fond durch ein Sieb seihen und dabei die Knoblauchzehen kräftig durchdrücken. Zurück in den Topf füllen. Bei hoher Temperatur den Bratensatz losrühren und den Fond zu einer Sauce einkochen. Abschmecken, durch ein Sieb in eine kleine, vorgewärmte Schüssel seihen. Die Lammkeule aufschneiden und die Sauce separat dazu reichen.

Für 6 Personen

Vaucluse

Canard aux olives

Ente mit Oliven

*Durch langsames Schmoren, das in der französischen
Küche viel praktiziert wird, gerät Geflügel wundervoll
saftig. Während Ente in Nordfrankreich oft mit Rübchen
zubereitet wird, kombinieren die Provenzalen sie gern
mit fleischigen grünen Oliven, die der Sauce eine aparte,
leicht bittere Note geben.*

---

1 Ente (etwa 1,75 kg)

60 g Butter

1 Zwiebel, gehackt

1 kleine Möhre, geschält und in Scheiben geschnitten

180 ml Rinderbrühe (siehe Seite 251)

125 ml trockener Weißwein

½ Stange Bleichsellerie, in Scheiben geschnitten

½ Rinderbouillonwürfel, zerkrümelt

1 Bouquet garni (siehe Seite 246)

Salz und frisch gemahlener Pfeffer

¼ TL Tomatenmark

250 g große, in Lake eingelegte grüne Oliven

»Beurre manié«, hergestellt aus

2 EL raumtemperierter Butter und

1 EL Mehl (nach Belieben)

1–1½ TL Weinbrand oder Madeira

◆ Mithilfe einer Geflügelschere die Ente in vier
Stücke zerlegen: Zunächst entlang dem Brustbein aufschneiden, vorsichtig etwas aufspreizen und dann
beidseits des Rückgrats, das anschließend weggeworfen wird, auseinander schneiden. Die so entstandenen
Hälften entlang der Rundung der Schenkelknochen jeweils nochmals so halbieren, dass jeder Flügel mit einem
großzügigen Stück Brust verbunden ist. Die Flügelspitzen abtrennen und mit dem Hals beiseite legen.

◆ In einem großen, möglichst gusseisernen Schmortopf die Butter bei hoher Temperatur zerlassen. Die
Entenstücke, die Flügelspitzen und den Hals in etwa
15 Minuten von allen Seiten kräftig anbraten, danach
auf eine Platte legen. Die Zwiebel mit der Möhre in
den Topf geben und in 4 Minuten weich schwitzen.
Die Entenstücke, die Flügelspitzen und den Hals
wieder einlegen. Die Brühe, den Wein, den Sellerie,
den Bouillonwürfel und das Bouquet garni hinzufügen, leicht salzen und pfeffern und das Tomatenmark einrühren. Zum Kochen bringen und die Ente
bei niedriger Temperatur zugedeckt etwa 1½ Stunden schmoren, bis das Fleisch gar ist.

◆ Inzwischen einen Topf zu drei Vierteln mit Wasser füllen, die Oliven einlegen und aufkochen. Bei
niedriger Temperatur 1 Minute köcheln lassen, danach
die Oliven abseihen und nach Belieben entsteinen.

◆ Die Entenstücke auf eine vorgewärmte Platte heben und im Ofen bei 110 °C und leicht geöffneter
Tür warm halten. Den Schmorfond durch ein Sieb
seihen und dabei die festen Bestandteile mit einem
Löffelrücken ausdrücken; die Gemüsereste, die Flügelspitzen und den Hals wegwerfen. Den Fond ent-
fetten, zurück in den Topf gießen und bei hoher
Temperatur etwa um ein Drittel einkochen lassen.
Zum Binden nach Belieben die Butter und das Mehl
verkneten und stückchenweise in die kochende Sauce
rühren, bis die gewünschte Konsistenz erreicht ist –
eventuell wird nicht die gesamte *beurre manié* benötigt. Die Oliven und den Weinbrand oder Madeira
einrühren, mit Salz und Pfeffer abschmecken.

◆ Die Entenstücke auf Tellern anrichten. Über jede
Portion etwas Sauce träufeln, den Rest in einer kleinen Schüssel separat dazu reichen.

Für 4 Personen

Côtelettes de veau en petit ragoût

Geschmorte Kalbskoteletts

In der Provence werden Kalbsschnitzel und -koteletts häufig geschmort. Diese Zubereitung, abgerundet durch frische Minze, erinnert entfernt an ein Ragout.

3 EL Butter

1 EL Olivenöl, plus mehr nach Bedarf

6 dicke Koteletts von einem jungen Kalb

1 Zwiebel, in 8 schmale Spalten geschnitten

180 ml trockener Weißwein

4 dünne Möhren, geschält und in Scheiben geschnitten

3 große, frische Minzestängel, mit Küchengarn zusammengebunden

Salz und frisch gemahlener Pfeffer

625 g junge Dicke Bohnen, enthülst und enthäutet

125 ml Wasser

125 ml Sahne

Etwa 1 TL frisch gepresster Zitronensaft

2 EL in Streifen geschnittene frische Minzeblätter

◆ In einer Pfanne mit hohem Rand die Butter mit 1 Esslöffel Olivenöl zerlassen. Die Koteletts von beiden Seiten in 10–12 Minuten anbraten, auf eine Platte legen. Bei mittlerer Temperatur die Zwiebel in der Pfanne 1½–2 Minuten anschwitzen, nach Bedarf weiteres Öl hinzufügen. Den Wein zugießen, bei hoher Temperatur den Bratensatz losrühren. Die Koteletts mit den Möhren und dem Minzebündel zurück in die Pfanne geben. Salzen, pfeffern und zugedeckt bei niedriger Temperatur 20 Minuten schmoren.

◆ Die Koteletts wenden. Die Dicken Bohnen einrühren. Das Wasser zugießen und das Ganze zugedeckt weitere 20 Minuten schmoren, bis das Fleisch gar ist.

◆ Die Koteletts und das Gemüse auf Tellern anrichten und warm stellen. Das Minzebündel entfernen. Die Sahne einrühren und bei hoher Temperatur zu einer Sauce einkochen, dabei ständig rühren. Abschmecken, mit dem Zitronensaft und den Minzestreifen abrunden und über die Koteletts verteilen.

Für 6 Personen

Bouches-du-Rhône

Poularde aux dragées

Poularde mit kandierten Mandeln

Das inzwischen modernisierte Rezept geht auf eine Zeit zurück, als Met noch viel getrunken wurde. Man kann diesen Honigwein auch heute noch finden, mit etwas Glück sogar in verschiedenen Varianten, wobei solche mit einer gewissen Würze die typische Süße des Getränks angenehm ausgleichen.

Unter »dragées« versteht man die mit farbigem Zuckerguss überzogenen Mandeln, die im Mittelmeerraum bei keiner Taufe oder Kommunion fehlen dürfen. Bekannt sind vor allem die »dragées« aus Nancy im Nordosten Frankreichs. Doch die Mandeln kommen aus der Provence, genau wie die Aromen von Fenchel und Oliven, die dieses Rezept aus Marseille mitprägen.

So seltsam die Kombination zunächst anmuten mag, ist sie doch unbedingt einen Versuch wert. Der in der Sauce enthaltene Essig bildet einen Kontrapunkt zur Süße des Mets, und die Sauce kontrastiert angenehm mit dem leicht erdigen Geschmack der Fenchelfüllung.

FÜR DIE FÜLLUNG

2 EL Butter

1 große oder 2 kleine Fenchelknollen, geputzt, in feine Scheiben gschnitten und gehackt

2 EL Wasser

90 g dicke, fleischige schwarze Oliven, entsteint und grob gehackt

3 EL gehackte frische Korianderblätter

Abgeriebene Schale von 1 Zitrone

1 Poularde (etwa 2,5 kg)

2 EL Butter

2 EL Olivenöl

250 g kandierte Mandeln (ersatzweise gebrannte Mandeln)

Salz und frisch gemahlener Pfeffer

Gemahlener Piment

FÜR DIE SAUCE

625 ml Met oder leichte Hühnerbrühe (siehe Seite 251) plus 1 EL Honig

1½ EL Weißweinessig

Salz und frisch gemahlener Pfeffer

Gemahlener Piment

1 EL Butter

◆ Den Backofen auf 200 °C vorheizen.

◆ Für die Füllung die Butter in einer kleinen Pfanne bei mittlerer Temperatur zerlassen. Den Fenchel darin etwa 2 Minuten unter ständigem Rühren andünsten, bis er weich wird. Mit dem Wasser beträufeln und zugedeckt in etwa 3 Minuten fertig dünsten. In ein Sieb schütten und völlig abkühlen lassen.

◆ In einer großen Schüssel den Fenchel, die Oliven, den Koriander und die Zitronenschale gründlich vermischen. Die Poularde abspülen und mit Küchenpapier innen und außen trockentupfen. Mit der Fenchelmischung füllen und die Bauchhöhle mit Küchengarn zunähen oder mit kleinen Holzspießen verschließen.

◆ Einen Bräter mit etwas von der Butter und dem Öl ausstreichen. Die Poularde einlegen und mit dem Rest der Butter und des Öls einstreichen. Etwa 1½ Stunden im Ofen braten, bis beim Einstechen mit einer Messerspitze in das Schenkelgelenk klarer Saft austritt oder ein in den dicksten Schenkelteil gestecktes Fleischthermometer 82 °C anzeigt.

◆ Inzwischen die Mandeln in eine Papiertüte oder einen Gefrierbeutel füllen und mit einem Nudelholz oder Fleischklopfer zerkleinern. Alternativ im Mixer durch Betätigen des Momentschalters in kleine Stücke hacken und einige beinahe zu Pulver vermahlen. In eine kleine Schüssel füllen.

◆ Den Bräter aus dem Ofen nehmen und die Temperatur auf 220 °C erhöhen. Das Küchengarn beziehungsweise die Spieße entfernen. Die Mandeln mit 3 Esslöffeln Fond aus dem Bräter beträufeln, mit Salz, Pfeffer und Piment würzen und durchmischen. 2 Esslöffel der Mischung abnehmen und beiseite stellen, den Rest auf die Brust der Poularde streuen und diese nochmals für 10 Minuten in den Ofen schieben, bis der Zucker geschmolzen ist.

◆ Die Poularde auf einer vorgewärmten Platte anrichten und warm stellen. Von dem Fond im Bräter das Fett abschöpfen.

◆ Für die Sauce in einem kleinen Topf den Met oder die Brühe mit dem Honig aufkochen. Die reservierten 2 Esslöffel Mandeln, den Fond und den Essig einrühren. Die Sauce mit Salz, Pfeffer und Piment würzen, vom Herd nehmen und die Butter kräftig einrühren. Durch ein Sieb in eine vorgewärmte kleine Schüssel seihen.

◆ Die Poularde erst bei Tisch tranchieren und neben jeder Portion etwas von der Füllung anrichten. Die Sauce separat dazu reichen.

Für 6–8 Personen

Les marrons

In der gesamten Provence sind Esskastanien (Maronen) in den Wintermonaten allgegenwärtig. Noch in der kleinsten Stadt sieht man an belebten Kreuzungen Männer, ausstaffiert mit fingerlosen Handschuhen, dicken Schals und tief über die Ohren gezogenen Mützen. Sie bieten *les marrons* feil, die sie auf kleinen, tragbaren Kohlenbecken rösten, bis sie beinahe schwarz sind, und dann, genau abgezählt, in kleine, spitze Papiertüten füllen. Die dampfend heißen, süßlich schmeckenden Kastanien kommen gut an bei den Passanten, versprechen sie doch, die winterliche Kälte zumindest vorübergehend zu vertreiben. Frauen wärmen sich daran die Hände, und Männer stecken sie tief in ihre Hosentaschen.

In den Häusern flackert jetzt im Kamin regelmäßig ein Feuer, und was läge da näher, als auch hier ein paar Maronen zu rösten? Dafür werden sie auf der runden Seite kreuzförmig eingeritzt und in die Mulden einer speziellen langstieligen Pfanne gelegt, die man auf die heiße Glut setzt. Wenn die Schalen aufplatzen, sind die Maronen fertig, werden aus den Schalen gelöst und mit etwas Butter sogleich genussvoll verspeist.

Blanchiert, geschält und etwa 1 Stunde weich gekocht, bereichern die beliebten Samen der Edelkastanie auch viele regionale Schmorgerichte, besonders solche mit Wildente, Reh, Fasan und anderem Wild. Eine tragende Rolle kommt ihnen schließlich beim Weihnachtsessen zu, wenn eine Hand voll von ihnen, weich gekocht, der Füllung für den traditionellen Truthahn beigemischt wird und eine größere Menge, mit Sahne und Butter püriert, die delikate Beilage dazu liefert.

Aber auch köstliche Süßigkeiten werden aus Kastanien hergestellt. Das Tal um Collobrières, an der *route des vins* nordöstlich von Toulon im Departement Var gelegen, ist ein einziges Meer von Kastanienbäumen. Die Stadt macht nicht nur mit dem Verkauf der rohen »Nüsse« gute Geschäfte, sondern ist ebenso für ihre *marrons glacés* bekannt. Zwar ist die Zahl der kleinen Betriebe, die in handwerklicher Tradition diese Delikatesse herstellen und in Geschenkkartons verpacken, stark geschrumpft – auch das nahe gelegene Nonnenkloster hat seine Produktion eingestellt –, trotzdem finden Genießer sowohl die *marrons glacés* als auch die verführerisch zarte *crème de marrons* weiterhin auf dem Markt.

Entrecôte Mirabeau

Doppelt dickes Entrecote mit Sardellenbutter

Viele provenzalische Restaurants servieren diese Steaks, garniert mit gitterförmig angeordneten Sardellen, wobei in jedem Feld zusätzlich eine Scheibe einer gefüllten Olive liegt. Dagegen kommt die häusliche Version mit einfacher Sardellenbutter aus.

FÜR DIE SARDELLENBUTTER

185 g Butter, raumtemperiert

2–3 eingesalzene Sardellen, filetiert, abgespült (siehe Seite 250) und fein gehackt, oder 6–8 Sardellenfilets in Olivenöl, fein gehackt

Frisch gepresster Zitronensaft

Frisch gemahlener Pfeffer

2 EL fein gehackte glatte Petersilie (nach Belieben)

1 EL fein gehackte Schalotten (nach Belieben)

Olivenöl für die Pfanne

3 Lendensteaks (jeweils etwa 375 g schwer und 4 cm dick)

Salz

◆ Für die Sardellenbutter in einer Schüssel die Butter mit einem Schneebesen cremig schlagen. Erst die Sardellen, dann den Zitronensaft und Pfeffer sowie, nach Belieben, die Petersilie und die Schalotten einrühren.

◆ Eine Grillpfanne mit Olivenöl ausstreichen und bei mittlerer Temperatur gut erhitzen. Die Steaks einlegen und nach etwa 2 Minuten um 90 Grad drehen, sodass sich ein attraktives Rautenmuster ergibt. Nach weiteren 2 Minuten die Steaks wenden, mit Salz und Pfeffer würzen und von der zweiten Seite fertig braten. Am besten schmecken sie »rare«, also innen blutig rot – diese Garstufe ist je nach ihrer Dicke nach ungefähr 8–9 Minuten erreicht. Auf einem Schneidbrett, locker mit Alufolie abgedeckt, 2 Minuten ruhen lassen. Die Steaks schräg zur Faser in Scheiben schneiden. Nebeneinander auf einer Platte anrichten, großzügig mit Sardellenbutter belegen und sogleich servieren.

Für 6 Personen

Vaucluse

Carré d'agneau Colette

Lammkarree Colette

Dieses Rezept enthält ein in der Provence sehr beliebtes Element, nämlich Knoblauchpüree: Eine beachtliche Portion Knoblauch wird weich gekocht und anschließend durch ein Sieb gestrichen. Erstaunlicherweise verliert sich dabei das dominante Aroma, sodass in diesem Fall die beiden zum Spicken verwendeten Zehen sehr viel stärker durchschmecken als das Püree, mit dem die Sauce angereichert wurde. Es passt auch gut zu anderen Lammgerichten. Lassen Sie die Karrees möglichst gleich vom Metzger herrichten.

---

2 große Lammkarrees mit jeweils 9 Koteletts oder 6 kleinere Karreestücke mit jeweils 3 Koteletts

22 Knoblauchzehen

Salz

60 g Butter, in Flöckchen geschnitten

2 frische Rosmarinzweige, jeweils in mehrere kürzere Stücke gebrochen

90 ml trockener Weißwein

125 ml Wasser

250 ml Hühnerbrühe (siehe Seite 251)

2 EL gehackte glatte Petersilie

Frisch gemahlener Pfeffer

2 TL Weinbrand

◆ Den Backofen auf 245 °C vorheizen.

◆ Im Idealfall hat Ihr Metzger die Karrees bereits sauber hergerichtet, also das Fleisch von den Knochenenden sorgfältig abgeschabt. Andernfalls müssen Sie diese Arbeit noch selbst durchführen und die Stücke so zurechtschneiden, dass sie sicher stehen. Die Knochenenden mit Alufolie umwickeln, damit sie in der Ofenhitze nicht verbrennen. 2 Knoblauchzehen in Stifte schneiden. Mit einem scharfen Messer die Koteletts am fleischigsten Teil einritzen und in jeden Einschnitt einen Knoblauchstift schieben. Die Karrees oder Karreestücke in einen Bräter stellen und das Fleisch auf der Fettseite mit Salz einreiben. Die Butterflöckchen darauf und die Rosmarinstücke dazwischen verteilen.

◆ Das Fleisch 10 Minuten im Ofen anbraten. Anschließend den Wein in den Bräter gießen und weiterbraten, bis ein in den dicksten Teil gestecktes Fleischthermometer 63 °C anzeigt – jetzt ist die perfekte Garstufe erreicht, die *medium* und auf

Französisch *à point* heißt und bedeutet, dass das Fleisch noch einen rosa Kern hat und beim Einstechen rosa Saft austritt. Bei größeren Stücken dauert dies nach dem Anbraten etwa 20 Minuten, bei kleineren 10–15 Minuten. Sollte der Fond vorher zu stark einreduzieren, einige Esslöffel Wasser hinzufügen.

◆ Inzwischen in einem kleinen Topf die restlichen 20 Knoblauchzehen mit Wasser bedecken, salzen, zum Kochen bringen und in etwa 15 Minuten sehr weich kochen. Abseihen, durch ein Sieb streichen oder in einem kleinen Mixer pürieren. Das Püree beiseite stellen.

◆ Die Karrees oder Karreestücke auf eine vorgewärmte Platte heben und warm stellen. Vom Fond das Fett abschöpfen und den Bräter bei hoher Temperatur aufsetzen.

◆ Das Wasser hineingießen, aufkochen und dabei den Bratensatz losrühren. Weiterkochen lassen, bis die Flüssigkeit so weit reduziert ist, dass sie beinahe auf dem Topfboden brät. (Dieser Schritt ist unerlässlich, um eine braune Sauce zu erhalten, denn kräftig angebratenes Fleisch gibt, da die Poren verschlossen sind, wenig Saft ab.)

◆ Den Fond mit der Brühe ablöschen, zum Kochen bringen und alles braun Eingebrannte vom Bräterboden losschaben. Das Knoblauchpüree und die Petersilie untermischen. Die Sauce salzen und pfeffern, mit dem Weinbrand aromatisieren und in eine vorgewärmte Schüssel füllen.

◆ Die Karreestücke auf vorgewärmten Tellern anrichten, die großen Karrees zuvor in Koteletts zerteilen. Die Sauce separat dazu servieren.

Für 6 Personen

Lammfleisch aus der Provence besitzt an sich schon eine besondere Würze, denn in den hiesigen Weidegründen sprießen viele Wildkräuter.

Vaucluse

Poussins à la Clamart

Stubenküken mit Erbsen und Schalotten

Dieses Gericht wird in der Gegend von Cavaillon im Vaucluse häufig serviert. Aus Clamart, außerhalb von Paris, kommen besonders gute Erbsen.

6 Stubenküken (jeweils etwa 500 g)

Etwa 90 g Butter

1 EL Olivenöl

75 g durchwachsener Räucherspeck am Stück, quer in gut 1 cm breite Streifen geschnitten

750 g Erbsenschoten, enthülst

12 Schalotten

2 TL Zucker

Salz und frisch gemahlener Pfeffer

2–3 große Salatblätter

3 EL trockener Weißwein, 250 ml Wasser

½ Hühnerbouillonwürfel, zerkrümelt

◆ Die Küken abspülen, trockentupfen und mit Küchengarn binden. In einem großen, gusseisernen Schmortopf 60 g Butter mit dem Olivenöl bei mittlerer Temperatur zerlassen. Die Küken darin in etwa 15 Minuten ringsum kräftig anbraten. Falls dabei die Butter braun wird, abgießen und durch neue ersetzen. Die Küken auf eine Platte legen. Den Speck in dem Schmortopf in etwa 2 Minuten knusprig braten. Die Erbsen und Schalotten untermischen und mit dem Zucker bestreuen. 1–1½ Minuten unter häufigem Rühren dünsten, zuletzt leicht salzen und pfeffern.

◆ Die Küken zurück in den Topf geben. Das Gemüse mit den Salatblättern abdecken, den Wein und das Wasser zugießen. Die Küken bei niedriger Temperatur zugedeckt 35–40 Minuten garen, bis aus dem Schenkel beim Einstechen klarer Saft austritt. Auf vorgewärmten Tellern anrichten. Die Salatblätter entfernen und die Gemüse-Speck-Mischung mithilfe einer Schaumkelle um die Küken verteilen.

◆ Den Schmorfond im Topf bei hoher Temperatur leicht einkochen, dabei ständig rühren und den Brühwürfel hinzufügen. Die Sauce mit Salz und Pfeffer würzen, mit der restlichen Butter aufschlagen und über die Küken schöpfen. Sogleich servieren.

Für 6 Personen

Vaucluse

Lapin aux herbes de la garrigue

Kaninchen mit Wildkräutern

Als »garrigue« werden die niedrigen Strauchheiden in den sanft gewellten Gebirgsausläufern, etwa auch am Fuß des Lubéron in den Alpilles, bezeichnet. Für Jäger sind sie ein Paradies, denn nicht zuletzt wegen der vielen Wildkräuter – Thymian, Bohnenkraut, Rosmarin und Lavendel – fühlen sich Kaninchen hier ausgesprochen wohl.

1 großes Kaninchen (etwa 1,75 kg)

60 ml Olivenöl

Salz und frisch gemahlener Pfeffer

2 große, frische Thymianzweige

2 EL gehackter frischer Rosmarin

2 frische Salbeiblätter, gehackt

250 ml trockener Weißwein

375 ml Wasser

2 Salatgurken, nach Belieben geschält

2 EL Butter

2 TL Zucker

20 kleine weiße Zwiebeln (jeweils etwa 2,5 cm Durchmesser)

10 Knoblauchzehen

160 ml Crème fraîche

2 EL gehackte glatte Petersilie

◆ Die Kaninchen mit dem Bauch nach unten auf ein Schneidbrett legen. Mit einem scharfen Messer um die Rundung der Hinterläufe herum einen Schnitt anbringen und die Läufe mit einem Küchenbeil oder schweren Messer abtrennen. Ebenso die Vorderläufe abtrennen. Den Sattel quer in 3 Stücke, die Hinterläufe in je 2 Stücke teilen. Das kleine Schwanzdreieck von der Karkasse abhacken und wegwerfen. Es stehen somit 9 Stücke zur Verfügung.

◆ Das Olivenöl in einem großen, gusseisernen Schmortopf bei mittlerer Temperatur erhitzen. Die Kaninchenteile in etwa 15 Minuten von allen Seiten kräftig darin anbraten und mit Salz und Pfeffer würzen. Den Thymian, den Rosmarin und den Salbei einlegen und durchmischen. Den Wein und 250 ml Wasser zugießen, zum Kochen bringen und das Kaninchen bei niedriger Temperatur zugedeckt etwa 35 Minuten schmoren, dabei die Teile einmal wenden – das Fleisch muss sich zuletzt mühelos mit einem Messer einstechen lassen.

◆ Inzwischen die Gurken längs halbieren und den Samenstrang entfernen. Jede Hälfte der Länge nach in 3 Teile schneiden und diese mit einem kleinen Messer zu möglichst gleichmäßig langen, ovalen Stücken tournieren.

◆ Die Butter in einem Topf bei mittlerer Temperatur zerlassen. Den Zucker darin in etwa 1 Minute leicht karamellisieren. Die Zwiebeln hinzufügen und unter häufigem Rühren etwa 2 Minuten andünsten, bis sie goldbraun werden. Das restliche Wasser hinzugießen und die Zwiebeln zugedeckt bei niedriger Temperatur in etwa 5 Minuten beinahe weich dünsten. Die Gurken hinzufügen und zugedeckt etwa 2 Minuten mitdünsten, bis beide Gemüse gar und das Wasser beinahe völlig verdampft ist. Gleichzeitig einen kleinen Topf zu drei Vierteln mit Wasser füllen. Die Knoblauchzehen hineingeben, einmal aufkochen und in 10–15 Minuten weich kochen. Abseihen und über einer kleinen Schüssel durch ein Sieb streichen.

◆ Die fertig gegarten Kaninchenteile mithilfe eines Bratenwenders oder einer Zange in eine Schüssel heben und warm stellen. Die Crème fraîche und das Knoblauchpüree mit den Zwiebeln und Gurken in den Schmortopf füllen und bei hoher Temperatur zu einer Sauce einkochen lassen. Mit Salz und Pfeffer abschmecken. Die Kaninchenteile zurück in den Topf legen und unter Wenden mit der Sauce überziehen. Zuletzt die Petersilie gründlich untermischen. Das Gericht auf einer vorgewärmten Platte anrichten und sogleich servieren.

Für 4 Personen

Alpes-de-Haute-Provence

Carré de porc aux feuilles de sauge

Schweinskarree mit Salbei

Sowohl das Karree vom Lamm wie auch das vom Schwein werden in der Provence oft auf der fleischigen Seite mehrmals eingeritzt und mit der klassischen »persillade«-Mischung aus Olivenöl, Knoblauch und Petersilie eingerieben. Besser als jedes andere Kraut aber passt nach meinem Geschmack Salbei zu Schweinefleisch, und zu meiner Freude teilen die Bewohner der Voralpengegend, wo fast hinter jedem Haus Salbei wächst, meine Meinung. Alle Provenzalen schätzen zudem die auch jenseits der Landesgrenzen beliebte Verbindung von Schweinefleisch und Früchten. So bekam ich hier schon Schweinebraten, umlegt mit gebratenen Orangenspalten oder Feigen oder auch bestreut mit Zimt und mit Trauben serviert. Besonders beeindruckt aber hat mich dieses schlichte ländliche Gericht, das Schweinefleisch mit Äpfeln und Salbei kombiniert.

1,25 kg Schweinskarree (Lendenstück) mit mindestens 6 Koteletts

3 große, frische Salbeizweige (jeweils mit 12–14 Blättern)

1 Zwiebel, in Spalten geschnitten

3 Knoblauchzehen, zerdrückt

3 EL Olivenöl

2 EL Lavendel- oder ein anderer Honig

3 EL Butter

2 Granny-Smith-Äpfel, geschält, halbiert, vom Kerngehäuse befreit und in mitteldicke Scheiben geschnitten

Salz und frisch gemahlener Pfeffer

180 ml Wasser

◆ Am Vorabend das Karree mit einem dünnen, scharfen Messer entlang der unteren Karkasse so einschneiden, dass das Kotelettfleisch ein kleines Stück abgetrennt ist. Von einem der Salbeizweige 2 oder 3 Blätter abzupfen und von beiden Seiten zwischen Karkasse und Fleisch schieben. Das Karree in einen Bräter stellen. Einen Salbeizweig ausgebreitet obenauf legen, den zweiten auf der Rückseite andrücken und den dritten auf den Boden des Bräters legen. In einer Schüssel die Zwiebelspalten und den Knoblauch mit dem Öl vermischen und das Ganze über dem Fleisch verteilen. Zugedeckt über Nacht in den Kühlschrank stellen. Am nächsten Tag vor der Zubereitung auf Raumtemperatur bringen.

◆ Den Backofen auf 200 °C vorheizen.

◆ Den Bräter bei dieser Einstellung in den Ofen schieben und das Fleisch 15 Minuten anbraten. Anschließend die Temperatur auf 190 °C reduzieren und das Fleisch weitere 35 Minuten braten, ohne es mit dem Fond zu beschöpfen. Nun die Temperatur auf 200 °C erhöhen. Den Bräter aus dem Ofen nehmen, den Braten mit dem Honig beträufeln und nochmals für 10 Minuten in den Ofen schieben, um das Fleisch zu glasieren. Beim Einstechen darf jetzt kein rosa Saft mehr herausfließen, und ein in das Fleisch gestecktes Bratenthermometer soll 71 °C anzeigen. Den Braten auf einer vorgewärmten Servierplatte warm stellen. Den Bräter mit dem restlichen Inhalt beiseite stellen.

◆ In einer großen Pfanne die Butter bei hoher Temperatur zerlassen. Sobald sie leicht bräunt, die Apfelscheiben nebeneinander einlegen und von der ersten Seite in etwa 3 Minuten kräftig braun braten. Wenden und in etwa 2 Minuten fertig braten. Mit Salz und Pfeffer würzen und rings um den Braten auf der Platte arrangieren. Im Ofen bei 110 °C und leicht geöffneter Tür warm halten.

◆ Den Bräter mit den Zwiebelspalten und dem mit Honig angereicherten Fond bei hoher Temperatur aufsetzen. Das Wasser zugießen, aufkochen und dabei alle Bratrückstände vom Boden losrühren. Die Sauce mit Salz und Pfeffer würzen.

◆ 2 Esslöffel der Sauce über die Äpfel träufeln, den Rest in eine vorgewärmte Schüssel füllen. Den Braten bei Tisch aufschneiden und die Sauce separat dazu reichen.

Für 6 Personen

Genügsamkeit, Tradition und harte Arbeit prägen das Leben der Menschen in der rauen Landschaft der Haute Provence.

Vaucluse

Suprême de volaille
aux asperges

Hühnerbrust mit Spargel

*Hinter einem der alten Stadttore Avignons liegt gleich
nahe dem Rhôneufer das Restaurant Le Jardin de la Tour.
Sein Besitzer Jean-Marc, den ich zu meinen Freunden
zähle, hat mich schon oft einen Blick in seine Küche
werfen lassen und mich auch mehrfach nicht nur auf die
Märkte von Avignon und Cavaillon, sondern auch auf die
Trüffelmärkte von Carpentras mitgenommen. Eines Tages
bereitete er für mich nach einer solchen Einkaufstour, bei
der wir den ersten Spargel erstanden hatten, dieses
schlichte, frühlingshafte Gericht, wobei er geschickt mit
zwei Pfannen gleichzeitig hantierte und schließlich
den Bratenfond mit dem Spargelsud zu einer leichten,
deliziösen Sauce verband.*

---

4 ausgelöste Hühnerbrüste, enthäutet

3 EL gehackte glatte Petersilie

2 EL gehackte frische Korianderblätter

2 EL gehackte frische Minze

1 EL gehackter frischer Thymian (ersatzweise
Winterbohnenkraut)

20 grüne Spargelstangen

60 g Butter

Salz und frisch gemahlener Pfeffer

250 ml Wasser

3 EL Olivenöl

◆ Die Hühnerbrüste kurz unter fließendem kaltem
Wasser abspülen und mit einem Tuch oder Küchenpapier trockentupfen.

◆ Die Petersilie, die Korianderblätter, die Minze und
den Thymian oder das Bohnenkraut auf einem
großen Teller gründlich vermischen. Die Hühnerbrüste in den Kräutern wenden und bis zur Zubereitung etwa 1 Stunde ruhen lassen. (Sie können
auch länger ruhen, müssen in dem Fall aber im Kühlschrank aufbewahrt und vor dem Braten wieder auf
Raumtemperatur gebracht werden.)

◆ Inzwischen von den Spargelstangen die holzigen
Enden abbrechen, dicke Spargelstangen bis etwa
5 cm unterhalb der Spitze schälen. Den Spargel in
eine Pfanne legen, die Butter hinzufügen, leicht salzen und pfeffern und das Wasser zugießen. Die Pfanne zugedeckt beiseite stellen.

◆ Das Olivenöl in einer großen Pfanne bei hoher
Temperatur erhitzen. Sobald das Öl Brattemperatur
erreicht hat, die Hühnerbrüste einlegen und in etwa
3 Minuten von der ersten Seite braun anbraten.

◆ Das Fleisch wenden, mit Salz und Pfeffer bestreuen und bei mittlerer bis niedriger Temperatur
von der zweiten Seite in weiteren 3 Minuten ebenfalls braun braten. Es soll zum Schluss vollständig
durchgebraten sein.

◆ Kurz vor dem Wenden der Hühnerbrüste den
Spargel in der zweiten Pfanne bei hoher Temperatur
aufsetzen und rasch zum Kochen bringen. Bei schräg
aufgelegtem Deckel in etwa 3 Minuten gar kochen,
wobei etwa die Hälfte des Wassers verkocht. Mit
einem Spargelheber, ersatzweise mit einer Zange
oder einem breiten Schaumlöffel auf vorgewärmte
Teller heben. Die Pfanne mit dem Sud beiseite
stellen.

◆ Die Hühnerbrüste auf den Tellern neben dem
Spargel anrichten und warm stellen. Die Pfanne, in
der das Fleisch gebraten wurde, bei mittlerer bis
hoher Temperatur aufsetzen. Den Spargelsud zugießen, unter ständigem Rühren die Bratenreste
vom Pfannenboden losschaben und das Ganze zu
einer leichten Sauce einkochen lassen. Abschmecken,
über dem Fleisch verteilen und das Gericht sogleich
servieren.

Für 4 Personen

Mittelalterliche Schlösser und die
Glockentürme alter Kirchen prägen
die Kulisse vieler befestigter
Ortschaften im Vaucluse.

Alpes-de-Haute-Provence

Chou fassum

Gefüllter Kohlkopf

Leider gerät dieser Klassiker aus dem Repertoire der deftigen Hausmannskost, der auch das Auge sehr anspricht, zunehmend in Vergessenheit, denn er erfordert etwas Mühe und Zeit. Wer aber das Gericht, das manchmal auch einfach nur »fassum« genannt wird, einmal gekostet hat, nimmt den kleinen Mehraufwand sicher gern in Kauf. Was von der Brühe übrig bleibt, kann, mit Salz und Pfeffer abgeschmeckt, zum ersten Gang serviert oder als Basis für eine Suppe verwendet werden.

1 Kopf Weißkohl (etwa 2,5 kg)

Salz

500 g Mangold

100 g frische Speckschwarte, gewürfelt

Olivenöl

250 g durchwachsener Räucherspeck am Stück, quer in gut 1 cm breite Streifen geschnitten

3 Zwiebeln, gehackt

3 Tomaten, enthäutet, Samen entfernt, in regelmäßige Würfel geschnitten

2 Knoblauchzehen, fein gehackt

750 g mittelfeines Schweinswurstbrät

300 g gekochter weißer Langkornreis, abgekühlt

Frisch gemahlener Pfeffer

Etwa 1,5–2 l Rinder- oder Hühnerbrühe (siehe Seite 251)

Dijon-Senf

◆ Den Weißkohl von den welken oder schadhaften Außenblättern befreien und den Strunk glatt schneiden. Einen großen Topf zu zwei Dritteln mit Wasser füllen, salzen und zum Kochen bringen. Den Kohlkopf etwa 15 Minuten ankochen und danach gleich unter fließendem kaltem Wasser abschrecken, um die frische Farbe zu erhalten. Mit dem Strunk nach oben in einem Durchschlag völlig erkalten lassen und dabei mit den Händen behutsam das restliche Wasser ausdrücken.

◆ Den gleichen Topf wieder zu zwei Dritteln mit Wasser füllen, salzen und zum Kochen bringen. Den Mangold 5 Minuten ankochen, mit einem Sieblöffel

herausnehmen und gleich unter fließendem kaltem Wasser abschrecken, um die grüne Farbe zu erhalten. Abtropfen lassen, möglichst kräftig ausdrücken, hacken und in eine Schüssel füllen. Das Wasser erneut aufkochen, die Schwarte 2 Minuten kochen, abtropfen lassen und zum Mangold geben.

◆ Eine kleine Pfanne mit Öl ausstreichen und bei hoher Temperatur aufsetzen. Den Speck in etwa 1 Minute knusprig ausbraten und ebenfalls zum Mangold geben. Falls nötig, etwas mehr Öl in die Pfanne gießen und die Zwiebeln darin bei mittlerer Temperatur in etwa 2 Minuten weich schwitzen. Zusammen mit den Tomaten und dem Knoblauch zum Mangold geben.

◆ Den Weißkohl mit dem Strunk nach unten auf eine Arbeitsfläche setzen. Die Blätter vorsichtig auseinander spreizen, um aus der Mitte ein etwa tennisballgroßes Stück herausschneiden zu können. Dieses hacken und ebenfalls zu dem Mangold in die Schüssel geben. Das Wurstbrät zerkrümeln und mit dem Reis so vorsichtig unter den Schüsselinhalt mischen, dass das Gemüse nicht zerdrückt wird. Mit Salz und Pfeffer würzen.

◆ Die Kohlblätter wie zuvor vorsichtig auseinander spreizen. Die Gemüse-Wurst-Mischung zunächst in die ausgehöhlte Mitte und anschließend auch zwischen die äußeren Blätter füllen, die danach wieder in ihre natürliche Position gedrückt werden. Den gefüllten Kohlkopf behutsam zwischen den Handflächen modellieren, sodass er annähernd seine ursprüngliche Form zurückerhält.

◆ Den Kohlkopf nach Belieben waagerecht im unteren, mittleren und oberen Bereich umbinden (manche Köche sind der Ansicht, dass er sich so später leichter aus dem Topf nehmen lässt; andere mögen es nicht, wenn das Garn in die weich gegarten Blätter einschneidet). Mit dem Strunk nach unten in einen Topf setzen, in den er eben hineinpasst, und vollständig mit Brühe bedecken. Bei mittlerer Temperatur zum Kochen bringen und dann bei niedriger Temperatur zugedeckt etwa 3 Stunden köcheln lassen, bis sich der Strunk mit einem Messer mühelos einstechen lässt.

◆ Den Weißkohl in eine große, flache Schüssel legen. Dafür den Kohlkopf entweder an den Fäden fassen, sofern Garn verwendet wurde, und aus dem Topf ziehen oder alternativ zwei (wenn Ihnen jemand hilft, auch drei) leicht schräg gehaltene Schaumkellen verwenden.

◆ Den gefüllten Kohlkopf im Ganzen servieren, nachdem Sie zuvor noch einige Kellen der Brühe in die Schüssel geschöpft haben. Einen Teil der restlichen Brühe in eine vorgewärmte Schüssel füllen und dazu reichen. Den Kohl in Spalten schneiden und mit dem Senf genießen.

Für 8 Personen

Les saucissons de Provence

Das Angebot an Würsten ist in der Provence recht vielseitig. Im Allgemeinen enthalten die Bratwürste *(saucissses)* weniger Brot oder Getreide als die entsprechenden Erzeugnisse anderer Länder und schmecken kräftiger. Als die schmackhaftesten Würste der Provence aber gelten weder die *saucisses* noch die Kochwürste, die, in dicke Scheiben geschnitten, *daubes* und andere Eintopfgerichte bereichern, sondern vielmehr die *saucissons*, die als Aufschnitt Genießer begeistern.

In der frischen Luft der Bergregionen gereift, bestehen diese Würste vornehmlich aus schierem Schweinefleisch, angereichert mit fettem Speck und gewürzt mit Pfefferkörnern, Fenchelsamen, Kreuzkümmel sowie manchmal auch Edelkastanien. Die interessanteste unter den verschiedenen Versionen ist die *saucisson d'Arles*. Ihren besonderen Geschmack und die ausgezeichnete Konsistenz verdankt sie einer Mischung aus 60 Prozent Schweinefleisch und 40 Prozent »ausgesuchten Stücken« von Rind- und Eselsfleisch. Der in Tarascon ansässige Hersteller Saverus de Provence ist nicht nur der größte Anbieter dieser Spezialität, sondern auch für eine weitere Delikatesse bekannt, die zu 40 Prozent aus dem Fleisch der berühmten kleinen schwarzen Bullen der Camargue – *les taureaux* – besteht.

Bouches-du-Rhône

Daube de canard

Geschmorte Ente

Rezepte wie dieses wurden bestimmt ersonnen, um Wildentenfleisch schön zart zu bekommen. Nach meinem Dafürhalten ist die Zubereitungstechnik der »daube«, bei der das Fleisch in Marinade und mit aromatischem Gemüse und Kräutern sanft geschmort wird, perfekt ausgefeilt und für Hausgeflügel und Federwild geradezu ideal.

2 EL Butter

3 EL Olivenöl

1 Ente (etwa 2 kg)

375 ml trockener Weißwein

1 Knoblauchzehe, fein gehackt

3 frische Salbeiblätter

90 g durchwachsener Räucherspeck am Stück, quer in gut 1 cm breite Streifen geschnitten

2 Zwiebeln, gehackt

2 Möhren, geschält und in Scheiben geschnitten

1 weiße Rübe, geschält und grob gewürfelt

2 EL Mehl

250 ml Rinderbrühe oder Hühnerbrühe (siehe Seite 251)

125 ml frisch gepresster Orangensaft

1 Stück frische Speckschwarte (15 × 10 cm groß)

2 Streifen Orangenschale (gut 1 cm breit)

½ Stange Bleichsellerie, in 4 gleich lange Stücke geschnitten

1 Bouquet garni (siehe Seite 246)

150 g frische weiße Champignons, sorgfältig abgerieben und in Scheiben geschnitten

90 g kleine, fleischige schwarze Oliven

Salz und frisch gemahlener Pfeffer

2 EL Madeira oder Portwein

Etwa 2 EL Tomatenmark

◆ In einem großen, gusseisernen Schmortopf die Butter mit 1 Esslöffel Olivenöl bei hoher Temperatur zerlassen. Die Ente darin in 15–20 Minuten von allen Seiten anbraten, danach auf ein Schneidbrett legen. Den Topf ungespült beiseite stellen. Die Ente mit einer Geflügel- oder kräftigen Küchenschere in acht Stücke zerlegen: 2 Unterschenkel, 2 Keulen, 2 Flügel und 2 Brusthälften. Die Teile in eine rechteckige Form legen. Den Wein, die restlichen 2 Esslöffel Öl, den Knoblauch und den Salbei hinzufügen. Zugedeckt im Kühlschrank 4 Stunden marinieren lassen.

◆ Den Schmortopf bei mittlerer Temperatur kräftig erhitzen und den Speck in etwa 1 Minute knusprig ausbraten. Die Zwiebeln, die Möhren und die weiße Rübe etwa 2 Minuten darin anschwitzen, mit dem Mehl bestäuben und etwa 45 Sekunden unter Rühren leicht bräunen. Die Brühe mit dem Orangensaft zugießen, zum Kochen bringen und bei niedriger Temperatur zugedeckt etwa 10 Minuten eindicken lassen. Die Sauce vorsichtig in eine Schüssel abgießen. Den Backofen auf 180 °C vorheizen.

◆ Die Schwarte mit der Hautseite nach oben in den Schmortopf legen, den Speck und die Gemüsestücke darüber verteilen und die Ententeile dachziegelartig darauf anordnen. Die Sauce und die Entenmarinade sowie die Orangenschale, den Sellerie, das Bouquet garni, die Pilze und die Oliven hinzufügen, salzen und pfeffern. Die Ente zugedeckt 2–2½ Stunden im Ofen schmoren.

◆ Den Topf auf den Herd stellen. Die Ententeile und das Gemüse mit einer Schaumkelle auf eine vorgewärmte Platte heben. Das Bouquet garni und die Orangenschale wegwerfen. Die Sauce, sofern sie nicht zu salzig schmeckt, noch etwas einkochen lassen, dabei häufig rühren und gleichzeitig den Madeira oder Portwein hinzufügen. Mit Salz, Pfeffer und Tomatenmark abschmecken und über die Ente gießen. Sogleich servieren.

Für 6 Personen

Paillard d'agneau au pistou

Gegrillte Lammkeule mit Pistou

*In der kulinarischen Sprache bezeichnet das Wort »paillard«
ein Stück Fleisch, das so eingeschnitten und wie Schmetter-
lingsflügel auseinander geklappt wurde, dass eine nicht zu
dicke, gleichmäßige Fläche entsteht. So lässt es sich gut grillen. Am besten macht dies Ihr Metzger für Sie.*

*2,5 kg Lammkeule, entbeint und zugeschnitten
(siehe Rezepteinleitung)*

1 Rezeptmenge Pistou (siehe Seite 43)

2 Knoblauchzehen, fein gehackt

1 EL frisch zerstoßener Pfeffer

5 EL Olivenöl

Salz

◆ Am Vorabend die vorbereitete Lammkeule mit
einem scharfen Messer von überschüssigem Fett
befreien. Dickere Partien waagerecht einschneiden,
aber nicht vollständig durchschneiden und die dabei
entstehenden »Flügel« ausbreiten, sodass das gesamte

Stück überall annähernd die gleiche Stärke erhält.
Mit der glatten Seite eines Fleischklopfers plattie-
ren – das Stück sollte zuletzt etwa 30 × 15 cm groß
und 5 cm dick sein. In einer großen, flachen Schüssel
auf beiden Seiten mit dem *pistou* bestreichen, mit
dem Knoblauch und dem Pfeffer bestreuen und mit
dem Olivenöl beträufeln. Mit Klarsichtfolie abdecken und über Nacht in den Kühlschrank stellen.

◆ Im Holzkohlengrill eine ausreichende Glut vorbereiten.

◆ Das Fleisch mit der Flüssigkeit, die sich in der
Schüssel gesammelt hat, beträufeln oder darin wenden – es sollte ölig überzogen sein. Auf einen Grillrost legen und über der heißen Glut 20–25 Minuten
grillen, es soll innen einen blutigen Kern behalten.
Am besten wird es von der ersten Seite, die später
beim Aufschneiden oben liegt, gleich mehr als halb
gegart. Erst nach dem Wenden salzen, damit das
Fleisch keinen Saft verliert.

◆ Auf ein Schneidbrett legen, locker mit Alufolie
abdecken und 5 Minuten ruhen lassen. Schräg zur
Faser in Scheiben schneiden und direkt auf dem
Brett oder auf vorgewärmten Tellern servieren.

Für 6 Personen

LES LÉGUMES

Das Gemüse der Saison wird
bevorzugt mit Knoblauch
in Olivenöl gedünstet oder
auch als Gratin serviert.

Vorhergehende Doppelseite: Die farbenfrohen Drucke der Tischdecken auf einem Markt in Arles greifen zwei charakteristische Elemente der provenzalischen Landschaft auf: Oliven und Sonnenblumen. **Ganz oben:** Eine in den Alpes-Maritimes sehr beliebte Gemüsekombination aus Artischocken und Dicken Bohnen heißt hier *artichauts aux fèves*. **Oben:** Die im 12. Jahrhundert erbaute Kirche Saint-André wacht über den Ort Comps-sur-Artuby im Var. **Rechte Seite:** Frucht und Laub des Riesenkürbisses nehmen schon einigen Raum ein. Trotzdem zieht jeder Provenzale, der in seinem Garten noch ein Eckchen erübrigen kann, ein Exemplar für den *tian de potiron,* eine Spezialität der Region.

Im sonnigen Süden Frankreichs, gleichsam dem Gemüsegarten und -großmarkt des Landes in einem, findet man eine breite und bunte Auswahl, und die provenzalischen Köche wissen das Beste daraus zu machen. Kein Essen ist komplett ohne Gemüse, ob roh oder in warmen Zubereitungen, darunter auch Suppen, gleich zu Beginn aufgetischt, als traditionelle Beilage zum Fleisch- oder Fischgericht serviert oder im Anschluss an den Hauptgang als eigener, mitunter durchaus aufwendiger Gang zelebriert. Auch beim Abendessen steht Gemüse oft im Mittelpunkt, was sich möglicherweise damit erklärt, dass man sich Fleisch in der Region zumindest früher nicht beliebig leisten konnte. Sehr populär sind Zubereitungen wie gebackener Fenchel, ganze gefüllte Zwiebeln sowie Gratins aus verschiedenem geschichtetem Gemüse, eventuell mit etwas Schinken, Speckstücken *(lardons)* oder Klippfisch angereichert.

Dass die farbenfrohen Gemüsesorten bei den Provenzalen besonders gut ankommen, könnte daran liegen, dass sie am besten zu der sonnendurchfluteten Landschaft und dem strahlend blauen Himmel passen. Dunkelviolette Auberginen, knallrote Tomaten, grüne, gelbe und rote Paprikaschoten und schließlich Zucchini, die hier auch in einer gelben Variante sehr verbreitet sind, stehen dabei ganz oben auf der Einkaufsliste. Zusammen mit Zwiebeln und Knoblauch geschmort, ergeben sie

Unten: Die unter dem Namen *santons* bekannten folkloristischen Figuren sind mit Liebe zum Detail von Hand gefertigt und im traditionellen Stil der provenzalischen Landbevölkerung eingekleidet. In der Provence gehören sie zu den Krippenfiguren, die typische Geschenke ihrer Heimat darbringen. **Rechts:** Im Bouches-du-Rhône werden weite Teile der nördlichen Camargue für den Anbau von Reis genutzt. Im nahe gelegenen Arles wird im September die Ernte mit einem fünftägigen Fest gefeiert, während den Besuchern von Le Sambuc das ganze Jahr über das Musée du Riz offen steht.

die berühmte Ratatouille, die für Besucher quasi ein Lehrbeispiel für den provenzalischen Umgang mit Gemüse darstellt.

Interessanterweise fanden Paprikaschoten, Kürbisse und Tomaten, obwohl heute untrennbar mit der Küche dieser Region verbunden, erst ihren Weg hierher, nachdem Kolumbus die Neue Welt entdeckt hatte. Sie erinnern also daran, dass die Provence durch fremde Einflüsse verschiedenster Art geprägt wurde, zumal sie im Laufe ihrer Geschichte unterschiedlichsten Machthabern anheim fiel und auch über zweitausend Jahre im Kreuzungspunkt internationaler Handelsstraßen lag. Weniger bekannt sind Fremden die Vorliebe der Provenzalen für Fenchel, Artischocken – allen voran die kleine, spitz zulaufende und violett überhauchte Varietät –, Topinambur, grüne Bohnen, Erbsen und Spargel sowie das ausgeprägte Faible der Nizzaer für Mangold, Karden, Dicke Bohnen und Kichererbsen.

Der Grund für den hohen Stellenwert, den die Provenzalen dem Gemüse beimessen, liegt in der beinahe symbiotischen Beziehung der Bauern zu ihrem Grund und Boden. Vor allem in den abgeschiedenen Gebieten der Alpes-de-Haute-Provence kultivieren die Menschen lange schon hinter ihren eingeschossigen Häusern mit den charakteristischen, stark abgeflachten Dächern, die hier *mas* heißen, Gemüse und könnten ohne diese Nutzgärten kaum überleben. Fast jeder Bewohner des Midi, der den erforderlichen Platz dafür hat, legt einige Beete an, und noch auf den kleinsten Balkonen beengter Apartments gedeihen meist in einigen Töpfen diverse Kräuter, Tomaten, Rucola und etwas Pflücksalat. Bis vor kurzem stellten Gemeinden einkommensschwachen Einwohnern sogar am Rand ihres Verwaltungsgebietes kostenlos Grund für *potagers* (Gemüsegärten) zur Verfügung.

Wo die Menschen keinen Platz haben, um selbst Gemüse anzubauen, sind kommerzielle Anbieter so-

gleich zur Stelle. Mindestens zweimal in der Woche machen sich in jeder Ortschaft, in jeder größeren Stadt in den engen Gassen, entlang den Hauptstraßen, auf Plätzen oder an Flussufern Freiluftmärkte breit und bringen den Bewohnern erntefrisches Gemüse gewissermaßen bis vor die Haustür. Zwangsläufig schult diese Regelmäßigkeit das Bewusstsein der Kunden für den Rhythmus der Jahreszeiten. Denn sie verfolgen kontinuierlich, wie die diversen Sorten mit den ersten, besonders zarten Früchten, Knollen, Rüben oder Blättern auftauchen, sich dann von Woche zu Woche reifer präsentieren und schließlich allmählich wieder von der Bildfläche verschwinden, um durch anderes ersetzt zu werden. Dieser stete Wechsel bestimmt, was wie und wann auf den Tisch kommt.

Am Anfang meiner Ehe wurde meine Schwiegermutter nicht müde, mich zum Markt zu begleiten. Auf dem Weg dorthin erläuterte sie mir das Angebot, das uns wahrscheinlich erwartete, und was sie in den

nächsten Tagen damit zu kochen gedachte. Sie nahm mich an der Hand und stellte mich Madame Soundso vor, die ihren Lauch besonders sorgsam hegte und pflegte oder die Zucchiniblüten gleich bei Tagesanbruch pflückte oder auch die Erde um ihren Spargel hoch und dicht anhäufte, weshalb die Stangen viel weißer waren als die der gesamten Konkurrenz.

Die Hausfrauen und Köche der Provence unterhalten mit jenen, die ihnen die Lebensmittel liefern, einen beinahe schon persönlichen Kontakt. Sie fühlen mit ihnen, wenn der ausbleibende Regen die Bohnenernte verzögert oder aufgrund mangelnden Sonnenscheins die Tomatenernte einmal mager ausfällt. Man diskutiert die Vorzüge der neuesten späten Lauchsorte, und in der nächsten Woche berichten die Käufer, wie das Gericht, das sie daraus zubereitet haben, gelungen ist und geschmeckt hat. Wenn die weißen Rüben bereits von feinen Fasern umsponnen sind, wissen die Kunden, dass sie sich nur noch

für einen *pot-au-feu* oder eine Suppe eignen, aber nicht mehr einfach nur gekocht und glasiert werden können. Natürlich wissen sie auch ganz genau, wie sie einen niedrigeren Preis als in der vorherigen Woche aushandeln können. Im Verlauf des Gesprächs tauscht man vielleicht außerdem ein, zwei Rezepte für Karden aus, deren Saison jetzt wieder beginnt, oder debattiert kurz darüber, ob der Reis, den die Großmutter unter ihren *tian de potiron* (Kürbisgratin) mischt, wirklich hineingehört.

Die gleiche Aufmerksamkeit widmen die Provenzalen dann dem Gemüse in der Küche. Niemals wird etwas einfach nur gedämpft oder gekocht und mit einem Stück Butter auf einen Teller verfrachtet. Vielmehr erhält es den unverwechselbaren lokalen Touch, indem es mit Knoblauch in Olivenöl gedünstet oder beispielsweise mit Zwiebeln, Tomaten und wieder Knoblauch geschmort und in der herzhaften Sauce, die dabei entsteht, angerichtet wird. Experimentierfreudige Köche stellen gelungenere Kombinationen zusammen, als man sie irgendwo sonst bekommt: Erbsen mit Pilzen, Dicke mit grünen Bohnen, Möhren mit Zwiebelchen oder Gurken, Spargel mit Erbsen und/oder Dicken Bohnen, Artischocken mit Topinambur und schließlich Tomaten mit ziemlich allem und jedem. Nirgends sonst bekommt man Babymöhren in Sahnesauce mit Basilikum oder *haricots verts* mit Sardellen. Reizvolle Gegensätze verschiedener Texturen und Aromen sind ein wesentlicher Aspekt der provenzalischen Gemüseküche.

Die typischen Wintersorten werden auf herzhafte Art in großen, irdenen Gratinformen, den *tians*, zubereitet. Karden, Möhren, weiße Rüben, Chicorée, Blumenkohl, Wirsing, Kürbis oder Kartoffeln werden mit Knoblauch, Olivenöl und Kräutern aromatisiert, die seit dem Sommer getrocknet wurden und dabei ihren Geschmack noch intensiviert haben, und anschließend mit oder ohne Käse im Ofen gebacken oder mit Béchamelsauce vermischt und gratiniert.

Wenn der Frühling Einzug hält, lässt das lang ersehnte, besonders zarte Gemüse der beginnenden Saison die Genießerherzen höher schlagen. Es wird unter dem Sammelbegriff *les primeurs* verkauft und umschließt Delikatessen wie feinste Erbsen und grüne Bohnen, die anfangs aus Pertuis und später aus allen Gegenden des Var und Vaucluse kommen; weiterhin den begehrten Spargel aus dem an der Durance gelegenen Ort Lauris; Dicke Bohnen aus Carpentras, Coco- oder Breite Bohnen aus Cadenet,

Linke Seite: Eine gotische Fassade bildet die stilvolle Kulisse für ein Café in Aix-en-Provence. Derartige Kontraste sieht man allerorts in der Stadt, die auf 2200 Jahre Geschichte zurückblicken kann. Römische Ruinen stehen Seite an Seite mit romanischer Pracht, mittelalterliche mischen sich mit modernen Elementen. **Unten:** Ein Löwenpaar ziert jede Ecke des stattlichen Brunnens namens Fontaine de la Rotonde am westlichen Ende des vornehmen Cours Mirabeau in Aix. **Ganz unten:** Wer nur beste Qualität sucht, begibt sich früh auf den Markt am Cours Saleya in Nizza.

Unten: Ruinen aus den Tagen der römischen Herrschaft dienen in Arles inzwischen den Vergnügungen des modernen Menschen. Im Sommer finden im Théâtre Antique Open-Air-Konzerte statt, während das gut erhaltene Amphitheater bei der alljährlichen Feier der Reisernte zahlreiche Besucher anlockt, die sich die Stierkämpfe nicht entgehen lassen wollen. **Ganz unten:** Das Kernland des provenzalischen Olivenanbaus erstreckt sich am Fuße der Alpilles, der »kleinen Alpen« im Norden des Departements Bouches-du-Rhône.

deren Hülsen etwas kleiner sind als die der Dicken Bohnen und cremeweiße Samen bergen; außerdem Babymöhren sowie Rote Beten, weiße Rüben und Zwiebeln im Miniaturformat.

Die Kombinationen ändern sich abermals im Sommer, wenn das Blattgemüse und vor allem die Tomaten erntereif sind. Sie werden mit gehacktem Spinat oder auch mit Pilzen gefüllt gebacken. Artischocken erhalten beim Schmoren durch gehackte Möhren, Zwiebeln und Pilze Gesellschaft; und Gurken werden geschält und halbiert, mit Tomaten, Zwiebeln und frischen Kräutern gegart. Wieder wird der *tian* aus dem Schrank geholt und ebenso fantasievoll wie appetitlich mit Tomaten, Auberginen, Zucchini, Fenchel und allem anderen gefüllt, was der Sommermarkt zu bieten hat. Nach wie vor geben Olivenöl und Knoblauch geschmacklich den Ton an, nun aber verstärkt durch Basilikum und andere frische Kräuter. Weniger ausgiebig im Ofen gegart als ihre winterlichen Pendants, werden die *tians* jetzt dominiert von den lieblichen Aromen der Sommergärten.

Im Herbst vergisst kein echter Provenzale – und der ist in der Regel ein großer Pilzliebhaber –, einen Spankorb in den Kofferraum zu packen, wenn er aufs Land fährt. Sollte er tatsächlich, wie natürlich erhofft, Pilze entdecken, wird er am nächsten und vielleicht auch am übernächsten Tag an den Fundort zurückkehren. Er wird seine Köstlichkeiten mit einer *persillade* braten, sie mit *lardons*, Knoblauch und den gehackten Stielen füllen und anschließend grillen oder aber sie in Weißwein und Brühe garen, nicht ohne die Sauce zuletzt mit Butter zu verfeinern. Und er wird großzügig andere an diesen Genüssen teilhaben lassen. Selbst seinem besten Freund aber wird er niemals verraten, wo das Eldorado liegt, das ihm seine *sanguins*, wie die Echten Reizker hier heißen, Pfifferlinge oder Steinpilze beschert hat.

Anfang November, wenn der Winter schon vor der Tür steht, hat der erlesenste aller Pilze seinen großen Auftritt. Er entzieht sich allerdings den begierigen Blicken seiner Anhänger und kann nur mithilfe eigens dafür ausgebildeter Hunde oder Schweine unter der Erde aufgespürt werden. Die Trüffeln des Lubéron zählen zu den besten Frankreichs und werden auf besonderen Märkten, etwa in Carpentras und Richerenche, zu Preisen in astronomischen Höhen gehandelt – ein Kilogramm kostet annähernd stolze 450 Euro. Damit sie ihr Aroma nicht vorzeitig abgeben, werden die luxuriösen Pilze im Eierkorb oder aber eingebettet in Reis gelagert. Bevorzugt genießt man sie, in feine Scheiben über Eier, Kartoffeln, Knollensellerie oder Pasta gehobelt.

Auch mit dem, was die Erde hervorbringt, hat die Schöpfung die Provenzalen großzügig bedacht. Und sie wissen das zu schätzen, wie die nachfolgenden Rezepte eindrucksvoll belegen. Dass diese nur einen kleinen Teil der ganzen Vielfalt abdecken, versteht sich von selbst.

Alpes-Maritimes

Artichauts aux fèves

Artischocken mit Dicken Bohnen

*Die Nizzaer sind so versessen auf Artischocken, dass sie
die kleinen, zarten Exemplare, die zu Beginn der Saison
auf den Markt kommen, roh verspeisen. Man legt sie auch
ein, um in den kommenden Monaten Salate mit ihnen
zu bereichern. Große Artischocken werden halbiert oder
geviertelt und gern mit den ebenfalls in den Mittelmeer-
regionen sehr beliebten Dicken Bohnen kombiniert.*

5 mittelgroße Artischocken

3 EL Olivenöl

90 ml trockener Weißwein

2 Knoblauchzehen, fein gehackt

3 frische Thymianzweige

Salz und frisch gemahlener Pfeffer

*1 kg Dicke Bohnen, enthülst und enthäutet
(siehe Seite 246)*

3 EL gehackte glatte Petersilie

◆ Die Artischocken putzen und vierteln, wie auf
Seite 246 beschrieben.

◆ In einer Schmorpfanne oder einem weiten, flachen Topf das Olivenöl bei mittlerer Temperatur
erhitzen. Die Artischocken in dem Öl wenden, bis sie
gleichmäßig überzogen sind – sie dürfen dabei keine
Farbe annehmen.

◆ Den Wein, den Knoblauch, den Thymian sowie
Salz und Pfeffer nach Geschmack hinzufügen. Einmal gründlich durchmischen, zum Kochen bringen
und dann zugedeckt bei niedriger Temperatur
15–18 Minuten köcheln lassen, bis die Artischocken
beinahe gar sind.

◆ Die Bohnen hinzufügen und zugedeckt weitere
6–8 Minuten köcheln lassen, bis beide Gemüsesorten
gar sind.

◆ Das Gericht mit Salz und Pfeffer abschmecken.
Die Petersilie gründlich untermischen. Das Gemüse
in einer vorgewärmten Schüssel anrichten und sogleich servieren.

Für 4–6 Personen

Alpes-Maritimes

Salade de fenouil à l'orange

Fenchelsalat mit Orange

*Um die an der Riviera gelegene Stadt Menton herum
reifen auf terrassierten Hängen Zitrusfrüchte. Vor allem
die Zitronen sind in ganz Frankreich für ihre gute
Qualität bekannt. Zitronenbäume säumen auch – zusammen mit Palmen – den wunderschönen Biovès-Park
im Zentrum der Stadt, die am Fastnachtsdienstag sogar
ein kleines Zitronenfest feiert. Obwohl also Zitronen
hier eindeutig die erste Rolle spielen, kommt mir, wenn
ich an Menton denke, dieser schlichte, erfrischende
Salat in den Sinn.*

1 große oder 2 kleine Fenchelknollen

*2 Frühlingszwiebeln, samt dem zarten Grün in
Scheiben geschnitten*

1 Orange

5 frische Minzeblätter, in Streifen geschnitten

*4 große, fleischige schwarze Oliven, entsteint
(nach Belieben)*

60 ml Olivenöl

Etwa 1 EL Rotweinessig

Salz und grob gemahlener Pfeffer

◆ Von den Fenchelknollen den Wurzelansatz abschneiden. Das fedrige Grün entfernen und beiseite
legen, die Stiele stark einkürzen. Eine große Knolle,
falls verwendet, längs halbieren und die Hälften quer
in feine Scheiben schneiden. Kleine Exemplare längs
in möglichst feine Scheiben schneiden. Zusammen
mit den Frühlingszwiebeln in eine Salatschüssel füllen.

◆ Mit einem scharfen Messer von der Orange oben
und unten eine Scheibe abschneiden, sodass das
Fruchtfleisch zum Vorschein kommt. Die Frucht aufrecht auf ein Schneidbrett setzen und die Schale, der
Rundung folgend, in Streifen großzügig so abschneiden, dass auch hier das Fruchtfleisch zum Vorschein
kommt. Die Orange mit einer Hand über die Salatschüssel halten, die einzelnen Filets mit einem scharfen Messer aus den dünnen Häuten lösen und mit
dem abtropfenden Saft in die Schüssel fallen lassen.

◆ Die Minze und die Oliven, sofern verwendet, zum
Salat geben. In einer kleinen Schüssel das Olivenöl,
den Essig, Salz und Pfeffer mit einem Schneebesen
verrühren. Den Salat mit dem Dressing beträufeln,
durchmischen und servieren. Nach Belieben mit
dem Fenchelgrün garnieren.

Für 6 Personen

Alpes-de-Haute-Provence

Oignons blancs farcis

Gefüllte Gemüsezwiebeln

Gefülltes und gebackenes oder auch in Béchamelsauce angerichtetes Gemüse gehört vor allem in den ländlichen Gebieten der Provence, wo die etwas zeitaufwendige Hausmannskost noch gepflegt wird, zu den Standardgerichten. Nach wie vor bildet das Mittagessen die Hauptmahlzeit des Tages. Abends isst man hingegen leichtere Kost, beispielsweise gefülltes Gemüse, das aber gern etwas Fleisch enthalten darf. In Abwandlung lässt sich das hier vorgestellte Gericht mit großen Champignons, Paprikaschoten, ausgehöhlten Zucchini oder Auberginen und sogar mit Fenchel zubereiten – dieser wird allerdings nicht ausgehöhlt, sondern nur längs halbiert und die herzhafte Mischung auf die Hälften gehäuft.

8 große Gemüsezwiebeln (jeweils etwa 7,5 cm Durchmesser)

Salz

4 EL Olivenöl

2 Tomaten, enthäutet, Samen entfernt, grob gehackt

2 Knoblauchzehen, fein gehackt

Frisch gemahlener Pfeffer

2 Scheiben kerniges Landbrot, entrindet

90 ml Milch

Je 125 g Hackfleisch vom Kalb und vom Schwein oder 250 g Hackfleisch vom Rind

60 g luftgereifter Schinken (siehe Seite 250) oder Prosciutto, gehackt

1 TL Kräuter der Provence (siehe Seite 247)

1 EL gehackte glatte Petersilie

4 große schwarze Oliven, entsteint und gehackt (nach Belieben)

1 Ei

125 ml Hühnerbrühe (siehe Seite 251)

◆ Von jeder Zwiebel oben einen gut 1 cm dicken Deckel abschneiden. Die Zwiebeln anschließend so schälen, dass sie am Wurzelansatz nicht auseinander fallen. In einem großen Topf reichlich Wasser zum Kochen bringen und salzen. Die Zwiebeln hineingleiten lassen und bei mittlerer Temperatur etwa 20 Minuten garen, bis sie weich zu werden beginnen. Abgießen und, sobald man sich an ihnen nicht mehr die Finger verbrennt, mit einem Löffel so aushöhlen, dass drei oder vier Schalenschichten erhalten bleiben.

◆ In einer kleinen Pfanne 2 Esslöffel Olivenöl bei mittlerer Temperatur erhitzen. Die Tomaten mit dem Knoblauch hinzufügen und mit Salz und Pfeffer bestreuen. Sanft dünsten und dabei häufig durchmischen, bis die Tomaten nach etwa 10 Minuten ihren Saft abgeben. Anschließend bei hoher Temperatur unter ständigem Rühren etwa 2 Minuten dick einkochen lassen.

◆ Den Backofen auf 190 °C vorheizen. Eine ofenfeste Form, in welcher die Zwiebeln nebeneinander Platz haben, mit Öl ausstreichen.

◆ In einer kleinen Schüssel das Brot mit der Milch übergießen und 2 Minuten einweichen. Abgießen, das Brot ausdrücken, hacken und zurück in die Schüssel geben. Die eingekochten Tomaten, das Hackfleisch, den Schinken, die Kräuter der Provence, die Petersilie, die Oliven, falls verwendet, und das Ei hinzufügen. Alles gründlich vermischen, zuletzt mit Salz und Pfeffer abschmecken.

◆ Die Hackfleischfüllung gleichmäßig in die Zwiebeln verteilen und diese in die vorbereitete Form setzen. Die Hühnerbrühe auf den Boden der Form gießen und die Zwiebeln mit dem restlichen Olivenöl beträufeln.

◆ Die Zwiebeln etwa 45 Minuten im Ofen garen und dabei gelegentlich mit der Brühe übergießen – sie sind gar, wenn sie sich mit einem kleinen Spieß mühelos einstechen lassen. Auf einer Platte anrichten, mit der Flüssigkeit aus der Form beträufeln und heiß servieren.

Für 8 Personen

Im Frühling verwandelt sich die Valensole-Ebene in ein weißes Mandelblütenmeer, im Sommer dominiert das sanfte Violett des Lavendels das Bild.

Bouches-du-Rhône

Riz au safran

Safranreis

Seit jeher ist Safran im gesamten Mittelmeerraum ein wichtiges Gewürz und Handelsgut. In Frankreich wurde er früher gleich südlich von Paris im Gatinais kultiviert. Vor allem Fischsuppen einschließlich der berühmten Bouillabaisse aus Marseille sind für die Provenzalen ohne dieses Gewürz nicht denkbar. Für eine interessante Zubereitung, die ich in Cannes kennen lernte, werden Kartoffeln in einer mit viel Safran gewürzten Hühnerbrühe gegart, wobei sie neben einer reizvollen orangegelben Farbe ein apartes Aroma annehmen. Viel häufiger aber wird Safran mit Reis kombiniert, wie in diesem exquisiten Rezept aus der Camargue, wo viel Reis angebaut wird. Safranreis ist eine ideale Beilage zu dem ebenfalls von dort stammenden Rindfleischtopf (siehe Seite 129).

2 EL Butter

1 kleine Zwiebel, gehackt

450 g weißer Langkornreis

1 l kochendes Wasser

¼ TL gemahlener Safran

Salz und frisch gemahlener Pfeffer

1 Prise frisch geriebene Muskatnuss

◆ Den Backofen auf 200 °C vorheizen.

◆ Die Butter in einem schweren, ofenfesten Topf bei mittlerer Temperatur zerlassen. Die Zwiebel darin in etwa 1 Minute weich schwitzen, aber nicht bräunen.

◆ Den Reis gründlich einrühren, bis die Körner gleichmäßig mit Fett überzogen sind. Das heiße Wasser zugießen, alles bei hoher Temperatur einmal aufkochen und kurz umrühren. Mit dem Safran, Salz, Pfeffer und der Muskatnuss würzen. Den Topf zugedeckt in den Ofen schieben – nach 18 Minuten ist der Reis gar und hat die Flüssigkeit vollständig aufgenommen.

◆ Aus dem Ofen nehmen und zugedeckt noch 5 Minuten ruhen lassen, bis der Reis die Restfeuchtigkeit aufgesogen hat. Mit einer Gabel auflockern, in eine vorgewärmte Schüssel füllen und sogleich servieren.

Für 6 Personen

La Camargue

Die windgepeitschte, baumlose dreieckige Ebene, die sich zwischen den Hauptzuflüssen der Rhône erstreckt, ist eine leicht trostlose, aber dennoch faszinierende Gegend. Lange waren um den Étang de Vaccarès, einen riesigen Salzsee, und zwischen den salzigen Wasserläufen vor allem Vögel zu Hause, und kleine Schaf- und Rinderherden grasten auf den wenigen Flecken, die wenigstens etwas mageres Grün zu bieten hatten. Ein streng geschütztes Reservat bietet Tausenden von rosa Flamingos einen sicheren Lebensraum.

Nach dem Zweiten Weltkrieg wurde mit Geldern, die im Rahmen des Marshallplanes aus den USA nach Europa flossen, von der Rhône ein Bewässerungssystem abgezweigt, dank dessen sich die Camargue zum größten Reisanbaugebiet Frankreichs entwickelte. Heute kultivieren hier etwa dreihundert Bauern auf kleinen Arealen, die sich zu insgesamt 10 000 Hektar summieren, Reis. Er wird im September und Oktober geerntet und deckt weitgehend den Bedarf der Franzosen, die niemals zu den wirklich großen Reisessern gehörten. Das Gros der Ernte entfällt auf den *riz Vaccarès*, eine Langkornsorte mit kleinen Spelzen, die poliert oder auch ungeschält in den Handel kommt. Manche Bauern kultivieren aber auch Basmati-, Kurzkorn- und Jasminreis

sowie den *riz Flamade*. Da ich diese rote Sorte, die mich im Geschmack leicht an Nüsse erinnert, besonders liebe – ob als Pilaw, zu Geflügel, als Füllung für Meeresfrüchte oder einfach nur gekocht, mit Butter verfeinert und zu einer *daube* serviert –, decke ich mich bei jedem Besuch der Camargue an den Straßenständen mit Vorräten ein.

Geradezu ein Wahrzeichen der Camargue sind die herrlichen weißen Pferde und *les taureaux*, die kleinen schwarzen Stiere. Obwohl man inzwischen in den lokalen Geschäften auch ihr Fleisch bekommt, wurden sie ursprünglich nur für den Stierkampf gezüchtet. Angesichts der kleinen Arenen und Reitställe wähnt man sich in dieser Gegend von Fall zu Fall in das stierkampfversessene Spanien oder auch in den Wilden Westen versetzt. Bei Wettkämpfen stellen die *gardians*, die »Cowboys« der Camargue, ihre außergewöhnlichen Reitkünste unter Beweis, und viele geben, um ihre Einkünfte aufzustocken, auf ihren kleinen »Ranches«, *manades* genannt, auch Reitunterricht.

Wie im französischen Baskenland ist der Stierkampf in der Camargue legal, doch fließt hier kein Blut. Vielmehr geht es darum, sich beherzt und geschickt dem Stier zu nähern, um die an seinen Hörnern angebrachten Bänder und Schleifen herunterzureißen.

Var

Chou-fleur toulonnaise

Blumenkohl mit Tomaten-Paprika-Sauce

Enthält der Name eines Gerichts den Zusatz »à la toulonnaise«, sind sehr wahrscheinlich Tomaten im Spiel, bei einem Gericht mit Meeresfrüchten außerdem Miesmuscheln. Hier verbinden sich Tomaten mit Paprikaschoten zu einer delikaten Sauce.

1 Blumenkohl

5 EL Olivenöl

1 Zwiebel, gehackt

½ kleine rote Paprikaschote, Samen und Scheidewände entfernt, in Streifen geschnitten

½ kleine grüne Paprikaschote, Samen und Scheidewände entfernt, in Streifen geschnitten

3 große Tomaten, enthäutet, Samen entfernt, grob gehackt

2 Knoblauchzehen, fein gehackt

2 frische Thymianzweige oder
2 große, frische Oreganozweige

Salz und frisch gemahlener Pfeffer

60 ml Wasser

Etwa 1 gehäufter TL Tomatenmark

Kleine schwarze Oliven (nach Belieben)

1 EL gehackte glatte Petersilie

◆ Den Blumenkohl in große Röschen teilen, die jeweils mit einem größeren Stiel verbunden bleiben, sodass sich der Kopf vor dem Servieren wieder grob zusammensetzen lässt. Dickere Stiele schälen, da die äußere Schicht leicht bitter schmecken kann.

◆ In einem Dämpftopf das Olivenöl bei mittlerer Temperatur erhitzen. Die Zwiebel darin in etwa 2 Minuten weich schwitzen. Die Paprikastreifen einrühren, bis sie gleichmäßig mit Öl überzogen sind. Die Tomaten, den Knoblauch, den Thymian oder Oregano, Salz und Pfeffer sowie das Wasser hinzufügen. Gründlich umrühren und die Temperatur auf die niedrige Stufe herunterschalten.

◆ Die Blumenkohlstücke in den Dämpfaufsatz legen und diesen auf den Topf setzen. Den Blumenkohl zugedeckt 4–5 Minuten dämpfen, bis er eben gar ist. Den Topf vom Herd und den Aufsatz herunternehmen. Die Blumenkohlstücke in einer runden, flachen Servierschale so anordnen, dass sie einen Hügel bilden, dessen Form und Größe dem ursprünglichen, ganzen Kopf ähnelt.

◆ Falls die Tomaten-Paprika-Mischung im Topf noch zu flüssig ist, bei hoher Temperatur unter ständigem Rühren zu einer dicken Sauce einkochen lassen. Mit Salz und Pfeffer abschmecken und mit dem Tomatenmark aromatisieren. Die Oliven, falls verwendet, untermischen und in der Sauce durchwärmen.

◆ Den Blumenkohl mit der Sauce überziehen, mit der Petersilie bestreuen und sogleich servieren.

Für 6 Personen

Im südlichen Var gehen die bewaldeten Felsmassive allmählich in die terrassierten Weinberge von Bandol über.

Vaucluse

Flageolets au thym

Flageolets mit Thymian

Auf den Straßenmärkten von Cavaillon und Carpentras verkaufen die Bauersfrauen aus der Umgebung wundervolle »flageolets« (grüne Bohnenkerne). Meine Schwiegermutter, die ursprünglich aus Nordfrankreich stammte, prüfte beim Einkauf die Qualität der Waren immer sehr sorgfältig. Gerade bei diesen Bohnen, die in der Provence als die edelsten unter allen getrockneten Sorten gelten und insbesondere als Beilage zu gebratener Lammkeule äußerst geschätzt sind, schaute sie immer ganz genau hin.

375 g getrocknete Flageolets, Salz

Blättchen von 2 frischen Thymianzweigen

1 Lorbeerblatt

180 ml Sahne

Frisch gemahlener weißer Pfeffer

◆ Die Bohnenkerne auf Steinchen sowie unschön geformte Exemplare durchsehen und diese wegwerfen. Abspülen, in einer großen Schüssel mit reichlich Wasser bedecken und über Nacht einweichen.

◆ Die Bohnen abseihen. Einen großen Topf zu drei Vierteln mit Wasser füllen, salzen und zum Kochen bringen. Den Thymian und das Lorbeerblatt hineingeben, dann die Bohnen gleichmäßig einrieseln lassen. Nach dem erneuten Aufkochen die Bohnen bei mittlerer Temperatur zugedeckt in etwa 1¼ Stunden eben gar kochen. Abseihen, dabei 125 ml des Kochwassers auffangen. Das Lorbeerblatt wegwerfen.

◆ In einer großen Schmorpfanne die Sahne mit dem Kochwasser verrühren. Die Bohnen gründlich untermischen. Bei mittlerer Temperatur langsam zum Kochen bringen und dabei gelegentlich rühren. Mit Salz und weißem Pfeffer würzen und bei niedriger Temperatur etwa 10 Minuten köcheln lassen, bis die Sauce etwas eindickt. In einer vorgewärmten Schüssel sogleich servieren.

Für 6 Personen

Var

Paillasson aux courgettes et pommes

Kartoffel-Zucchini-Rösti

Die Provenzalen schwärmen geradezu für die schönen Blüten der Zucchinipflanze. Man genießt sie hier, durch Backteig gezogen und frittiert oder auch ganz nach Laune, zum Beispiel mit Ziegenkäse gefüllt. Meine Freundin Arlette zieht in ihrem Garten in Hyères Zucchini eigentlich nur wegen der Blüten. Trotzdem verwertet sie natürlich auch die Früchte, etwa in dieser köstlichen Kombination mit Kartoffeln und Champignons.

1 Zucchino (etwa 185 g), geputzt

3 fest kochende Kartoffeln (insgesamt höchstens 500 g)

150 g große, frische weiße Champignons, sorgfältig abgerieben und in etwa 5 cm lange Stifte geschnitten

Salz und frisch gemahlener Pfeffer

3 EL Olivenöl

2 EL Butter, in Stückchen geschnitten

◆ Den Zucchino und die Kartoffeln separat in feine Stifte schneiden oder in der Küchenmaschine raffeln. Die Kartoffeln nicht abspülen, um die Stärke nicht abzuwaschen, sondern nur mit Küchenpapier trockentupfen. Den Zucchino, die Kartoffeln und die Pilze in eine große Schüssel füllen, salzen, pfeffern und gründlich vermischen.

◆ Das Olivenöl in einer großen Pfanne mit 25–28 cm Durchmesser bei mittlerer Temperatur erhitzen. Die Gemüsemischung einfüllen, gleichmäßig verstreichen und mit einem Spatel flach drücken. Etwa 1 Esslöffel der Butterstückchen gleichmäßig darüber verteilen. Bei mittlerer bis niedriger Temperatur etwa 15 Minuten braten, bis die Unterseite kräftig gebräunt ist, dabei gelegentlich flach drücken.

◆ Einen Teller umgedreht über die Pfanne legen und beides zusammen schwungvoll umdrehen, sodass die Rösti auf den Teller fällt. Mit der gebräunten Seite nach oben zurück in die Pfanne gleiten lassen. Mit den restlichen Butterstückchen belegen, wieder flach drücken und von der zweiten Seite ebenfalls etwa 15 Minuten braten.

◆ Die Rösti auf einer Servierplatte wie eine Torte aufschneiden und sogleich servieren.

Für 4–6 Personen

Alpes-Maritimes

Tomates ménagère

Gebackene Tomaten nach Hausfrauenart

Das Wort »ménagère«, übersetzt »Hausfrau«, ist gewöhnlich Zubereitungen vorbehalten, die zwar in die Kategorie der einfachen Hausmannskost fallen, aber gerade in der Provence meist einen herzhaften Genuss versprechen. So greift eine Hausfrau, wenn sie ein Gericht wie diese gebackenen Tomaten zubereitet, als Erstes zum Knoblauch und plündert dann noch ihre Kräuterbestände hinter dem Haus oder auf der Fensterbank.

6 große, reife Tomaten

6 EL Olivenöl

6 EL gehackte glatte Petersilie

18 frische Basilikumblätter, in Streifen geschnitten, plus 12 ganze Blätter oder kleine Stängel

60 g frisch geriebener Parmesan, plus ein kleines Stück (nach Belieben)

3 Knoblauchzehen, fein gehackt

Salz und frisch gemahlener Pfeffer

◆ Die Tomaten quer halbieren. Die Hälften umgedreht vorsichtig ausdrücken, um den Großteil der Samen und des Safts zu entfernen. In einer beschichteten Pfanne, die die zwölf Hälften nebeneinander aufnimmt, 4 Esslöffel Olivenöl bei mittlerer Temperatur erhitzen. Die Tomaten mit der Schnittfläche nach unten hineinlegen und bei reduzierter Temperatur 5 Minuten sanft dünsten, um ihr Aroma zu verstärken. Mit der Schnittfläche nach oben vorsichtig auf eine Arbeitsfläche legen und abkühlen lassen.

◆ Den Backofen auf 180 °C vorheizen. Eine ofenfeste Form, in der die Tomaten nebeneinander Platz haben, mit Öl ausstreichen. In einer kleinen Schüssel die Petersilie, die Basilikumstreifen, den geriebenen Parmesan und den Knoblauch gründlich vermischen, dabei das restliche Olivenöl hinzufügen, um die Mischung zu binden. Mit Salz und Pfeffer abschmecken, in die Tomaten füllen und diese in die vorbereitete Form setzen.

◆ Die Tomaten etwa 25 Minuten backen, bis sie leicht gebräunt sind, danach auf einer Platte anrichten. Nach Belieben von dem ganzen Parmesanstück direkt über die Tomaten feine Späne abhobeln. Mit den Basilikumblättern oder -stängeln garnieren und sogleich servieren.

Für 6 Personen

Auguste Escoffier

Im Hinterland von Cannes steht in Villeneuve-Loubet an einer schmalen Straße auf halber Höhe des Hügels, von dem man auf den unteren Teil des kleinen, friedlichen Ortes blickt, das Haus, in dem Auguste Escoffier (1846–1935) geboren wurde. Als Dreizehnjähriger verließ er das behagliche zweigeschossige und inzwischen in ein Museum umgewandelte Haus, um im Restaurant seines Onkels in Nizza eine Kochlehre zu beginnen.

Schon nach wenigen Jahren spielte der begabte Provenzale sein ganzes Können in Restaurants in Paris, Monte Carlo und London aus, wo er im Savoy mit César Ritz zusammentraf. Nicht minder mondäne Stationen seiner Laufbahn waren das Carlton sowie das Ritz in Paris. Sein Name wurde zu einem Synonym für die gehobene französische Küche des frühen 20. Jahrhunderts, die seither in den renommiertesten Hotels der Welt unangefochten die Speisekarten beherrschten.

Das besondere Verdienst Escoffiers bestand darin, dass er die klassischen Zubereitungen seines Heimatlandes genau unter die Lupe nahm, um sie zu verfeinern, ohne ihre charakteristische Eigenart oder elegante Note preiszugeben. Bis heute eine Ikone, hinterließ der Meister und Lehrer der Nachwelt sein Wissen und Können in drei Büchern: *Livre des menus*, *Guide culinaire* und schließlich *Ma cuisine*, eine Sammlung von 2500 Rezepten, die in vielen professionellen Küchen nach wie vor zur Standardausstattung gehört.

Petits fenouils braisés

Geschmorter junger Fenchel

Fenchel genießt in der Provence einen Stellenwert wie kaum sonst irgendwo auf der Welt. Die Knollen werden meist gebacken oder roh in Salaten verwendet, das fedrige Grün aromatisiert als Würzkraut Salate und geschmorte Gerichte, besonders mit Fisch. In der Stadt Salon-de-Provence bereitet man dieses Gericht mit ganz kleinen Knollen zu, die unzerteilt bleiben.

12–16 kleine, junge Fenchelknollen
5 EL Olivenöl
1 kleine Zwiebel oder 4 Schalotten, in feine Ringe geschnitten
1 große, dünne Möhre, geschält und in Scheiben geschnitten
2 Knoblauchzehen, fein gehackt
½ rote Paprikaschote, gewürfelt
2 Tomaten, enthäutet, Samen entfernt, gewürfelt
1 knapper TL Tomatenmark
75 ml Wasser
Salz und frisch gemahlener Pfeffer
Gehackter frischer Kerbel oder glatte Petersilie

◆ Das fedrige Grün der Fenchelknollen abschneiden und die Stiele auf etwa 4 cm Länge kürzen. Die Abschnitte und das Grün wegwerfen oder anderweitig verwenden. Die Knollen unten glatt schneiden und angetrocknete Stellen entfernen.

◆ Das Olivenöl in einem weiten Topf oder einer tiefen Pfanne bei mittlerer Temperatur erhitzen. Die Zwiebel oder die Schalotten und die Möhre etwa 2 Minuten darin anschwitzen. Die Fenchelknollen hinzufügen und unter Wenden gleichmäßig mit dem Öl überziehen. Den Knoblauch und die Paprikaschote kurz untermischen. Die Tomaten, das Tomatenmark, das Wasser sowie Salz und Pfeffer gründlich einrühren und alles zugedeckt bei niedriger Temperatur 12–15 Minuten schmoren, bis sich der Fenchel mühelos mit einem Messer einstechen lässt. Bei einem tiefen Topf empfiehlt es sich, ein passend zugeschnittenes und gebuttertes Stück Pergamentpapier mit der Butterseite nach unten über das Gemüse zu breiten, sodass es im Dampf gart und nicht ansetzt.

◆ Das Fenchelgemüse in einer vorgewärmten Schüssel anrichten, mit dem Kerbel oder der Petersilie bestreuen und sogleich servieren.

Für 6–8 Personen

Alpes-Maritimes

Tian de légumes

Zucchini-Mangold-Gratin

*Üblicherweise besteht ein provenzalischer Gemüse-»tian«
aus mehreren Lagen unterschiedlicher Zutaten. Dieses
Gericht, das typisch ist für die Küche im Landesinneren,
verbindet Mangold, der dort in beinahe jedem Gemüsegarten wächst, mit einer würzigen Tomatensauce. Anstelle
der Zucchini bilden häufig auch gebratene Auberginenscheiben den Abschluss.*

Salz

*4 Zucchini (jeweils etwa 4 cm Durchmesser),
geputzt und in Scheiben geschnitten*

1 Rezeptmenge Mangold (siehe Seite 194)

1 Rezeptmenge Tomatensauce (siehe Seite 37)

90 g Gruyère, geraspelt

2 EL feine Semmelbrösel

2 EL Butter, in kleine Stücke geschnitten

60 ml Olivenöl

◆ Einen Rost in das obere Drittel des Backofens
schieben und diesen auf 200 °C vorheizen. Eine
Gratinform von etwa 30 × 18 cm Größe mit Öl ausstreichen.

◆ Einen großen Topf zu drei Vierteln mit Wasser
füllen, salzen und zum Kochen bringen. Die Zucchini darin ½ Minute blanchieren, danach abseihen und
beiseite stellen.

◆ Den Mangold gleichmäßig in der vorbereiteten
Form verteilen. Mit der Tomatensauce überziehen
und darauf die Zucchinischeiben leicht überlappend
arrangieren. Mit dem Gruyère und anschließend mit
den Semmelbröseln bestreuen. Die Butterstückchen
darauf verteilen und die ganze Oberfläche gleichmäßig mit dem Öl beträufeln.

◆ Das Gericht 20–25 Minuten gratinieren, bis es
durch und durch heiß und die Oberfläche schön gebräunt ist. Wenn Ihnen die Farbe noch nicht zusagt
und Sie eine entsprechend geeignete Form verwendet haben, die Oberfläche anschließend unter dem
Elektrogrill noch einige Minuten bräunen lassen.
Heiß servieren.

Für 6–8 Personen

Vaucluse

Salade d'épinards

Spinatsalat mit Pinienkernen

Spinat genießt man in der Provence häufig gedämpft, gehackt und anschließend in Sahne oder Béchamelsauce erneut erwärmt. Wenn der junge, zarte Spinat auf den Markt kommt, bereiten ihn die Provenzalen gern auch als Salat zu. Da die Region nur wenig Kuhmilchkäse hervorbringt, bietet sich Parmesan aus dem benachbarten Italien an, alternativ auch der Cantal aus der Auvergne sowie der Beaufort, beide etwas weicher, oder ein harter Bergkäse aus den französischen Alpen.

2 EL Pinienkerne

5 EL Olivenöl

2 EL Sherry- oder Rotweinessig

Salz und grob gemahlener Pfeffer

250 g junger, zarter Spinat, Stiele entfernt

1 kleines Stück Parmesan, Cantal oder Beaufort

2 EL gehackter frischer Kerbel

◆ Den Backofen auf 165 °C vorheizen. Die Pinienkerne in einem kleinen Topf im Ofen in etwa 10 Minuten knusprig und goldbraun rösten, dabei den Topf gelegentlich rütteln. Alternativ die Pinienkerne in einer kleinen, dünn mit Öl ausgestrichenen Pfanne bei mittlerer Temperatur 2 Minuten rösten, dabei ständig rühren. Auf einem Teller abkühlen lassen.

◆ Das Öl mit dem Essig in einer kleinen Schüssel mit einem Schneebesen verquirlen. Salzen und pfeffern.

◆ Den Spinat in eine flache Salatschüssel füllen. Mit den Pinienkernen bestreuen und mit dem Dressing beträufeln.

◆ Von dem Käse feine Späne direkt über den Salat hobeln. Den Salat mit dem Kerbel bestreuen und, ohne durchzumischen, sogleich servieren.

Für 6 Personen

Alpes-de-Haute-Provence

Endives poêlées

Glasierter Chicorée

In einem Bistro im Weinbauort Tallard kostete ich zum ersten Mal dieses Gericht. Dazu genoss ich eine gebratene Forelle und hatte einen herrlichen Blick auf die Durance.

> *8–10 Frühlingszwiebeln*
>
> *3–4 EL Butter*
>
> *1 TL Zucker*
>
> *3 große oder 4 kleinere Chicorée, in einzelne Blätter getrennt*
>
> *Salz*
>
> *Frisch gemahlener Pfeffer*
>
> *2 EL gehackte glatte Petersilie*

◆ Die Frühlingszwiebeln vom Wurzelansatz befreien und die äußeren Blätter entfernen. In einer Pfanne 3 Esslöffel Butter bei mittlerer Temperatur zerlassen und den Zucker in 1 Minute leicht karamellisieren. Die Frühlingszwiebeln darin etwa 30 Sekunden andünsten. Die Chicoréeblätter untermischen, bis sie gleichmäßig überzogen sind, dabei nach Bedarf weitere Butter hinzufügen, damit sie nicht anhängen.

◆ Zugedeckt bei niedriger Temperatur in 3 Minuten weich dünsten, dabei zweimal durchmischen. Salzen, pfeffern, mit der Petersilie bestreuen, servieren.

Für 4 Personen

Alpes-de-Haute-Provence

Ragoût d'artichauts et topinambours

Artischocken-Topinambur-Pfanne

Topinambur wird gelegentlich auch »Jerusalemartischocke« genannt, ist jedoch mit der Artischocke nicht verwandt. Beide vertragen sich aber bestens.

> *3 Artischocken, Salz*
>
> *6 Topinambur*
>
> *90 ml Olivenöl*
>
> *Frisch gemahlener Pfeffer*
>
> *Gehackte glatte Petersilie*

◆ Die Artischocken vorbereiten und vierteln, wie auf Seite 246 beschrieben. Einen großen Topf zu drei Vierteln mit Wasser füllen, salzen und zum Kochen bringen. Die Artischocken in 10–15 Minuten garen, abseihen und in eine Schüssel füllen. Die Topinambur schälen und in 6 mm dicke Scheiben schneiden. In kochendem Wasser (wie oben) 8 Minuten garen, danach gründlich abtropfen lassen.

◆ Das Olivenöl in einer Pfanne bei hoher Temperatur erhitzen. Beide Gemüse darin wenden, bis sie gleichmäßig überglänzt und gründlich durchgewärmt sind. Mit Salz, Pfeffer und Petersilie würzen. Das Gemüse in einer vorgewärmten Schüssel sogleich servieren.

Für 6–8 Personen

Alpes-Maritimes

Carottes et courgettes à la vapeur

Gedämpfte Möhren und Zucchini

Wohl nirgends in Frankreich ist die Figur wichtiger als auf den Promenaden und an den Stränden der mondänen Urlaubsorte an der Riviera. So war ich nicht weiter überrascht, in Cannes diese leichte, farbenfrohe Kombination aus Möhren und Zucchini zu entdecken.

> *300 g Möhren, geschält und in 5 cm lange, feine Stifte geschnitten*
>
> *2 Zucchini (insgesamt etwa 300 g), geputzt und in 5 cm lange, feine Stifte geschnitten*
>
> *1 EL Butter*
>
> *Salz und frisch gemahlener Pfeffer*
>
> *Etwa 1 TL frisch gepresster Zitronensaft*
>
> *1 EL gehackte glatte Petersilie*

◆ Die Möhren in einem Dämpfeinsatz über kochendem Wasser 1½ Minuten dämpfen. Die Zucchini hinzufügen, das gesamte Gemüse in weiteren 1½ Minuten fertig dämpfen. Gründlich abtropfen lassen.

◆ Die Butter in einer Pfanne bei mittlerer Temperatur zerlassen. Das gedämpfte Gemüse einrühren, bis es nach 1–1½ Minuten mit der Butter überzogen ist. Salzen, pfeffern, den Zitronensaft und danach die Petersilie untermischen. Sogleich servieren.

Für 6 Personen

Haricots verts à la niçoise

Bohnen mit Knoblauch und Sardellen

Seit 35 Jahren ist eine Nizzaer Freundin von mir mit einem Nordfranzosen verheiratet. Olivenöl, Sardellen und Knoblauch sind seinem Gaumen derart fremd, dass sie wartet, bis ihr Mann wieder einmal auf Geschäftsreise geht, um die ihr vertrauten, traditionellen Gerichte zuzubereiten. Ohne Knoblauch und Sardellen wären diese grünen Bohnen für sie nur eine halbe Sache.

60 ml Olivenöl

2 Zwiebeln, in Scheiben geschnitten

3 Knoblauchzehen, in feine Scheiben geschnitten

3 Tomaten, enthäutet, Samen entfernt, grob gehackt

1 großer, frischer Thymianzweig

1 Lorbeerblatt

1 kg grüne Bohnen, geputzt

Salz und frisch gemahlener Pfeffer

3 eingesalzene Sardellen, filetiert und abgespült (siehe Seite 250), oder 8 Sardellenfilets in Olivenöl

◆ Das Olivenöl in einer Pfanne bei mittlerer Temperatur erhitzen. Die Zwiebeln mit dem Knoblauch in etwa 3 Minuten darin goldgelb anschwitzen.

◆ Die Tomaten mit dem Thymian und dem Lorbeerblatt gründlich einrühren. Zugedeckt bei niedriger Temperatur 6–8 Minuten köcheln lassen, bis sie weich werden und ihren Saft abgeben.

◆ Die Bohnen untermischen, alles leicht salzen und pfeffern und zugedeckt weitere 5–6 Minuten köcheln lassen, bis die Bohnen gar sind.

◆ Werden Filets von eingesalzenen Sardellen verwendet, diese jeweils in 3 oder 4 Stücke, Filets von Sardellen in Olivenöl jeweils in 3 Stücke schneiden. Die Sardellen gründlich unter den Pfanneninhalt mischen. Das Gemüse mithilfe einer Schaumkelle auf eine vorgewärmte Platte umfüllen. Die in der Pfanne verbliebene Sauce bei hoher Temperatur in etwa 3 Minuten auf die Hälfte einkochen lassen, dabei ständig rühren.

◆ Das Gemüse mit der Sauce beträufeln, locker durchmischen und servieren.

Für 4–6 Personen

Poireaux Côte d'Azur

Lauch in Tomatensauce

In Frankreich wird Lauch meist gekocht oder in etwas Butter in der Pfanne gegart. Hier geben Tomaten, Zwiebeln und Kräuter dem sonst eher dezent gewürzten Gemüse eine herzhafte, eindeutig mediterran gefärbte Note. In dieser Zubereitung passt der Lauch gut zu kräftigem Fleisch, beispielsweise Lamm, und zu herzhaften Fischgerichten, etwa mit Fenchel gegrilltem Wolfsbarsch (siehe Rezepteinleitung Seite 87). Falls Sie nur große Lauchstangen bekommen, genügen sechs Stück.

Salz

12 junge, möglichst kleine Lauchstangen samt dem zarten Grün

125 ml Olivenöl, plus mehr zum Beträufeln

3 Zwiebeln, gehackt

5 große, reife Tomaten, enthäutet, Samen entfernt, grob gehackt

3 EL trockener Weißwein

6 frische Salbei- oder Basilikumblätter, alternativ 2 frische Oreganozweige

Frisch gemahlener Pfeffer

Tomatenmark (nach Belieben)

2 EL gehackte glatte Petersilie

◆ Einen großen Topf zu drei Vierteln mit Wasser füllen, salzen und zum Kochen bringen. Den Lauch einlegen und in 4–6 Minuten, je nach Größe der Stangen, garen. Gründlich abtropfen lassen.

◆ In einem weiten Topf 125 ml Olivenöl bei mittlerer Temperatur erhitzen. Die Zwiebeln in 4–5 Minuten darin goldgelb schwitzen. Die Tomaten, den Weißwein und den Salbei oder ein anderes Kraut hinzufügen, leicht salzen und pfeffern. Die Tomaten in etwa 15 Minuten weich garen, dabei gelegentlich rühren. Mit einem Holzlöffel leicht zerdrücken und nach Belieben mit etwas Tomatenmark den Geschmack zusätzlich intensivieren.

◆ Bei niedriger Temperatur den Lauch in die Tomatensauce einlegen und wenden, bis er gleichmäßig überzogen ist. Den Oreganozweig, falls verwendet, entfernen. Den Lauch mit der Tomatensauce auf einer Platte anrichten, wobei alle weißen Enden in eine Richtung zeigen sollen. Mit der Petersilie bestreuen, mit Olivenöl beträufeln und sogleich servieren.

Für 6 Personen

Le marché

Schon immer bin ich auf dem Markt des verschlafenen Städtchens Arles besonders gern umhergeschlendert. Er zieht sich über ein, zwei Kilometer am Boulevard des Lices, der Hauptstraße der Stadt, entlang und setzt sich dann um den alten steinernen Festungswall am Tour des Mourgues im Schatten des alten römischen Theaters und Forums fort. Schon vor über tausend Jahren hielten Kunden hier Ausschau nach günstigem Fisch oder auch dem größten und besten Huhn.

Der Markt findet mittwochs und, mit noch größerem Angebot, samstags statt. Farbenfrohes Gemüse lockt, akkurat nebeneinander gereiht oder aufgetürmt, zum Kauf. An den Ständen von Händlern, die ihre Waren auf dem Großmarkt gekauft haben, wie an denen der Bauern aus der Umgebung sucht man welke Blätter oder runzlige Früchte vergebens. Alles sieht aus, als sei es eben frisch geerntet worden. In Spezialtransportern schaffen Metzger ihr provenzalisches Lamm, *charcutiers* ihre Terrinen und Würste, Käsehändler ihre lokalen und überregionalen Spezialitäten herbei.

Im Schutz eines Sonnenschirms schneidet eine Frau von einem imposanten, luftgereiften Wild-schweinschinken dünne Scheiben als Kostprobe für interessierte Käufer ab. Ich passiere einen Stand mit einem Dutzend verschiedener Olivenspezialitäten in großen Schüsseln, der nächste bietet Honige und andere Süßigkeiten feil. Hier füllt ein junges Mädchen mit einem Schöpflöffel aus einem großen Eimer frischen Joghurt ab, dort schneidet ein anderes einen dicken Klumpen Bauernbutter in Portionsstücke, und ein Stück weiter gibt es hausgemachten Ziegenkäse.

In einer riesigen Gusseisenpfanne dünstet ein Mann die für Arles und die Camargue typischen kleinen Venusmuscheln namens *tellines* mit Knoblauch und Petersilie, um sie dann in einzelne Gefäße abzufüllen. Als Sonderangebot gibt es beim Fischhändler heute Miesmuscheln, die zusammen mit zehn oder zwölf Arten von Felsenfischen in riesigen Bottichen auf Abnehmer warten. Unweit lenken gemahlene Gewürze, säuberlich in hübschen Körben aufgehäuft, die Aufmerksamkeit auf sich, und dann weckt ein Tisch voller knuspriger Brotlaibe meinen Appetit.

Ich werde durch einen Messerschleifer abgelenkt, der als Nächstes seine Dienste anbietet, biege um die Ecke, und jetzt beginnt der Teil mit Kleidung und Haushaltswaren aller Art.

Bouches-du-Rhône

Émincé de pommes de terre

Gebackene Kartoffelscheiben

Die Rinderhirten der Camargue – oder »gardians« – leben in Steinhäusern mit entsprechend einfachen Küchen, in denen schlichte, aber herzhafte Speisen zubereitet werden. Diese Kartoffeln kommen als Beilage zu gegrilltem Fisch, Steaks oder Eintopfgerichten auf den Tisch. Dank der wundervollen Kombination von Knoblauch, Rosmarin und dem aromatischen Olivenöl der Region ist dieses Gericht weit über deren Grenzen hinaus bekannt und beliebt.

*5 fest kochende Kartoffeln
(etwa 6 cm Durchmesser), geschält*

8 Knoblauchzehen, ungeschält

2 TL frische Rosmarinblättchen

180 ml Olivenöl

Salz und frisch gemahlener Pfeffer

◆ Den Backofen auf 200 °C vorheizen. Eine ofenfeste Form, in der die aufgefächerten Kartoffeln nebeneinander hineinpassen, mit Öl ausstreichen.

◆ Die Kartoffeln so in etwa 3 mm dicke Scheiben schneiden, dass sie in ihrer ursprünglichen Form erhalten bleiben. Mit einem Pfannenwender einzeln in die vorbereitete Form heben und anschließend auseinander drücken, sodass sich die Scheiben auffächern. Die Kartoffeln sollen nebeneinander in der Form liegen, ohne sich jedoch zu berühren.

◆ Die Knoblauchzehen dazwischen verteilen und dabei leicht unter die Kartoffeln schieben, damit diese später beim Backen im Ofen nicht ansetzen. Die Rosmarinblättchen ebenfalls unter die Kartoffeln schieben. Die Oberfläche mit dem Olivenöl beträufeln, salzen und pfeffern.

◆ Die Form in den Ofen schieben und die Kartoffeln etwa 35 Minuten backen, bis sie gar und die oberen Ränder der Scheiben knusprig gebräunt sind. Zwischendurch die Kartoffeln zwei- oder dreimal mit dem Öl aus der Form beträufeln (am besten dafür die Form neigen und das Öl mit einem Löffel aufnehmen). Zur Garprobe die Kartoffeln mit der Spitze eines kleinen Messers einstechen.

◆ Die Kartoffeln direkt in der Form zu Tisch bringen. Jeder bedient sich selbst.

Für 6 Personen

Primeurs provençaux braisés
à l'huile d'olive

Frühlingsgemüse, in Olivenöl
gedünstet

Das Wort »primeurs«, übersetzt »die Ersten«, bezeichnet das junge, zarte Gemüse, das zu Frühjahrsbeginn auf die französischen Märkte kommt. Hier werden besonders kleine Exemplare vieler verschiedener Sorten in Olivenöl gedünstet und ergeben so die perfekte Gemüsebeilage zu herzhaften, würzigen Fleischgerichten.

Etwa 1,5 kg gemischtes junges Frühlingsgemüse wie kleine Möhren, weiße Rübchen, Auberginen, Zucchini (nach Belieben mit den noch ansitzenden Blüten), grüne Bohnen, Zuckerschoten, Mini-Patissons, Artischocken, Gemüsefenchel, große Schalotten, Maiskölbchen und grüner Spargel

Olivenöl zum Dünsten

Salz und frisch gemahlener Pfeffer

3 EL gehackte glatte Petersilie

◆ Das Gemüse vorbereiten: Die Möhren und Rübchen schälen. Von den Auberginen, Zucchini und grünen Bohnen die Enden abschneiden, Zuckerschoten eventuell abfädeln. Die Patissons halbieren oder vierteln. Die Artischocken putzen und halbieren oder vierteln, wie auf Seite 246 beschrieben. Die Fenchelknollen von Wurzelansatz und Stielen befreien, größere Exemplare längs halbieren. Die Schalotten schälen, aber nicht zerteilen. Von den Maiskölbchen die Hüllblätter und seidigen Fäden abziehen. Den Spargel nach Bedarf schälen und einkürzen.

◆ Eine große, weite Pfanne 6 mm hoch mit Olivenöl füllen und bei mittlerer Temperatur kräftig erhitzen – es soll jedoch noch nicht zischen. Zunächst die Möhren, Rübchen, Fenchelknollen und Artischocken hineingeben und gründlich durchmischen, bis sie gleichmäßig vom Öl überzogen sind. Zugedeckt bei niedriger Temperatur etwa 5 Minuten garen, bis das Gemüse allmählich weich wird. Das restliche Gemüse bis auf die Zuckerschoten ebenfalls gründlich untermischen. Das gesamte Gemüse zugedeckt in 13–15 Minuten fertig garen.

◆ Zuletzt die Zuckerschoten hinzufügen und in 45 Sekunden bissfest garen. Mit Salz und Pfeffer würzen und die Petersilie einstreuen. Auf einer vorgewärmten Platte anrichten und sogleich servieren.

Für 6 Personen

Alpes-de-Haute-Provence

Salade de concombres et fenouil

Gurken-Fenchel-Salat

Fenchel und Gurke gehen in diesem Salat in Geschmack und Konsistenz eine harmonische Verbindung ein. Der Fenchel kann, feiner aufgeschnitten, auch roh verwendet werden.

2 große, rundliche Fenchelknollen

12 EL Olivenöl

6 Knoblauchzehen, ungeschält

1 große Salatgurke, geschält

1 gehäufter EL eingesalzene Kapern, abgespült

Saft von 1 Zitrone

Salz und grob gemahlener Pfeffer

2 EL gehackte glatte Petersilie

◆ Den Backofen auf 190 °C vorheizen. Ein Backblech dünn mit Öl bestreichen. Die Fenchelknollen vom Wurzelansatz und den Stielen samt dem fedrigen Grün befreien und angetrocknete Stellen wegschneiden. Längs in 3 mm dicke Scheiben schneiden. Die Stiele entweder schräg in Scheiben schneiden und mit den Fenchelscheiben garen oder zusammen mit dem Grün in einer anderen Zubereitung verwerten.

◆ Die Fenchelscheiben nebeneinander auf das vorbereitete Backblech legen und mit 4 Esslöffeln Olivenöl beträufeln. Die Knoblauchzehen mit 2 Esslöffeln Öl einreiben und auf dem Fenchel verteilen. Etwa 20 Minuten im Ofen weich garen, dabei die Scheiben zwei- oder dreimal wenden. Den Knoblauch entfernen und beiseite legen. Den Fenchel auf einer Servierplatte abkühlen lassen.

◆ Die Gurke längs halbieren, vom Samenstrang befreien und in kleine Würfel schneiden. Mit den Kapern vermischen und auf den Fenchel häufen.

◆ Die Knoblauchzehen über einer Schüssel aus den Schalen drücken und mit einer Gabel pürieren. Das restliche Olivenöl und den Zitronensaft mit einem Schneebesen einrühren, mit Salz und Pfeffer würzen und die Petersilie einstreuen. Das Dressing über den Salat träufeln. In der Küche oder auch erst bei Tisch durchmischen, aber sogleich servieren.

Für 6 Personen

Alpes-de-Haute-Provence

Aubergines en éventail

Auberginenfächer aus dem Ofen

Auberginen kommen bei den Provenzalen gut an – besonders in dieser Zubereitung, die als Gemüsebeilage, Vorspeise oder, je nach Laune oder Wetter, heiß oder kalt als Bestandteil eines Büfetts serviert wird. Dabei erfährt sie immer wieder leichte Abwandlungen. Gern bereichert man das Gericht mit Käse, und zwar bevorzugt mit Tomme de Savoie oder Gruyère, die beide gut schmelzen, manchmal aber auch mit Ziegenkäse. Die Oliven kommen fast immer zum Einsatz, wenn die Auberginenfächer als appetitanregende Vorspeise gedacht sind, seltener hingegen, wenn sie als Gemüsebeilage dienen.

6 EL Olivenöl

3 Zwiebeln, gehackt

½ rote Paprikaschote, Samen entfernt, gehackt

½ grüne Paprikaschote, Samen entfernt, gehackt

Salz und frisch gemahlener Pfeffer

*4 Auberginen (jeweils etwa
4–5 cm Durchmesser)*

3 Tomaten, in Scheiben geschnitten

2 Knoblauchzehen, fein gehackt

*8 frische Basilikumblätter, grob zerpflückt,
plus 2 Blätter, gehackt*

*Einige kleine schwarze Oliven
(nach Belieben)*

2 EL gehackte glatte Petersilie

◆ In einer ofenfesten, gusseisernen Pfanne mit 25–30 cm Durchmesser oder einer entsprechend großen Kupferpfanne mit zwei Griffen, die gleichzeitig als Serviergeschirr dienen kann, 3 Esslöffel Olivenöl bei mittlerer Temperatur erhitzen. Die Zwiebeln darin in etwa 5 Minuten sehr weich schwitzen, ohne dass sie Farbe annehmen. Die Paprikaschoten gründlich untermischen, bis sie von dem Öl überzogen sind. Mit Salz und Pfeffer würzen und die Pfanne beiseite stellen.

◆ Den Backofen auf 200 °C vorheizen.

◆ Von den Auberginen auf einem Schneidbrett die Stielenden samt dem Kelch gerade und möglichst knapp abschneiden. Anschließend jede Aubergine der Länge nach in 6 oder 7 Scheiben von knapp 1 cm Dicke schneiden. Dabei den Schnitt nur bis kurz vor das Stielende führen, sodass die Scheiben noch zusammenhängen.

◆ Die Auberginenscheiben auffächern und hier und da eine Tomatenscheibe dazwischenschieben. Den Knoblauch und das zerpflückte Basilikum ebenfalls zwischen den Scheiben verteilen.

◆ Die Auberginen mit einem breiten Pfannenwender einzeln vorsichtig auf das Zwiebel-Paprika-Bett in der Pfanne heben und dabei so anordnen, dass die Stielenden in der Mitte liegen und die Scheiben strahlenförmig nach außen weisen. Die Auberginen mit der Handfläche behutsam flach drücken, um die Scheiben leicht aufzufächern. Mit Salz und Pfeffer bestreuen und mit dem restlichen Olivenöl beträufeln. Nach Belieben die Oliven zwischen den Auberginen verteilen.

◆ Die Pfanne in den Ofen schieben und die Auberginen etwa 35 Minuten backen – sie sind gar, wenn sie sich mit einem Spieß mühelos einstechen lassen.

◆ Aus dem Ofen nehmen, mit der Petersilie und dem gehackten Basilikum bestreuen und direkt in der Pfanne sogleich servieren.

Für 6–8 Personen

Var

Blettes grand-mère

Mangold mit Rosinen

Im Var wie auch im Hinterland der Riviera wächst Mangold in vielen Gemüsegärten. Verglichen mit Spinat besitzt er eine leicht bittere Note, mit der die Hausfrauen und Köche der Gegend auf zweierlei Art umgehen: Entweder heben sie sie durch Zugabe von Zitronensaft und zerstoßenem Pfeffer hervor oder sie gleichen sie durch Rosinen aus. Im letzten Fall fügen sie gewöhnlich außerdem rohe oder geröstete Pinienkerne hinzu. Köstlich schmecken auch halbierte oder gehobelte und geröstete Haselnüsse. Der insgesamt zartere Spinat kann den Mangold in diesem Fall ohne jede Rezeptänderung ersetzen.

Zwar werden die dicken Stiele und Blattrippen aus optischen Gründen hier entfernt, doch wirft man sie selten einfach weg. Vielleicht kommen sie am nächsten Tag, kurz in Wasser gekocht und dann mit einer Béchamelsauce überbacken, auf den Tisch.

> 1 Bund Mangold
>
> 3 EL Butter
>
> 1 EL Olivenöl
>
> 1 EL Zucker
>
> 1 EL gehackter frischer Rosmarin
>
> 60 g dunkle Rosinen, grob gehackt, oder Sultaninen
>
> 2 EL Pinienkerne (nach Belieben)
>
> Salz und frisch gemahlener Pfeffer

◆ Die Mangoldblätter von den Stielenden und den dickeren Blattrippen befreien und in breite Streifen schneiden.

◆ Die Butter mit dem Öl in einer großen Pfanne bei hoher Temperatur zerlassen, bis sie zischt. Den Zucker einrühren. Sobald er nach etwa 1 Minute leicht karamellisiert, sogleich den Mangold mit dem Rosmarin gründlich untermischen und weiterrühren, bis er nach 1–1½ Minuten etwa auf die Hälfte seines ursprünglichen Volumens zusammenfällt. Die Rosinen oder Sultaninen hinzufügen und unter Rühren gleichmäßig in dem Mangold verteilen. Die Pinienkerne, sofern verwendet, einstreuen, bei hoher Temperatur die restliche Flüssigkeit verdampfen lassen – die gesamte Garzeit beträgt etwa 3 Minuten.

◆ Den Mangold mit Salz und Pfeffer abschmecken, auf einer vorgewärmten Platte anrichten und sogleich servieren.

Für 4 Personen

Alpes-Maritimes

Artichauts à la barigoule

Gedünstete Artischocken

Der Rezeptname spielt angeblich darauf an, dass die Böden geputzter Artischocken aussehen wie Echte Reizker, die man hier »sanguins« und im provenzalischen Dialekt »barigoules« nennt. In diesem Rezept werden die Artischocken in Stücke geschnitten und mit Pilzen gedünstet.

> 6 mittelgroße bis große Artischocken
>
> 220 g durchwachsener Räucherspeck am Stück, quer in gut 1 cm breite Streifen geschnitten
>
> 1 große Zwiebel, gehackt
>
> 4–5 EL Olivenöl
>
> 2 Möhren, geschält und gehackt
>
> 100 g frische Echte Reizker oder weiße Champignons, sorgfältig abgerieben und in Scheiben geschnitten
>
> 90 ml trockener Weißwein
>
> 2 Knoblauchzehen, gehackt
>
> Salz und frisch gemahlener Pfeffer
>
> 3 EL gehackte glatte Petersilie

◆ Die Artischocken vorbereiten, wie auf Seite 246 beschrieben. Mittelgroße Exemplare vierteln, große Köpfe sechsteln.

◆ Den Speck in einer Pfanne bei hoher Temperatur in etwa 1 Minute knusprig ausbraten. Die Zwiebel hinzufügen und bei mittlerer Temperatur im ausgebratenen Fett in etwa 2 Minuten weich schwitzen, dabei nach Bedarf 1–2 Esslöffel Olivenöl hinzufügen. Die Möhren und die Pilze untermischen, bis sie gleichmäßig vom Öl überzogen sind. Das restliche Olivenöl einrühren. Die Artischockenstücke in die Pfanne geben, mit dem Wein übergießen, den Knoblauch einstreuen und das Ganze salzen und pfeffern. Zugedeckt bei niedriger Temperatur etwa 30 Minuten dünsten, bis die Artischocken gar sind.

◆ Das gesamte Gemüse mit einer Schaumkelle auf eine Platte umfüllen und warm stellen. Den Fond, sofern er nicht zu salzig schmeckt und eine dickere Sauce gewünscht wird, bei hoher Temperatur einkochen lassen. Die Sauce abschmecken und bei Bedarf nachwürzen.

◆ Das Gemüse vorsichtig unter die Sauce mischen. In eine vorgewärmte Schüssel füllen, mit der Petersilie bestreuen und sogleich servieren.

Für 6 Personen

Alpes-de-Haute-Provence

Tian de potiron

Kürbisgratin

Dieses herzhafte Kürbisgratin aus den Bergen nördlich
von Manosque ist ein Paradebeispiel für die »tians«, die
man in den kälteren Gegenden der Provence gerne auftischt.
Das erste Mal bekam ich es bei einer Familie zu kosten,
die von der Schafzucht lebte und sich dazu eine wunderbar
aromatische, sieben Stunden im Ofen geschmorte Lamm-
keule (siehe Seite 141) genehmigte.

Etwa 1 kg Speisekürbis, Samenkerne und Fasern
entfernt, geschält, in 2,5 cm große Würfel
geschnitten

125 gekochter weißer Reis

100 g Gruyère, geraspelt

45 g Mehl

2 Knoblauchzehen, in feine Scheiben geschnitten

15 g frischer Thymian und Winterbohnenkraut,
zu gleichen Teilen gemischt und gehackt

Salz und frisch gemahlener Pfeffer

1 Prise frisch geriebene Muskatnuss

3 EL feine Semmelbrösel

3 EL Olivenöl

◆ Den Backofen auf 165 °C vorheizen. Eine ofenfeste Form von 30 × 18 cm Größe großzügig mit Öl
ausstreichen.

◆ Die Kürbiswürfel in eine große Schüssel füllen.
Den Reis, den Käse, das Mehl und den Knoblauch
hinzufügen und darüber die gemischten Kräuter
verteilen. Das Ganze mit Salz, Pfeffer und der Muskatnuss bestreuen und mit den Händen oder einem
großen Löffel durchmischen, bis die Kürbiswürfel
gleichmäßig von dem Mehl überzogen sind. Die
Mischung in die vorbereitete Form füllen und
gleichmäßig darin verteilen. Mit den Semmelbröseln
bestreuen und mit dem Olivenöl beträufeln.

◆ Die Form in den Ofen schieben und den Kürbis
etwa 30 Minuten backen, bis er sich mit einer
Messerspitze mühelos einstechen lässt und von
einer knusprigen Kruste überzogen ist. Ist das noch
nicht der Fall, das Gratin weitere 5 Minuten bei
220 °C backen oder unter dem Elektrogrill über-
bräunen – in diesem Fall muss die Form natürlich
geeignet sein.

◆ Das Gratin in der Form heiß servieren.

Für 6 Personen

Les tians

Unter einem *tian* versteht man zunächst eine
flache, rechteckige Form aus glasiertem Ton,
in der schon zu Zeiten, als man noch mit
einem holzbefeuerten Ofen kochte, in der
Provence die köstlichsten Gratins zubereitet
wurden. Im Lauf der Zeit dehnte sich die Bedeutung des Wortes auf das in dieser Form
zubereitete Gericht aus.

Gemeinsam ist allen Gemüse-*tians*, dass
die Zutaten lagenweise in die Form gefüllt
werden. In Apt etwa enthält der für die Stadt
typische *tian* nur Kartoffeln, die mit Speck,
Knoblauch und Thymian kombiniert und mit
geriebenem Käse überbacken werden. Aufwendigere Versionen umfassen drei oder sogar
vier Gemüseschichten übereinander. Dabei
können Auberginen, Zucchini, Fenchel, Kürbis,
Topinambur, Artischocken und, je nach
Marktangebot, noch viele weitere Sorten zum
Einsatz kommen. Ein fantasievoller Koch verwertet darüber hinaus alles, was gerade zur
Hand ist. So enthalten manche *tians* auch gekochten Reis und andere sogar Fischreste
oder zerpflückten Klippfisch, wie etwa in
Carpentras. Gewöhnlich aber handelt es sich
bei *tians* um reine Gemüsegerichte, und man
kann sicher sein, dass sie sich unter einer
herrlichen braunen Kruste verbergen, die den
besonderen Reiz dieser Gratins ausmacht.

Vaucluse

Papetons d'aubergines au coulis de tomates

Auberginenflan mit Tomatensauce

Aus Avignon kommt dieses Rezept für Auberginen. Wie es die Legende will, hatten die Päpste, die von hier aus residierten, ihre liebe Not damit, sich von der römischen auf die provenzalische Küche umzustellen. Einer der päpstlichen Köche erbarmte sich und ersann diese Zubereitung in Form einer Tiara. Offensichtlich fand seine Kreation großen Anklang, denn sie avancierte zu einem kulinarischen Klassiker von Avignon. Eine elegante Beilage zu einer gebratenen Lammkeule oder Rinderlende.

1 kg Auberginen, geschält und gewürfelt

Salz

60 ml Olivenöl

Butter für die Förmchen

30 g Gruyère, gerieben

1 EL frisch gepresster Zitronensaft

160 ml Milch

½ TL abgeriebene Zitronenschale

2 ganze Eier und 2 Eigelb

3 EL Crème fraîche

Frisch gemahlener Pfeffer

Kochendes Wasser

Etwa 375 ml Tomatensauce (siehe Rezept Seite 67), erhitzt

6 frische Basilikumblätter, in Streifen geschnitten (nach Belieben)

◆ Die Auberginenwürfel in einem Durchschlag verteilen, mit 1 Esslöffel Salz bestreuen und etwa 30 Minuten abtropfen lassen, um sie zu entbittern. Mit Küchenpapier trockentupfen.

◆ Das Olivenöl in einer beschichteten Pfanne bei mittlerer Temperatur erhitzen. Die Auberginen untermischen und anschließend die Temperatur sofort herunterschalten. Die Auberginen bei schräg aufgelegtem Deckel in 20–30 Minuten weich dünsten. Vom Herd nehmen und abkühlen lassen.

◆ Den Backofen auf 190 °C vorheizen. Sechs Portions-Auflaufförmchem (125 ml Inhalt) mit Butter ausstreichen.

◆ Die Auberginen im Mixer oder in der Küchenmaschine fein pürieren. Mit dem Käse und dem Zitronensaft in einer Schüssel vermengen. In einem kleinen Topf die Milch mit der Zitronenschale bei mittlerer Temperatur erhitzen, bis sich am Topfrand Luftblasen bilden. Die ganzen Eier und die Eigelbe in einer Schüssel mit einem Schneebesen schlagen, dabei langsam die heiße Milch hinzugießen und ständig weiterschlagen. Die Eimischung unter das Auberginenpüree rühren, anschließend die Crème fraîche unterheben.

◆ Die Masse mit Salz und Pfeffer würzen und mit einem Löffel gleichmäßig in die vorbereiteten Förmchen füllen und diese in einen Bräter setzen. Den Bräter auf einen Ofenrost stellen und beinahe bis zum Rand der Förmchen mit kochendem Wasser füllen. In den Ofen schieben.

◆ Die Flans etwa 25 Minuten backen, bis sich auf ihrer Oberfläche eine Haut gebildet hat. Den Bräter vorsichtig auf eine Arbeitsfläche stellen, die Förmchen herausnehmen und 2–3 Minuten ruhen lassen.

◆ Mit einem Messer an der Innenseite der Förmchen entlangfahren und die Flans auf vorgewärmte Teller stürzen. Um jede Portion 3–4 Esslöffel Tomatensauce verteilen und die Flans nach Belieben mit Basilikumstreifen garnieren. Sogleich servieren.

Für 6 Personen

Var

Salsifis à la persillade

Schwarzwurzeln mit Petersilie

*Schwarzwurzel und Haferwurzel, auch Weiße Schwarz-
wurzel oder Weißwurzel genannt, sind einander sehr ähnlich. Letztere bildet eine dicke, gelblich weiße Wurzel mit
mehreren Nebenwurzeln, die meist vor dem Verkauf entfernt werden. Dagegen ist die verbreitetere Schwarzwurzel
länger, dünner und, wie der Name schon sagt, braun-
schwarz berindet. Schwarzwurzeln werden auch geschält,
gekocht und in Stücke geschnitten als Dosenkonserve angeboten. In dieser Form müssen sie hier nur aufgewärmt
und mit dem Knoblauch und der Petersilie in der Butter
geschwenkt werden. Feiner schmecken aber frische
Schwarzwurzeln, weshalb sich die Mühe des Schälens
unbedingt lohnt. Vereinfacht wird es durch vorheriges
Einweichen der Wurzeln.*

*4–6 Schwarzwurzeln oder 6–8 Haferwurzeln
(siehe Rezepteinleitung)*

1 l Wasser oder Gemüsebrühe

Salz

90 g Butter

2 Knoblauchzehen, fein gehackt

2 EL gehackte glatte Petersilie

Grob gemahlener Pfeffer

◆ Die Wurzeln in einer großen Schüssel mit Wasser
bedecken und 1 Stunde ruhen lassen. Abgießen und
mit einem Sparschäler oder scharfen Messer schälen.
In 5 cm lange Stücke schneiden.

◆ Mit dem frischen Wasser und Salz nach Geschmack
oder der Gemüsebrühe in einen Topf füllen. Aufkochen und dann bei mittlerer bis niedriger Temperatur
in etwa 45 Minuten garen. Gründlich abtropfen lassen.

◆ Die Butter in einer großen Pfanne zerlassen. Den
Knoblauch in 15 Sekunden ohne Farbe darin anschwitzen. Das Gemüse hinzufügen und rühren, bis die
Stücke mit der Butter überzogen sind – sie dürfen nur
leicht Farbe annehmen, da sie sonst ihren Biss verlieren.
Die Petersilie untermischen, salzen und pfeffern. Auf
einer vorgewärmten Platte anrichten und servieren.

Für 4–6 Personen

Var

Salade de tomates

Erfrischender Tomatensalat

Voll getankt mit der Sonne des Südens, locken die Tomaten im Hochsommer mit einer besonders leuchtenden Farbe und Aromaintensität. Thymian, der in den Hügeln der Provence auch wild wächst, und golden funkelndes Olivenöl aus einheimischer Produktion verleihen diesem schlichten, leichten Salat aus Saint-Raphaël ein typisch mediterranes Flair.

1 EL kleine Kapern (möglichst eingesalzen)

4 große Tomaten oder 6 Eiertomaten, in Scheiben geschnitten

1 kleine Salatgurke, in Scheiben geschnitten und zuvor nach Belieben geschält

1 Stange Bleichsellerie, in Scheiben geschnitten

1 kleine weiße Zwiebel, in hauchdünne Scheiben geschnitten

8–10 kleine schwarze Oliven (nach Belieben)

Blättchen von 1 großen, frischen Thymianzweig

60 ml natives Olivenöl extra

1½ EL Rotwein- oder Sherry-Essig

Salz und grob gemahlener Pfeffer

1 EL gehackte glatte Petersilie

◆ Eingesalzene Kapern, sofern verwendet, abspülen und trockentupfen.

◆ Die Tomaten, die Gurke, den Sellerie, die Zwiebel und die Kapern in einer weiten, flachen Schüssel vermischen. Die Oliven, falls verwendet, und den Thymian darüber streuen. Den Salat mit dem Olivenöl und dem Essig beträufeln, mit Salz und Pfeffer würzen. (Bis zu diesem Punkt kann der Salat 2 Stunden im Voraus zubereitet und bei Raumtemperatur aufbewahrt werden.)

◆ Den Salat unmittelbar vor dem Servieren mit der gehackten Petersilie bestreuen, aber erst bei Tisch durchmischen.

Für 6 Personen

Alpes-de-Haute-Provence

Ragoût de champignons

Pilzragout

Sobald es im Frühjahr oder Herbst ergiebiger regnet, sprießen buchstäblich über Nacht und teils in ganzen Kolonien Wildpilze aus dem feuchten Boden. Sogleich schwärmen die Provenzalen aus, um die Köstlichkeiten zu sammeln und sie in Gerichten wie diesem Ragout zu verarbeiten. Im Herbst wird es in den ländlichen und gebirgigen Gegenden der Region bevorzugt zu den Tauben, Waldhühnern, Wachteln oder Perlhühnern serviert, die die Jäger von ihren Streifzügen mit nach Hause bringen. Auch mit großen Zuchtpilzen gelingt das Ragout.

1,5 kg frische, große braune Champignons oder 750 g große braune Champignons, ergänzt mit 750 g gemischten frischen Wildpilzen wie Steinpilzen, Pfifferlingen, Totentrompeten, Morcheln und Echten Reizkern

125 ml Olivenöl, bei Bedarf mehr

4 Knoblauchzehen, fein gehackt

3 Schalotten, fein gehackt

80 ml trockener Weißwein

125 ml Hühnerbrühe (siehe Seite 251)

2 EL Semmelbrösel

10 g gehackte glatte Petersilie

Salz und frisch gemahlener Pfeffer

3 EL Butter

◆ Die Pilzstiele putzen und glatt schneiden, die Hüte sorgfältig mit Küchenpapier oder einem feuchten Tuch abreiben. Wildpilze, an denen besonders viel Sand oder Erde haftet, nur ganz kurz unter fließendem kaltem Wasser säubern. Dickere Pilze je nach Größe halbieren, vierteln oder sechsteln – die Stücke sollten an der breitesten Stelle nicht mehr als etwa 4 cm messen.

◆ In einer großen, schweren Pfanne von mindestens 35 cm Durchmesser das Olivenöl bei hoher Temperatur erhitzen. Die kleinen Pilze zunächst aussortieren. Die übrigen Pilze in das heiße Öl geben und etwa 5 Minuten unter ständigem Rühren und Rütteln der Pfanne braten, bis sie etwas geschrumpft sind und der abgegebene Saft verdampft ist. Die kleinen Pilze mit dem Knoblauch und den Schalotten hinzufügen und 1 Minute mitbraten, bis es würzig duftet, dabei nach Bedarf weiteres Öl dazugeben.

◆ Mit dem Wein ablöschen, die Brühe zugießen und unter Rühren den Bratensatz vom Pfannenboden losschaben. Zum Kochen bringen und die Pilze bei mittlerer Temperatur zugedeckt unter gelegentlichem Rühren 6–9 Minuten köcheln lassen, bis die Flüssigkeit etwas einkocht und die Pilze richtig gar sind.

◆ Den Deckel abnehmen und die Semmelbrösel über die Pilze streuen – sie machen die Sauce etwas sämiger. Die Petersilie sowie Salz und Pfeffer nach Geschmack unterrühren. Das Pilzragout vom Herd nehmen und die Butter einrühren, bis sie schmilzt, die Sauce bindet und ihr zusätzliches Aroma verleiht. Das Gericht auf einer vorgewärmten Platte anrichten und sogleich servieren.

Für 6 Personen

Erfahrene Pilzsammler kennen genau die Stellen, an denen sie die Objekte ihrer Begierde finden, würden sie aber niemals verraten.

Le mesclun

Was heute gemeinhin als *mesclun* bekannt ist,
nämlich eine Mischung aus kleinen, jungen
und wundervoll zarten Salatblättern, geht
wahrscheinlich auf jene Zeiten zurück, als
die Bewohner in den fruchtbaren Landstrichen der Provence noch regelmäßig Wildkräuter sammelten. Das Wort selbst leitet
sich von *mescla* ab, dem Dialektausdruck für
»mischen«, und obwohl der Begriff *mesclun*
heute weit über die Grenzen der Region
hinaus gebraucht wird, gilt diese Art von
Salat doch weiterhin als typisch für die Küche
der Provence.

Natürlich variiert die Zusammenstellung je
nach Jahreszeit, wobei Frisée, Rucola, roter
und grüner Eichblattsalat, *mâché* (Feldsalat),
Radicchio und *trévisse*, eine rucolaähnliche
Sorte mit kleinen, ovalen Blättern, sowie
Kräuter wie Kerbel, Kresse und Portulak zu
den gängigen Bestandteilen gehören. Im
Frühjahr, wenn in den Gärten alles wächst
und gedeiht, kann ein *mesclun* zehn oder mehr
verschiedene Komponenten enthalten.

Meist wird *mesclun*, gewöhnlich einfach
mit gutem Olivenöl und feinem Weinessig
angemacht, als Salatgang serviert. Manchmal aber bilden die Blätter beim ersten Gang
auch eine zarte Unterlage für geräucherte
oder luftgereifte Wurstspezialitäten oder ge-
grillten Ziegenkäse.

Alpes-de-Haute-Provence

Salade de pissenlits
Löwenzahnsalat

*Wenn die Provenzalen in der freien Natur für diesen einfa-
chen Salat Löwenzahn pflücken, halten sie vor allem Ausschau nach dem jungen, besonders zarten Grün, da ältere
Blätter bitter schmecken und hart sein können. Vielleicht
liegt hierin auch der Grund dafür, dass das Dressing stets
heiß über den Salat geträufelt wird: So werden die Blätter
weicher und ihr strenger Geschmack wird gemildert. Der
Speck kontrastiert angenehm mit der scharfen Säure des
Essigs, und beide zusammen unterstreichen die pfeffrige
Note des Löwenzahns.*

*Bereiten Sie den Salat zur Abwechslung einmal mit einer
anderen kräftigen Sorte zu, etwa den dunkleren Außenblättern von Frisée. Er gelingt auch bestens mit Spinat.*

---

*185 g junge Löwenzahnblätter, harte Stiele und
Blattenden entfernt*

*2 EL blanchierte Haselnüsse, grob gehackt
(nach Belieben)*

*90 g durchwachsener Räucherspeck am Stück,
quer in gut 1 cm breite Streifen geschnitten*

1½ EL Sherry- oder Rotweinessig

2–3 EL Olivenöl

Salz und grob gemahlener Pfeffer

◆ Den Löwenzahn verlesen und größere Blätter in
der Mitte auseinander pflücken. Mit den Haselnüssen, falls verwendet, in eine möglichst hölzerne Salatschüssel füllen.

◆ Eine kleine Pfanne bei hoher Temperatur erhitzen. Den Speck darin in etwa 1 Minute knusprig ausbraten. Mit einer Schaumkelle herausnehmen und
über den Salat streuen. Das ausgebratene Fett in der
Pfanne belassen.

◆ Die Pfanne bei hoher Temperatur wieder aufsetzen. Den Essig hineingießen und die Pfanne
schwenken oder mit einem Holzlöffel rühren, um
alle Bratreste vom Boden zu lösen.

◆ So viel Olivenöl hinzugießen, dass sich eine
ausreichende Menge sowie ein sämiges Dressing ergibt, und kurz in der Pfanne schwenken, um es zu
erwärmen. Den Salat mit dem Dressing beträufeln.
Mit Salz und Pfeffer würzen, durchmischen und
sogleich servieren.

Für 6 Personen

GENIESSER UNTERWEGS

202 LES LÉGUMES

Alpes-de-Haute-Provence

Pois chiches braisés

Kichererbsen mit Tomaten

Anstelle der getrockneten können Sie 1 kg abgetropfte Kichererbsen aus der Dose verwenden, die einfach abgespült und anschließend nur 15 Minuten gegart werden.

450 g getrocknete Kichererbsen

5 EL Olivenöl

2 große Zwiebeln, in Scheiben geschnitten

3 große Tomaten, enthäutet, Samen entfernt, gehackt

2 Knoblauchzehen, fein gehackt

Etwa 1 EL Tomatenmark

3 frische Thymian- oder Bohnenkrautzweige

1½ TL gehackter frischer Rosmarin

1 frischer Oreganozweig

¼ rote Paprikaschote, Samen entfernt, in kurze, schmale Streifen geschnitten

Salz und frisch gemahlener Pfeffer

◆ Die Kichererbsen auf etwaige Steinchen sowie hässlich geformte Exemplare durchsehen und diese wegwerfen. Gründlich abspülen, in einer Schüssel mit reichlich Wasser bedecken und über Nacht einweichen, dabei das Wasser einmal erneuern. Abseihen.

◆ Das Olivenöl in einem großen, schweren Topf bei mittlerer Temperatur erhitzen. Die Zwiebeln in etwa 2 Minuten darin weich schwitzen. Die Tomaten und den Knoblauch kurz untermischen. Die Kichererbsen mit 1 Esslöffel Tomatenmark, den Kräutern und den Paprikastreifen sowie Salz und Pfeffer nach Geschmack hinzufügen. 500 ml Wasser zugießen und zum Kochen bringen. Bei schräg aufgelegtem Deckel und niedriger Temperatur etwa 45 Minuten köcheln lassen, bis die Kichererbsen gar sind.

◆ Die festen Zutaten herausheben und in eine vorgewärmte Schüssel füllen. Die Sauce, sofern sie nicht zu salzig schmeckt, bei hoher Temperatur und ohne Deckel einkochen lassen – die Menge sollte ausreichen, um die Kichererbsen dünn zu überziehen. Die Kräuterzweige entfernen, mit Salz, Pfeffer und Tomatenmark abschmecken und über die Kichererbsen träufeln. Sogleich servieren.

Für 6 Personen

Alpes-Maritimes

Ratatouille

Seinen Namen, zusammengesetzt aus »rata« (umgangs-sprachlich für »Fraß«) und »touiller« (»rühren«), trägt dieser sommerliche Genuss völlig zu Unrecht. Längst hat sich das nicht nur in Frankreich herumgesprochen, und die Ratatouille findet allerorts begeisterte Anhänger.

8–10 EL Olivenöl

2 Zwiebeln, gehackt

3 große oder 4 kleine Zucchini, in 1 cm dicke Scheiben geschnitten

1 große Aubergine, ungeschält in Stücke etwa derselben Größe wie die Zucchinischeiben geschnitten

5 große Tomaten, enthäutet, Samen entfernt, gehackt

1 grüne Paprikaschote, Samen entfernt, grob gehackt oder in kurze, schmale Streifen geschnitten

1 rote Paprikaschote, Samen entfernt, grob gehackt oder in kurze, schmale Streifen geschnitten

2 oder 3 Knoblauchzehen, fein gehackt

Salz und frisch gemahlener Pfeffer

Tomatenmark (nach Belieben)

◆ In einer großen Pfanne 5–6 Esslöffel Olivenöl bei mittlerer Temperatur erhitzen. Die Zwiebeln in etwa 1 Minute ohne Farbe darin anschwitzen. Die Zuc-chini- und Auberginenstücke unter Rühren in etwa 2 Minuten mitdünsten und leicht Farbe annehmen lassen, bei Bedarf weiteres Olivenöl hinzugießen. Die Tomaten, die Paprikaschoten und den Knoblauch untermischen. Zugedeckt bei niedriger Temperatur etwa 20 Minuten schmoren, bis die Tomaten ver-kocht sind und das Gemüse gar ist.

◆ Zuletzt bei hoher Temperatur und ohne Deckel die überschüssige Flüssigkeit in 2–3 Minuten verko-chen lassen, dabei ständig rühren. Die Ratatouille mit Salz und Pfeffer sowie eventuell etwas Tomatenmark abschmecken. In einer flachen Schüssel anrichten und sogleich servieren oder abkühlen lassen und vor dem Servieren noch etwas Olivenöl einrühren.

Für 6 Personen

LES DESSERTS

Frische Früchte bilden,
roh und unverfälscht
genossen, an normalen
Tagen das Dessert.

Esse, 6.60 frs

Vorhergehende Doppelseite: Der Zitrusgürtel Frankreichs verläuft von Hyères im Var in östlicher Richtung entlang der Côte d'Azur. Er versorgt das ganze Land mit Zitronen, Orangen und Grapefruits. **Ganz oben und oben:** An einer Patisserie kommt man kaum vorbei, ist dort aber auch schnell um ein paar Francs – oder heute Euro – erleichtert. **Rechte Seite:** Einmal in der Woche bauen die Händler im Schatten der anmutigen Platanen auf dem Place de l'Etang des im Lubéron gelegenen Dorfes Cucuron ihre Marktstände auf.

Wenn die Bienenkörbe vor Honig fast überquellen, die Obstbäume voller Früchte hängen und es einfach zu heiß ist, um lange am Herd zu stehen, dann servieren die Provenzalen zum Nachtisch lieber frisches Obst und Käse als eine Süßspeise.

Tatsächlich muss der Besucher mit Hang zu Süßem beim Durchblättern alter provenzalischer Kochbücher mit Befremden feststellen, dass viele nicht einmal ein Dessertkapitel enthalten. Vielmehr enden sie meist mit Rezepten zum Konservieren von Früchten, für Konfitüren – Melone, Feigen und Kürbis sind typische Sorten der Region – und für alkoholische Getränke aus Früchten.

Walnusslikör, Anisette und Orangenlikör, hergestellt mit Orangen, die mit Gewürznelken gespickt und ausgiebig in Alkohol eingelegt wurden – »Vierzig Nelken, vierzig Tage« lautet eine Faustregel in alten Rezepten –, sind altbewährte Klassiker, genau wie die *ratafias*, für die man frische Früchte zerkleinert oder zerdrückt, in Wein köchelt, durchpassiert und dem Püree anschließend Rum oder anderes Hochprozentiges beimischt. In nahezu jedem Haushalt findet sich auch ein großes Einmachglas für die *confiture de vieux garçons*, die dem uns bekannten Rumtopf nicht unähnliche »Junggesellenmarmelade«:

Hinein kommen zunächst – neben Alkohol – Beeren, Kirschen, Aprikosen und die anderen Früchte des Sommers, gefolgt von den Sorten, die die Obstgärten dann bis in den Herbst hinein liefern. Da der Deckel einfach mit einer Spange gehalten wird, lässt er sich mühelos abnehmen. Nach etwa einem Jahr sind die Früchte gut durchgezogen und damit reif, um sie mit dem Alkohol, in dem sie so lange gebadet haben, nach einem guten Essen zu genießen.

Die meisten Mahlzeiten enden jedoch schlicht mit frischem Obst – und das nicht nur am Familientisch, sondern auch in Restaurants. Bis heute erinnere ich mich lebhaft an meine Teenagerzeiten, als ich das preiswerte Angebot des Tagesmenüs nutzte. Und ich erröte jetzt noch, wenn ich an meinen ersten verzweifelten Versuch denke, einer Birne mit Messer und Gabel Herr zu werden, während sie mir immer wieder auf dem Teller entwischte und jeden Moment herunterzukullern drohte.

Ein makelloser, vollendet gereifter Pfirsich ist ein Kunstwerk der Natur, dem niemand den Frevel antun würde, es vor dem Genuss irgendwie zu verfälschen. Auch die ersten Nektarinen und saftigen Birnen oder die herrlichen Melonen aus Cavaillon schmecken roh nun einmal am besten. Die Melonen werden vielleicht, nachdem die Samenkerne herausgelöst wurden, mit Portwein, mit Muscat-de-Beaumes-de-Venise, dem gleich nördlich von Carpentras im Vaucluse aus Muscat-Trauben gekelterten Süßwein, oder mit einem *vin cuit* – dafür wird der Most vor der Gärung »gekocht« und so konzentriert – aus einheimischer Erzeugung gefüllt. Erst wenn das besonders köstliche Aroma im Verlauf der Saison etwas verblasst, wird überhaupt erwogen, die Früchte warm zuzubereiten. Und selbst dann kommt nur ein schlichtes Rezept infrage, das die natürlichen Eigenheiten nicht überdeckt. So erklärt sich die Vorliebe der Provenzalen für sanft pochierte Fruchtdesserts.

Wie beim Gemüse werden auch im Fall von Obst Kombinationen bevorzugt, die in puncto Geschmack und Konsistenz in reizvollem Gegensatz zueinander stehen: etwa eine Mischung von Steinfrüchten; die ersten Herbstfeigen, pochiert mit den Himbeeren des ausklingenden Sommers; eine halbierte, auf den Punkt pochierte und in einer Blätterteigkruste gebackene Birne; oder auch pochierte Quitten, geschichtet mit dünnen, knusprigen *tuiles dentelées*. Ob ganz oder in Spalten geschnitten, werden pochierte Früchte mit Eiscreme oder einem Püree von einer kontrastierenden Frucht, etwa einem Coulis von frischen Himbee-

Linke Seite: Zahlreiche Kirschgärten finden sich in der Umgebung von Apt, das als Capitale Mondiale du Fruit Confit (Welthauptstadt der kandierten Früchte) gilt. **Unten:** In der Flasche klar und bernsteingelb, trübt sich der Pastis, der nach Anis schmeckende Aperitif der Provenzalen, milchig ein, sobald man ihn, wie es sich gehört, mit eiskaltem Wasser mischt. **Ganz unten:** Seit Generationen konservieren die *confiseurs* von Apt nach einem jahrhundertealten Verfahren frische Früchte. Dabei werden sie wiederholt in Sirup getaucht, der von Mal zu Mal eine stärkere Konzentration aufweist.

Stattliche Seifenstücke bringen Duft und Farbe der provenzalischen Lavendelfelder in die Badezimmer. **Ganz unten:** Verblüffend naturgetreu aus Marzipan nachgebildete Früchte locken Auge und Gaumen gleichermaßen. **Rechte Seite oben:** Besucher der Glashütte La Verrerie de Biot, im Tal unterhalb des Ortes Biot an der Côte d'Azur gelegen, können die Kunst der Glasherstellung aus nächster Nähe beobachten. **Rechte Seite unten:** Ein typisches Kennzeichen der Glaswaren aus Biot sind die winzigen Luftblasen, in denen sich das Licht fängt. Sie brachten den Erzeugnissen den Namen *verre à bulles* ein.

ren, serviert. Geradezu himmlisch schmeckt Himbeerpüree auch, in die Höhlung einer Melone gefüllt, über leicht pochierte Feigen aus Cotignac im Var geträufelt oder zu kleinen, ganzen Williams-Christ-Birnen aus dem Bouches-du-Rhône.

So wenig ausgeprägt wie das Faible für Desserts ist auch die Vorliebe der Provenzalen für Kuhmilch. Dafür schätzen sie umso mehr Käse aus Schaf- und Ziegenmilch. Der Brousse du Rove und der Brousse de Vésuble aus dem gleichnamigen Tal nordöstlich von Nizza in den Alpes-Maritimes werden genauso wie der Faiselle de chèvre, ein bekannter Frischkäse der Region, Kindern zur Nachspeise kredenzt – mit Zucker bestreut, öfter aber mit Honig beträufelt und mit gemischten Beeren der Saison serviert.

Wenn Käse als eigenständiger Gang auf den Tisch kommt, handelt es sich stets um eine Zusammenstellung von zwei, drei Sorten, die dem Gaumen bewusst Abwechslung bieten sollen. Sie haben ihren Auftritt nach dem Hauptgericht und vor dem Dessert, solange also der Rotwein noch auf dem Tisch steht. Schaf- und Ziegenkäse einheimischer Erzeuger nehmen in allen Reifegraden die Favoritenrolle ein, offeriert mit völlig unterschiedlichen Spezialitäten aus dem ganzen Land.

Während Sahne nicht allzu beliebt ist, gilt das keineswegs für sahniges Eis. Die meisten Patisserien stellen es selbst her; gelegentlich sieht man sogar kleine Läden, die ausschließlich darauf spezialisiert sind. In Sisteron entdeckte ich eines Tages vor einem Geschäft eine große Tafel, auf der mit auswechselbaren Schildern das Angebot des Tages angepriesen wurde. Insgesamt waren es nur sechs Sorten – *macaron* (Mandelmakronen), Lavendel, Melone, *marron glacé* (glasierte Maronen), Nougat und *réglisse* (Lakritze) –, dafür aber eine charakteristische Auswahl für die Provence. Sofern es im Geschäft noch Standardsorten wie Vanilleeis gab, hatten diese für den Inhaber zumindest auf der Tafel offenbar nichts zu suchen.

Wenn provenzalische Hausfrauen überhaupt eine aufwendigere Süßspeise zubereiten, wird es meist eine Tarte sein. Die Herstellung von Mürbteig lernen sie von ihrer Mutter, und selten begegnet man einer Hausfrau, die nicht eine ordentliche Tarte zuwege bringt. Dabei variiert die Füllung je nach Saisonangebot. Während sie meist nur eine Obstsorte enthält, werden zu festlichen Anlässen typischerweise Früchte mit Nüssen kombiniert.

Ganz oben: Die Jouvauds können sich über den Erfolg ihrer *confiserie* nicht beklagen. Kenner schätzen ihre hausgemachten *fruits confits*. Vor allem die im Ganzen kandierten Melonen, Birnen und Ananas beweisen, dass Frédéric, sein Vater Gilbert und sein Sohn Pierre ihr Handwerk meisterlich beherrschen.
Oben: In den Obstgärten des Vaucluse bestäuben Bienen emsig die Blüten von Kirsch-, Aprikosen- und Mandelbäumen und leisten so die wichtige Vorarbeit für eine ergiebige Ernte im Frühjahr. **Rechte Seite:** Das Nebeneinander von Rebstöcken und Obstbäumen ist ein Vermächtnis der alten Römer. Während die eine Kultur in voller Blüte steht, herrscht bei der anderen Vegetationsruhe.

Interessanterweise kennt das Französische keinen eigenen Sammelbegriff für »Nüsse«, sondern bezeichnet diese, nachdem sie hier als »Baumfrüchte« angesehen werden, als *fruits secs*, also »Trockenfrüchte«. Bedenkt man, dass in den Alpes-de-Haute-Provence so zahlreiche Mandelbäume gedeihen, dass an der Küste der Region schon die alten Römer Pinien pflanzten und dass hier außerdem das Gros der Walnüsse und Haselnüsse Frankreichs geerntet wird, sind solche Spezialitäten wie die *calissons d'Aix* oder der Nougat eigentlich nur nahe liegend.

Nachdem die provenzalische Hausfrau also durchaus imstande ist, eine Tarte, eine Crème bavaroise, Crêpes und sogar ein Soufflé herzustellen, fragt man sich, was die Menschen hier so oft in die Patisserie zieht. Der Konditor verleiht einem Festessen oder auch nur dem Sonntagsessen eben einen Hauch von Luxus. Fertig Gekauftes macht mehr her als selbst Hergestelltes, und ein Kuchen oder eine dekorative Tarte findet, noch dazu, wenn sie in einer schmucken Schachtel daherkommt, immer noch einen Platz auf dem Tisch. Die meisten Konditoreien locken darüber hinaus mit einer eigenen Spezialität die Kunden an. In Arles kenne ich eine Patisserie, die große Nougatlaibe in achtzehn verschiedenen Geschmacksrichtungen in ihrem Schaufenster ausstellt.

Auch Kuchenliebhaber kommen in der Provence keineswegs zu kurz. Carpentras ist bekannt für eine Art Rolle namens *La Christine*, die *fruits confits* (kandierte Früchte) und eine Mandelfüllung enthält, während Tarascon sein *pan pèri* (Birnenbrot) vorzuweisen hat. *La Tropézienne*, eine mit Creme gefüllte Torte aus Briocheteig, wurde in den 50er-Jahren des 20. Jahrhunderts in Alexandre Mickas Patisserie am Place de la Mairie in Saint-Tropez erfunden und ist heute an der gesamten Küste allgegenwärtig. Zur Karnevalszeit bekommt man in Nizza allerorts *les ganses* oder *galans*, ein frittiertes Mürbteiggebäck unterschiedlicher Formgebung, wobei die Teigstreifen auch verknotet oder zu Schleifen gebunden wurden. Zu Weihnachten und »zwischen den Jahren« kaufen alle die *pompe à l'huile* oder *pompe de Noël,* einen mit Olivenöl hergestellten Fladen. Zum Dreikönigsfest und bis Ende Januar gibt es dann die *galette des rois.* Durch die *fruits confits,* mit denen es bestreut ist, verrät das ringförmige Gebäck seine südliche Herkunft und grenzt sich deutlich gegen die aus Blätterteig bestehenden und mit Mandeln und Frangipane-Creme gefüllten *galettes des rois* aus Nordfrankreich ab.

Vaucluse

Tarte moelleuse aux pommes

Apfelkuchen mit Mandelcreme und Pinienkernen

Schon zu Zeiten der römischen Vorherrschaft wurden an der Küste der Provence Pinienkerne geerntet, und seit dem Mittelalter sind Digne und Aix-en-Provence Zentren des hiesigen Mandelanbaus.

FÜR DEN MÜRBTEIG

200 g Mehl

100 g Butter, raumtemperiert und in kleine Stücke geschnitten

1 Eigelb

50 g extrafeiner Zucker

3 EL Wasser

FÜR DIE MANDELCREME

90 ml Milch

1 Ei und 1 Eigelb

2 EL Zucker

2 EL Maisstärke

½ TL Vanillearoma

50 g Butter, raumtemperiert

60 g gemahlene Mandeln

30 g Puderzucker

1 EL dunkler Rum

60 g Feigen- oder Aprikosenkonfitüre

3 EL Wasser

1–2 große Granny-Smith-Äpfel, geschält, vom Kerngehäuse befreit, in gut 1 cm große Würfel geschnitten

150 g Pinienkerne

◆ Für den Teig das Mehl mit der Butter in die Küchenmaschine füllen und den Momentschalter betätigen, bis beides gleichmäßig vermischt ist. Das Eigelb, den extrafeinen Zucker und zunächst 1 Esslöffel Wasser mithilfe des Momentschalters untermischen, bis sich der Teig um den Knethaken zusammenballt – sollte er zu trocken sein, noch bis zu 2 Esslöffel Wasser hinzufügen. Den Teig auf einer bemehlten Arbeitsfläche zu einer Kugel formen, in Klarsichtfolie wickeln und für mindestens 30 Minuten oder bis zu 2 Stunden in den Kühlschrank legen.

◆ Auf einer bemehlten Arbeitsfläche den Teig 3 mm dick ausrollen und einen Kreis von 30 cm Durch-messer ausschneiden. Den Teigkreis über das Roll-holz legen und in einer Tortenform mit 28 cm Durchmesser und herausnehmbarem Boden wieder abrollen. Den Teig locker an den Boden und in den Rand drücken, oben einen kleinen Wulst formen, den überstehenden Teig gerade abschneiden und den Rand mit den Fingern dekorativ wellen.

◆ Für die Mandelcreme die Milch in einem Topf bei mittlerer Temperatur erhitzen, bis sich am Rand kleine Blasen bilden. Vom Herd nehmen. In einer Schüssel das ganze Ei und das Eigelb mit einem Schneebesen gründlich verrühren. Den Zucker und anschließend 1 Esslöffel der Maisstärke mit dem Schneebesen einrühren. Etwa die Hälfte der heißen Milch hinzugießen und dabei ständig weiterrühren. Diese Mischung zur restlichen Milch in den Topf gießen und das Ganze bei mittlerer Temperatur und unter ständigem Rühren erhitzen, bis die Mischung nach 1½–2 Minuten dick wird und aufkocht. Sofort vom Herd nehmen und das Vanillearoma einrühren. Die Creme sogleich zurück in die Schüssel füllen und abkühlen lassen. Dabei immer wieder rühren, damit sich keine Haut bildet.

◆ Den Backofen auf 190 °C vorheizen.

◆ In einer zweiten Schüssel die Butter mit einem Holzlöffel cremig rühren. Die Mandeln unter-mischen. Den Puderzucker durch ein feines Sieb da-rüber streuen und unterrühren. Den Rum und den restlichen Esslöffel Maisstärke mit einem Schnee-besen untermischen. Die abgekühlte Creme hinzu-fügen und alles gründlich vermischen.

◆ In einem kleinen Topf bei niedriger Temperatur die Feigen- oder Aprikosenkonfitüre mit dem Wasser verrühren, bis sie sich löst und flüssig wird. Den Teigboden damit dünn bestreichen. Die Man-delcreme auf den Teigboden geben und glatt strei-chen. Die Apfelwürfel gleichmäßig auf der Creme verteilen und leicht andrücken – sie sollen jedoch nicht völlig in der Creme versinken. Die gesamte Oberfläche mit den Pinienkernen bestreuen und ebenfalls nur leicht andrücken – sie sollen haften, aber nicht einsinken.

◆ Die Form in den Ofen schieben und die Tempe-ratur sogleich auf 180 °C herunterschalten. Den Ku-chen in etwa 40 Minuten goldbraun backen, dabei nach etwa 30 Minuten die Form um 180 Grad dre-hen, um eine gleichmäßige Bräunung zu erzielen. Auf einem Drahtgitter völlig erkalten lassen, dann aus der Form nehmen und auf eine Platte gleiten las-sen. Den Kuchen raumtemperiert servieren und wie eine Torte aufschneiden.

Für 8 Personen

Les calissons d'Aix

Unter den süßen Spezialitäten der Provence stellen die *calissons d'Aix* seit über vierhundert Jahren etwas ganz Besonderes dar. Nicht einmal ein halbes Dutzend einheimischer Betriebe produzieren das rautenförmige Konfekt heute noch in größerem Stil, dafür stellen einige kleine Patisserien es nach wie vor auf traditionelle Weise von Hand her.

Georges Touzet ist ein solcher Konditor. In seinem seit vier Generationen bestehenden Maison Béchard am Cours Mirabeau, der von Platanen gesäumten Prachtstraße von Aix-en-Provence, überwacht er gemeinsam mit seinem achtzigjährigen Vater Raymond die tägliche Produktion von 50 bis 60 kg dieses klassischen Konfekts – eine beachtliche Menge, bedenkt man, dass die dabei verwendeten gusseisernen Formen jeweils nur 36 Konfektstücke ergeben.

Qualität ist den Touzets ebenso wichtig wie die Beachtung der überlieferten Herstellungsweise. Als Erstes wird die Füllung zubereitet. Hierbei handelt es sich um eine Mischung aus gemahlenen blanchierten Mandeln, von denen mindestens 40 Prozent aus einheimischer Produktion stammen müssen; weiterhin der viel gepriesenen kandierten Presco-Melone aus Apt, kandierten Orangenschalen, Honig und Organblütenwasser. Diese Masse wird auf eine Unterlage aus feinem Reispapier gehäuft, dünn mit Aprikosenkonfitüre bestrichen und mit schneeweißem Fondant überzogen. Nachdem das Konfekt aus den Formen genommen wurde, muss es kurz antrocknen und wird zuletzt sorgsam verpackt.

Vaucluse

Figues sèches au marzipan

Getrocknete Feigen mit Marzipanfüllung

Als typische Zutaten der provenzalischen Küche würden die meisten zunächst wohl die Olive und dann den Knoblauch nennen, obwohl dieser Platz meiner Ansicht nach der Feige gebührt. Denn Feigenbäume prägen die Landschaft der Region fast ebenso wie die Olivenbäume. Dieses Rezept aus Avignon, der Stadt der Päpste, beschreibt zwei Versionen der kleinen Leckerbissen. Die saftigere ergibt ein verlockendes Dessert, die süßere und kandierte Variante schmeckt vorzüglich zum Nachmittagskaffee.

---

750 ml Wasser

250 g Zucker

3 Gewürznelken

3 Streifen Orangenschale

18–20 getrocknete Feigen (saftigere Exemplare für ein Dessert, trockenere für das Konfekt)

4 EL Cognac oder Armagnac

200 g Marzipanrohmasse

◆ Wasser, Zucker, Nelken und Orangenschale bei mittlerer Temperatur zum Kochen bringen und dabei rühren, bis sich der Zucker gelöst hat. Die Feigen mit 3 Esslöffeln Cognac oder Armagnac auf kleinster Stufe 2 Stunden darin köcheln lassen, bis sie weich und prall sind. 30–45 Minuten abkühlen lassen.

◆ Die Feigen aus dem Sirup nehmen – diesen beiseite stellen – und in der Mitte aufschneiden. Mit einem kleinen Löffel oder den Fingern 1 knappen Teelöffel Marzipan in jede Feige drücken, glatt streichen und die Öffnung so weit zusammendrücken, dass noch etwas von der Füllung zu sehen ist. Die Feigen wieder in den Topf setzen. Den restlichen Esslöffel Cognac oder Armagnac gründlich einrühren und die Feigen im Sirup wenden, bis sie gleichmäßig überzogen sind. Mit einem Schaumlöffel in eine Servierschüssel heben.

◆ Für ein Dessert den Sirup unter häufigem Rühren zu einer Sauce einkochen und über die Feigen in der Schüssel gießen. Sind die Feigen hingegen als Konfekt gedacht, den Sirup unter ständigem Rühren zu einem dicken Sirup einkochen. Die Feigen mit dem Sirup in ein Glas füllen und zugedeckt in den Kühlschrank stellen. Sie halten sich bis zu 4 Wochen und werden mindestens 1 Stunde vor dem Servieren herausgenommen.

Für 6 Personen als Dessert, für 10 Personen als Konfekt

Ratafia de framboises aux Beaumes-de-Venise

Himbeerlikör

Als größter Hafen Südfrankreichs war Marseille ein wichtiger Anlaufpunkt für Zuwanderer aus fernen Departements wie Martinique und Guadeloupe. Aus ihrer karibischen Heimat brachten sie Rezepte wie dieses für einen aus Rum hergestellten Likör mit. Hervorgegangen ist der »ratafia« aus einem kreolischen Getränk, mit dem man auf einen erfolgreichen Abschluss von Verhandlungen anstieß – übersetzt bedeutet »rata fiat« etwa »Besiegeln wir das Geschäft«. Den im südlichen Côte-du-Rhône erzeugten Muscat-de-Beaumes-de-Venise können Sie durch einen anderen Süßwein aus Südfrankreich ersetzen.

500 g Himbeeren

375 g extrafeiner Zucker

500 ml Muscat-de-Beaumes-de-Venise oder ein anderer Süßwein

80 ml heller Rum

◆ Die Himbeeren mit dem Zucker in einem kleineren Topf vermischen. Diesen in einen größeren Topf setzen, der bis auf halbe Höhe des kleineren Topfes mit Wasser gefüllt wird. Dieses bei mittlerer bis hoher Temperatur bis zum Siedepunkt erhitzen und die Himbeeren bei niedriger Temperatur etwa 1¼ Stunden köcheln lassen, bis sie zerkocht sind und ihr Saft sirupartig eingedickt ist. Dabei nach Bedarf weiteres heißes Wasser zugießen. Den Topf aus dem Wasserbad nehmen, abkühlen lassen und zugedeckt über Nacht in den Kühlschrank stellen.

◆ Am folgenden Tag den Topfinhalt durch ein mittelfeines Sieb streichen und dabei die Himbeeren mit einem Holzlöffel ausdrücken – insgesamt werden 500 ml benötigt. Den Wein und den Rum einrühren. Die Mischung durch ein feines Sieb seihen.

◆ Zwei 500-ml-Flaschen mit Spülmittel gründlich auswaschen, mit heißem Wasser ausspülen und anschließend in frischem kochendem Wasser zugedeckt etwa 5 Minuten sterilisieren. Abtropfen lassen. Den Likör einfüllen und fest verschlossen an einem kühlen, dunklen Ort oder im Kühlschrank lagern, wo er sich bis zu 1 Monat hält.

Ergibt 1 Liter

Vaucluse

Pêches gratinées au pain d'épices

Gratiniertes Pfirsich-Honigkuchen-Dessert

Bereiten Sie dieses Dessert zu Beginn der Pfirsichsaison zu, wenn den noch etwas festen Früchten das Pochieren gut bekommt. Honigkuchen, auf Französisch »pain d'épices«, wird meist von niederländischen Herstellern in 500-g-Laiben verkauft. Alternativ bietet sich ein gleich schweres Früchtebrot an, das nach Belieben mit Zitrone, Nüssen oder getrockneten Früchten angereichert sein kann. Nektarinen oder Birnen können anstelle der Pfirsiche verwendet werden, wobei Letztere geschält und in der Regel bis zu 15 Minuten pochiert werden (Bosc's Flaschenbirnen benötigen etwa 20 Minuten).

1 l Wasser

375 g Zucker

6 mittelreife Pfirsiche

250 g Honigkuchen oder Früchtebrot
(siehe Rezepteinleitung)

2 Eigelb

2 EL brauner Zucker, plus mehr zum
Bestreuen

250 ml Sahne, steif geschlagen

1 EL gemahlene geröstete Haselnüsse
(siehe Seite 246)

1½–2 EL Amaretto oder Pfirsichlikör

60 g Haselnüsse, geröstet und gehackt

◆ In einem Topf, in den die Pfirsiche nebeneinander dicht an dicht hineinpassen, das Wasser mit dem Zucker bei hoher Temperatur erhitzen und dabei ständig rühren, sodass sich der Zucker löst, bevor das Wasser aufkocht. Die Pfirsiche einlegen – sie sollen völlig von dem Wasser bedeckt sein. Erneut zum Kochen bringen, die Temperatur auf die niedrige Stufe herunterschalten und die Pfirsiche ohne Deckel 5–8 Minuten pochieren, bis sie gerade eben weich sind – sie dürfen aber nicht zu weich werden, da sie sich sonst nicht in saubere Spalten schneiden lassen.

◆ Die Pfirsiche abseihen und, sobald man sich an ihnen nicht mehr die Finger verbrennt, enthäuten, längs halbieren und die Steine entfernen. Die Hälften in 6 mm dicke Spalten schneiden.

◆ Den Elektrogrill einschalten oder den Backofen auf 230 °C vorheizen. Den Honigkuchen oder das Früchtebrot grob zerpflücken und den Boden hitzebeständiger beziehungsweise ofenfester runder oder ovaler Dessertschalen damit bedecken. Die Pfirsichspalten im Kreis und leicht überlappend darauf anordnen.

◆ In einer Schüssel die Eigelbe mit 2 Esslöffeln braunem Zucker cremig rühren. Die geschlagene Sahne darauf häufen, die gemahlenen Haselnüsse darüber streuen und beides gemeinsam mit einem Spatel unter die Eigelbcreme mischen. Die Creme mit dem Likör aromatisieren und gleichmäßig so über den Pfirsichen verteilen, dass ringsum ein 2 cm breiter Rand frei bleibt.

◆ Die Creme mit den gehackten Haselnüssen und anschließend mit etwas braunem Zucker bestreuen. Die Desserts etwa 1 Minute unter dem Grill oder 2–3 Minuten im Backofen gratinieren, bis die Oberflächen leicht gebräunt sind. Sogleich servieren.

Für 4 Personen

Sonnengereifte Pfirsiche aus dem Vaucluse verbreiten im Sommer auf den Märkten einen betörenden Duft.

Alpes-Maritimes

Feuilleté de poires

Birnen auf Blätterteig

Eingerahmt von Blätterteig, wirken die Birnen äußerst elegant. Traditionsgemäß genießt man sie mit Englischer Creme, oft mit Lavendel parfümiert (siehe rechts).

3 Birnen mit Stiel

1 l Wasser

500 g Zucker

3 EL Süßwein

1 Vanilleschote, längs aufgeschlitzt

6 TL Marzipan oder 6 entsteinte Datteln oder Dörrpflaumen (nach Belieben)

375 g Blätterteig, nach Belieben selbst hergestellt (siehe Seite 249) oder fertig gekauft

1 Ei, mit 1 EL Milch verquirlt

60 g Aprikosenkonfitüre

3 EL Wasser

◆ Die Birnen schälen, dabei aber nicht die Stiele entfernen. In einem Topf, in den die Früchte aufrecht stehend nebeneinander hineinpassen, das Wasser mit dem Zucker, dem Wein und der Vanilleschote bei hoher Temperatur zum Kochen bringen und dabei ständig rühren, bis sich der Zucker löst. Die Birnen einlegen und bei niedriger Temperatur 15–20 Minuten pochieren, bis sie knapp gar sind. Im Sirup abkühlen und dann erst auf Küchenpapier gründlich abtropfen lassen. Die Birnen, möglichst samt dem Stiel, längs halbieren, vorsichtig vom Kerngehäuse befreien und nach Belieben mit 1 Teelöffel Marzipan, einer Dattel oder Pflaume füllen.

◆ Die Kontur einer Birnenhälfte einschließlich Stiel auf Karton zeichnen und mit einer Zugabe von 2 cm ringsum eine Schablone ausschneiden.

◆ Den Backofen auf 200 °C vorheizen.

◆ Den Blätterteig auf einer bemehlten Arbeitsfläche mindestens 3 mm dick zu einem großen Rechteck ausrollen. Mithilfe der Schablone sechs Teigstücke ausschneiden und auf zwei ungefettete Backbleche legen. Die Birnenhälften sorgfältig mit Küchenpapier trockentupfen und mit der Schnittfläche nach unten auf die Teigstücke legen. Die freien Teigränder mit dem verquirlten Ei bestreichen. Das erste Blech für 20–25 Minuten in den Ofen schieben, bis der Teig locker aufgegangen und goldbraun ist, dabei das Blech nach 15 Minuten um 180 Grad drehen, um eine gleichmäßige Bräunung zu erzielen.

◆ Inzwischen in einem kleinen Topf die Aprikosenkonfitüre mit 3 Esslöffeln Wasser verrühren und bei niedriger Temperatur unter Rühren auflösen.

◆ Das Blech aus dem Ofen nehmen. Die Birnen auf ein Drahtgitter setzen und mit der Hälfte der Aprikosenglasur bestreichen. Die restlichen Birnen genauso backen. Warm oder raumtemperiert servieren.

Für 6 Personen

Alpes-de-Haute-Provence

Crème anglaise à la lavande

Englische Creme mit Lavendel

Diese zart parfümierte Creme weckt unweigerlich Bilder von den provenzalischen Lavendelfeldern, die sich um Sault konzentrieren. Außer zu den Birnen auf Blätterteig (siehe links) passt sie auch gut zu Aprikosenauflauf (siehe Seite 228) und pochierten Quitten (siehe Seite 238).

500 ml Milch

4 Eigelb

125 g Zucker

1 EL abgezupfte Blüten von biologisch angebautem frischem oder getrocknetem Lavendel

◆ Die Milch in einem Topf bei mittlerer Temperatur erhitzen, bis sich am Rand kleine Blasen bilden. In einer Schüssel die Eigelbe mit dem Zucker cremig rühren. Etwa 125 ml der heißen Milch hinzugießen und dabei ständig mit dem Schneebesen rühren. Die Ei-Milch-Mischung zur restlichen Milch in den Topf gießen und bei mittlerer Temperatur etwa 1 Minute ständig mit einem Holzlöffel rühren, bis man eine Creme erhält, die den Löffelrücken dünn überzieht – ein Thermometer zeigt jetzt 82 °C an. Die Creme darf auf keinen Fall aufkochen.

◆ Den Topf vom Herd nehmen und sogleich die Lavendelblüten einrühren. Die Creme in einen Krug füllen und mit Klarsichtfolie abdecken, die direkt aufliegen soll, damit sich keine Haut bildet. Über Nacht in den Kühlschrank stellen.

◆ Am folgenden Tag die Creme durch ein Sieb streichen. Wieder in den Krug füllen, wie zuvor mit Folie abdecken und in den Kühlschrank stellen, wo sie sich bis zu 2 Tage hält.

Für 8 Personen

Vaucluse

Tarte aux mendiants

Tarte mit Nüssen und Trockenfrüchten

Rosinen, getrocknete Feigen, Haselnüsse und Mandeln symbolisieren beim »gros souper«, das traditionsgemäß am Heiligen Abend stattfindet (siehe Seite 242), die Bettelorden und geben so dieser Tarte ihren Namen (eine andere Bezeichnung für einen Bettelmönch lautet »Mendikant«). Auch bei anderen festlichen Anlässen wird diese wundervoll kernige Köstlichkeit gebacken.

FÜR DEN MÜRBTEIG

200 g Mehl

100 g Butter, raumtemperiert und in kleine Stücke geschnitten

1 Prise Salz

1 Eigelb

1 EL Honig

3–4 Tropfen Vanillearoma (nach Belieben)

3 EL Wasser

FÜR DIE FÜLLUNG

150 g gemahlene Walnüsse, plus 90 g Walnussstücke

120 g brauner Zucker

1 ganzes Ei und 3 Eiweiß

1½ TL Maisstärke

75 g Haselnüsse, enthäutet (siehe Seite 246)

75 g blanchierte Mandeln

60 g ungesalzene geröstete Cashewnüsse

3½ EL Pinienkerne

3½ EL blanchierte ungesalzene Pistazien

2 EL Rosinen, grob gehackt

2 getrocknete Feigen, gehackt

1 EL Orangeat

1 EL Zitronat

3 EL Lavendel- oder anderer Honig, erhitzt

◆ Bei manueller Herstellung des Teigs das Mehl auf eine Arbeitsfläche häufen und in die Mitte eine Mulde drücken. Die Butter, das Salz, das Eigelb, den Honig und das Vanillearoma, sofern verwendet, hineingeben. Zunächst die Zutaten in der Mulde vermischen und dann langsam das umgebende Mehl einarbeiten. Sobald sich grobe Streusel bilden, 1½ Esslöffel Wasser hinzufügen und kneten, bis ein zusammenhängender Teig entsteht. Bei Bedarf weitere 1½ Esslöffel Wasser hinzufügen. Die Arbeitsfläche dünn einmehlen. Den Teig darauf mit dem Handballen walken, zusammendrücken und diesen Vorgang zwei- oder dreimal wiederholen, bis der Teig elastisch ist. In Klarsichtfolie wickeln und 30 Minuten oder bis zu 2 Stunden in den Kühlschrank legen.

◆ Bei Verwendung der Küchenmaschine das Mehl, die Butter und das Salz durch Betätigen des Momentschalters gut vermischen. Das Eigelb, den Honig, das Vanillearoma, sofern verwendet, und 1 Esslöffel Wasser mithilfe des Momentschalters untermischen, bis ein zusammenhängender Teig entsteht – bei Bedarf bis zu 2 Esslöffel Wasser hinzufügen. Den Teig zu einer Kugel formen und kühlen, wie oben beschrieben.

◆ Den Backofen auf 190 °C vorheizen.

◆ Auf einer bemehlten Arbeitsfläche den Teig 3 mm dick ausrollen, einen Kreis von 30 cm Durchmesser ausschneiden, über das Rollholz legen und in einer Tortenform mit 28 cm Durchmesser und herausnehmbarem Boden wieder abrollen. Den Teig locker an den Boden und in den Rand drücken, oben einen kleinen Wulst formen, den überstehenden Teig gerade abschneiden und den Rand mit den Fingern dekorativ wellen.

◆ Für die Füllung die gemahlenen Walnüsse, den braunen Zucker, das ganze Ei, 1 Eiweiß und die Maisstärke in einem Topf vermischen. Bei niedriger Temperatur warm – nicht heiß – rühren und anschließend in eine Schüssel füllen.

◆ In einer zweiten Schüssel die restlichen 2 Eiweiße mit einem Schneebesen oder elektrischen Handrührgerät zu steifem Schnee schlagen. Mit einem Gummispatel unter die Walnussmischung heben und diese gleichmäßig auf dem Teigboden verteilen.

◆ Die Tarte 15–20 Minuten backen, bis die Füllung etwas fest ist. Aus dem Ofen nehmen und, solange sie noch heiß ist, mit den Walnussstücken, den Haselnüssen, Mandeln, Cashewnüssen, Pinienkernen und Pistazien sowie den Rosinen und Feigen, dem Orangeat und Zitronat gleichmäßig bestreuen – die Füllung soll von den Zutaten vollständig bedeckt sein. In weiteren 15–20 Minuten goldbraun backen, ein in die Mitte eingestochenes Messer soll feucht, aber sauber herauskommen.

◆ Auf ein Drahtgitter setzen, sofort gleichmäßig mit dem Honig beträufeln und abkühlen lassen. Die Tarte aus der Form nehmen, auf eine Platte gleiten lassen und raumtemperiert servieren. Wie eine Torte aufschneiden.

Für 8–10 Personen

Alpes-de-Haute-Provence

Oranges épicées

Gewürzter warmer Orangensalat

Bei diesem schlichten Dessert kann sich das herrliche Aroma der an der Mittelmeerküste angebauten Navel-Orangen voll entfalten. Gewürze wie Zimt und Nelken und ein Gläschen Rum runden es delikat ab.

90 g getrocknete Aprikosen, halbiert und 30 Minuten in 250 ml kochendem Wasser eingeweicht

75 ml dunkler Rum

3–4 Gewürznelken

2 kleine Streifen Orangenschale

1 Zimtstange (etwa 7,5 cm lang)

1 Prise gemahlener Zimt

1 kleiner Sternanis

75 g Zucker

5 Navel-Orangen

◆ Die Aprikosen mit ihrem Einweichwasser, dem Rum, den Nelken, den Orangenschalen, der Zimtstange, dem gemahlenen Zimt und dem Sternanis in einen Topf füllen und den Zucker darüber streuen. Bei mittlerer Temperatur bis zum Siedepunkt erhitzen und dabei rühren, bis der Zucker gelöst ist. 8–10 Minuten köcheln lassen, bis die Aprikosen eben gar sind. Vom Herd nehmen. (Bis hierher kann das Rezept 12 Stunden im Voraus zubereitet werden.)

◆ Mit einem scharfen Messer von den Orangen oben und unten jeweils eine dünne Scheibe abschneiden, sodass das Fruchtfleisch zum Vorschein kommt. Die Früchte aufrecht auf ein Schneidbrett setzen und die Schale, der Rundung folgend, in Streifen großzügig abschneiden und dabei alles Weiße entfernen. Die Orangen quer in 6 mm dicke Scheiben schneiden und diese in eine große Glasschüssel füllen.

◆ Die Aprikosenmischung bei mittlerer Temperatur erneut siedend erhitzen und über den Orangen verteilen. Den Salat sogleich direkt in der Schüssel oder in einzelnen Dessertschalen servieren.

Für 6 Personen

Les fruits frais

In der Provence reift derart viel Obst aller Art, dass die Region beinahe den Bedarf des gesamten Landes für Konfitüren, Gelees und Desserts decken kann. Schon im zeitigen Frühjahr tauchen auf den Märkten Mirabellen, Renekloden und andere Pflaumenarten auf, gefolgt im April von den süß duftenden Cavaillon-Melonen. Steinfrüchte, allen voran die sonnengereiften Pfirsiche, Aprikosen und Nektarinen aus dem Vaucluse und dem Var, künden dann den nahenden Sommer an.

In den wärmsten Monaten haben die Kirschen Saison, die vornehmlich in Brignoles und im Gapeau-Tal wachsen, und allerorts findet man jetzt auch Erdbeeren, wobei die ersten stets aus Carpentras kommen. Zu ihnen gesellen sich Himbeeren, Loganbeeren und die so genannten Waldbeeren, also Maulbeeren, Blaubeeren sowie rote, schwarze und weiße Johannisbeeren. Manchmal sind sie tatsächlich in freier Wildbahn gesammelt, in der Regel heutzutage jedoch auf Plantagen gereift. So kommen wenigstens die vielen Verbraucher, die sich schon längst auf diesen sommerlichen Genuss gefreut haben, voll auf ihre Kosten.

Neben dicken, saftigen Trauben bringt der Herbst die Feigen, die mindestens genauso zur Provence gehören wie die Zikaden mit ihrem durchdringenden Gezirpe. Feigen werden roh oder pochiert verzehrt und später dann getrocknet. Typisch für diese Jahreszeit sind auch die Backpflaumen, darunter die begehrten *violettes* aus Brignoles. Einen festen Bestandteil des herbstlichen Warenangebots bilden außerdem die Äpfel, wobei nur die Normandie dem Bouches-du-Rhône die Position als führendes Produktionsgebiet streitig macht. Unangefochten die Nummer eins ist das Departement jedoch bei der Birnenernte.

Wenn die Tage kühler werden, beginnt die Zeit der Zitrusfrüchte. Östlich von Hyères, wo sich an der Côte d'Azur der Zitrusgürtel Frankreichs erstreckt, reifen Zitronen, Grapefruits und Orangen, und Genießer schwelgen in den Tangerinen aus Cagnes und Cannes, den Mandarinen von Antibes und den einzigartigen Bitterorangen von Nizza. In Grasse wird aus den Orangenblüten jener Extrakt gewonnen, der so viele süße Spezialitäten der Provence aromatisiert.

Die Fülle an Früchten bestimmt die Art und Weise, sie zu verwenden. Meist genießen die Menschen im Midi die frischen, reifen Früchte ihrer Heimat roh. Und nur wenn die viel beschäftigten Hausfrauen etwas Zeit übrig haben, bereiten sie auch an normalen Tagen aus der Vielfalt des hiesigen Obstangebots ein Kompott oder gar ein aufwendigeres Dessert.

Vaucluse

Croûte d'abricots

Aprikosenauflauf

Aus Saint-Saturnin-les-Apt und damit genau aus der Gegend, die das beste Steinobst Frankreichs liefert, kommt dieser Auflauf, der fast ein Kuchen ist – er würde es durch Zugabe von 2 Esslöffeln Mehl und ½ Teelöffel Backpulver zu der Mandelmasse. Dennoch sollten Sie zunächst unbedingt die hier beschriebene Originalversion ausprobieren, die stark an den »clafoutis« erinnert, den klassischen Kirschauflauf aus dem Limousin. Hier gehen saftige Aprikosen mit Lavendelblüten eine unwiderstehliche Verbindung ein.

*Etwa 2 TL Butter und Puderzucker
für die Form*

220 g gemahlene Mandeln

3 Eier

90 g Butter, zerlassen und abgekühlt

3 EL Puderzucker

1 Prise Salz

90 g Lavendelhonig

*1 TL abgezupfte Blüten von biologisch
angebautem frischem Lavendel*

*12 große Aprikosen, halbiert, entsteint und
die Hälften nochmals halbiert*

◆ Den Backofen auf 180 °C vorheizen. Eine weiße Pieform oder eine Tortenbodenform mit 23 cm Durchmesser und gewelltem Rand mit der Butter ausstreichen und mit Puderzucker ausstreuen, den Überschuss wieder abklopfen.

◆ In einer Schüssel die Mandeln mit den Eiern, der zerlassenen Butter, dem Puderzucker, dem Salz, dem Honig und den Lavendelblüten gründlich verrühren. Die Mandelmasse in die vorbereitete Form füllen und glatt streichen.

◆ Die Aprikosen in konzentrischen Kreisen auf die Mandelmasse setzen und leicht eindrücken, sodass die Ränder aber noch hervorschauen. Den Auflauf etwa 45 Minuten backen, bis die Masse leise Blasen wirft und die Oberfläche sowie die Ränder der Aprikosen leicht gebräunt sind. Dabei die Form nach etwa 20 Minuten und nochmals nach 15 Minuten um 180 Grad drehen, um eine gleichmäßige Bräunung zu erzielen.

◆ Auf einem Drahtgitter abkühlen lassen und mit Küchenpapier die Oberfläche etwas trockentupfen. Warm oder raumtemperiert servieren.

Für 8 Personen

Alpes-Maritimes

Madeleines au miel

Honig-Madeleines

In der Provence erhält die goldgelbe innere Krume des klassischen französischen Kleingebäcks durch einheimischen Honig eine besonders saftige Komponente. Sehr typisch für die Region ist Lavendelhonig, doch nehme ich am liebsten Orangenblütenhonig und dazu etwas abgeriebene Orangenschale.

90 g Butter, raumtemperiert

75 g extrafeiner Zucker

2 TL hellbrauner Zucker

1 Prise Salz

1 EL Honig (siehe Rezepteinleitung)

90 g Mehl

1 knapper TL Backpulver

2 Eier

1 TL abgeriebene Orangenschale

Zerlassene Butter und Mehl für das Blech

Puderzucker (nach Belieben)

◆ Die Butter in einer Schüssel cremig rühren. Beide Zuckersorten, dann das Salz und den Honig kräftig einrühren. Das Mehl und das Backpulver in eine Schüssel sieben. Die Eier einzeln gründlich unter die Buttermasse schlagen. Das Mehl mit dem Backpulver und die Orangenschale untermischen.

◆ Den Backofen auf 190 °C vorheizen. Die Mulden eines Blechs für 12 normale oder 24 kleine Madeleines mit Butter ausstreichen und für 2 Minuten in den Kühlschrank stellen. Nochmals mit Butter bestreichen, mit Mehl bestäuben und den Überschuss abklopfen.

◆ Die Mulden mithilfe eines Löffels zu gut zwei Dritteln mit der Masse füllen. Kleine Madeleines 6–7 Minuten, normal große 8–9 Minuten backen. Einige Sekunden in dem Blech ruhen lassen, dann über einer Arbeitsfläche umdrehen, die Madeleines herausklopfen und auf einem Drahtgitter abkühlen lasen. Nach Belieben mit Puderzucker bestäuben.

Ergibt 12 große oder 24 kleine Madeleines

Var

Petits pots de crème à l'orange

Orangencreme im Näpfchen

Die »petits pots de crème« sind mir schon überall in Frankreich in jeder Geschmacksrichtung von Vanille über Passionsfrucht bis zu Schokolade begegnet. Besonders lebhaft aber erinnere ich mich an jenes »Näpfchen«, das ich unter einem mit Früchten behangenen Orangenbaum auf der Terrasse einer Freundin in Saint-Raphaël genüsslich auslöffelte. Die Stadt war schon bei den alten Römern als Ferienziel geschätzt und diente im 19. Jahrhundert Schriftstellern wie Alexandre Dumas als Refugium.

Französische Porzellanfabriken stellen eigens für dieses beliebte Dessert Näpfchen mit Deckel her, doch eignen sich auch andere 100-ml-Förmchen. Einige Orangenspalten, daneben angerichtet, bilden eine köstliche Ergänzung, genauso auch die karamellisierten Orangenscheiben mit Orangenblütenwasser von Seite 244.

---

1 Orange

500 ml Milch

6 EL Zucker

3 Eier

Einige Tropfen Vanillearoma

Kochendes Wasser

250 ml kaltes Wasser

250 ml Sahne, steif geschlagen
(nach Belieben)

◆ Die Orange so schälen, dass Sie 2 cm breite und möglichst lange Streifen erhalten. 3 der Streifen zum Aromatisieren der Creme beiseite legen. Die übrigen Streifen mithilfe eines kleinen, scharfen Messers sorgfältig von der inneren weißen Haut befreien, in feine Streifen schneiden und zum Garnieren beiseite legen. (Das Fruchtfleisch anderweitig verwerten.)

◆ Die Milch mit den ganzen Orangenschalenstreifen in einen Topf füllen. 30 Minuten ruhen lassen.

◆ Den Backofen auf 200 °C vorheizen. Acht Näpfchen oder Förmchen (siehe Rezepteinleitung) in einen ausreichend großen Bräter stellen.

◆ 4 Esslöffel Zucker in die Milch einstreuen. Den Topf bei mittlerer Temperatur aufsetzen und rühren, bis sich der Zucker gelöst hat. Sobald die Milch beinahe aufkocht, den Topf vom Herd nehmen.

◆ Die Eier in einer Schüssel mit einem Schneebesen gründlich verrühren. Die Hälfte der heißen Milch hinzugießen und dabei ständig mit dem Schneebesen weiterrühren. Diese Mischung zur restlichen Milch in den Topf gießen und bei mittlerer Temperatur etwa 2 Minuten ständig mit einem Holzlöffel rühren, bis sich eine Creme ergibt, die den Löffelrücken dünn überzieht – ein Thermometer zeigt jetzt 82 °C an. Die Creme darf auf keinen Fall aufkochen.

◆ Das Vanillearoma sorgfältig einrühren und die Creme sogleich durch ein Sieb in die Näpfchen gießen. Die Schalenstreifen wegwerfen. Den Bräter beinahe bis zum Rand der Näpfchen mit kochendem Wasser füllen und auf einem Rost in den Ofen schieben.

◆ Die Creme in etwa 20 Minuten stocken lassen – ein in die Mitte eingestochener Metallspieß muss sauber wieder herauskommen. Den Bräter auf eine Arbeitsfläche stellen, die Näpfchen herausnehmen und abkühlen lassen. Die Creme in 2–3 Stunden im Kühlschrank fest werden lassen.

◆ Inzwischen die feinen Orangenschalenstreifen mit dem kalten Wasser und den restlichen 2 Esslöffeln Zucker in einen kleinen Topf füllen. Das Ganze rasch zum Kochen bringen und dabei rühren, bis sich der Zucker gelöst hat. Die Schalen nach etwa 2 Minuten, wenn sie weich werden und vom Zucker überglänzt sind, abseihen und auf einem Teller ausbreiten.

◆ Vor dem Servieren jede Portion mit Schlagsahne, sofern verwendet, krönen und mit einigen Streifen glasierter Orangenschale garnieren.

Für 8 Personen

Les fruits confits

Das Kandieren von Früchten ist eine sechshundert Jahre alte Kunst, bei der makelloses Obst nacheinander in bis zu zwölf Becken mit immer konzentrierterem Zuckersirup getaucht wird, bis dieser das eigentliche Zellwasser völlig verdrängt und die Früchte durch den konzentrierten Zucker konserviert sind. Das im Lubéron gelegene Apt gilt heute weltweit als Hauptstadt der kandierten Früchte, aber auch die *fruits confits* aus Carpentras und Oraison sind für ihre hervorragende Qualität bekannt.

In der Provence, wo die Handwerkstraditionen noch hochgehalten werden, gibt es Hersteller wie die Jouvauds, die lieber ihrem fachkundigen Blick und langen Erfahrungsschatz trauen als den Maschinen. Jedes Jahr produziert Frédéric Jouvaud in seiner kleinen Confiserie in Carpentras über 2000 kg *fruits confits,* die dabei nicht nur eine bis in den Kern vollendet gleichmäßige Konsistenz erhalten – eine kandierte Frucht darf nicht kristallisieren, also hart werden –, sondern außerdem mitunter die attraktivsten ebenmäßigen Formen. Unterstützt von seinem Vater Gilbert, der eigentlich schon in Pension ist, und Sohn Pierre verarbeitet Frédéric Jouvaud ausschließlich Obst aus seinem Departement. Nur bei den großen korsischen Melonen und ganzen Ananas, die er bis zu vier Monate behandelt, macht er eine Ausnahme von dieser strikten Regel.

Nougat glacé aux figues et gingembre

Feigen-Ingwer-Eis mit Pistazien

Dieses Dessert ist bereits optisch ein Genuss, doch geben Orangenscheiben oder auch frische Beeren, Kirschen oder Feigen eine perfekte Garnitur ab.

100 g extrafeiner Zucker

75 ml Wasser

4 Eigelb

6 dicke, saftige getrocknete Feigen, jeweils in 3 oder 4 Stücke geschnitten

2 EL grob gehackter kandierter Ingwer

Je 1 EL Orangeat und Zitronat

6 kandierte rote Kirschen, halbiert

60 g Pistazien

½ TL gemahlener Zimt

¼ TL gemahlener Kardamom

300 ml Sahne, steif geschlagen

2 EL Kirschwasser

◆ Den Zucker mit dem Wasser in einem Topf bei mittlerer Temperatur erhitzen und dabei rühren, bis er sich löst. Den Sirup bei hoher Temperatur aufkochen und ohne Rühren kochen lassen, bis das Zuckerthermometer 116 °C anzeigt.

◆ Inzwischen in einer Schüssel die Eigelbe mit einem elektrischen Handrührgerät weißcremig rühren. Den Sirup in dünnem Strahl einlaufen lassen und dabei ständig weiterrühren. Das Gerät erst abschalten, wenn die Mischung abgekühlt ist und ihr Volumen sich verdoppelt hat. Die Feigen, den Ingwer, das Orangeat und Zitronat, die Kirschen, die Pistazien und die Gewürze unterziehen. Die Schlagsahne und zuletzt das Kirschwasser unterheben.

◆ Die Masse in eine rechteckige Terrinen- oder Kastenkuchenform mit 1 l Inhalt füllen. Mit Klarsichtfolie abdecken und für mindestens 8 Stunden oder bis zu 4 Tage gefrieren lassen. Die Form kurz in heißes Wasser tauchen und das Eis sofort auf eine Platte stürzen. Die angetaute Oberfläche im Gefrierfach erneut fest werden lassen. In dicke Scheiben schneiden und servieren.

Für 8–10 Personen

Alpes-de-Haute-Provence

Pain perdu

Scheiterhaufen

Ursprünglich erfunden, um altbackenes Brot zu verwerten, erlangte das »verschwundene Brot« in der französischen Familienküche große Popularität und wird darin höchstens noch von der Crème Caramel übertroffen. Aus dem nordöstlich von Marseille gelegenen Digne stammt die hier präsentierte Version, die auch mit Konfitüre von anderen Früchten zubereitet werden kann. Für eine feinere Variante wird stattdessen ein Himbeer-Coulis, also eine Sauce aus gesüßten und pürierten Himbeeren, zubereitet und separat dazu serviert.

Etwa 20 dicke Scheiben Kastenweißbrot vom Vortag

90 g Butter, raumtemperiert

Etwa 5 EL Himbeerkonfitüre oder Gelee von roten Johannisbeeren

500 ml Milch

1 Vanilleschote, längs aufgeschlitzt

3 ganze Eier und 2 Eigelb

150 g Zucker

Kochendes Wasser

Puderzucker (nach Belieben)

◆ Den Elektrogrill einschalten. Die Brotscheiben auf einer Seite mit Butter bestreichen und diagonal halbieren. Mit der Butterseite nach oben auf ein Blech legen – eventuell portionsweise arbeiten – und in dichtem Abstand zu den Heizelementen in 30–45 Sekunden unter dem Grill bräunen. Den Backofen auf 200 °C vorheizen.

◆ Die Scheiben mit der Butterseite nach oben so in eine rechteckige Gratinform legen, dass die Spitzen der Dreiecke alle in dieselbe Richtung zeigen und die Scheiben sich leicht überlappen – die Form sollte etwa 30 × 20 cm groß sein, sodass 2–3 Scheiben nebeneinander und jeweils 6–8 Scheiben in eine Reihe passen. Während des Einfüllens hier und da zwischen die Scheiben etwas Konfitüre oder Gelee streichen und locker zusammendrücken.

◆ Die Milch mit der Vanilleschote in einem Topf bei mittlerer Temperatur erhitzen, bis sich am Rand kleine Blasen bilden. Vom Herd nehmen und abkühlen lassen. Inzwischen in einer Schüssel die ganzen Eier, die Eigelbe und den Zucker mit dem elektrischen Handrührgerät weißcremig aufschlagen.

◆ Die Vanilleschote aus der Milch fischen und wegwerfen. Die abgekühlte Milch mit dem Schneebesen gründlich unter die Eigelbcreme rühren. Die Brotscheiben mit der Creme übergießen.

◆ Die Gratinform in einen großen Bräter setzen und diesen bis zur halben Höhe der Form mit kochendem Wasser füllen. Den Bräter auf einem Rost zur Hälfte in den Ofen schieben und weiteres kochendes Wasser bis beinahe zum Rand der Form einfüllen. Vorsichtig ganz in den Ofen schieben.

◆ 5 Minuten backen. Die Brotscheiben mit einem breiten Metallspatel ganz in die noch weiche Creme drücken. Weitere 25 Minuten backen, bis die Creme gestockt und die Oberfläche goldbraun ist.

◆ Den Bräter vorsichtig aus dem Ofen nehmen und das Ganze 30 Minuten ruhen lassen. Die Gratinform aus dem Wasserbad nehmen und abtrocknen. Den Scheiterhaufen nach Belieben unmittelbar vor dem Servieren mit Puderzucker bestäuben. In der Form zu Tisch bringen.

Für 6 Personen

Vaucluse

Granité de vin rouge aux fruits rouges

Rotwein-Granita mit Beeren

Ohne frische Beeren wäre der Sommer in der Provence nicht das, was er ist. Kaum je habe ich so aromatische Erdbeeren gegessen wie die kleinen, intensiv gefärbten Früchte aus Carpentras. Hier werden sie mit anderen Beeren auf der Granita angerichtet.

FÜR DIE GRANITA

180 ml Wasser

185 g Zucker

500 ml trockener Rotwein

Frisch gepresster Saft von 1 Orange

Etwa 500 g gemischte Beeren wie Himbeeren, Blaubeeren, Brombeeren, Loganbeeren und kleine Erdbeeren

1 EL Zucker

8 frische Minzezweige

◆ Für die Granita das Wasser mit dem Zucker in einem Topf bei mittlerer Temperatur zum Kochen bringen und dabei rühren, bis sich der Zucker gelöst hat. Den Sirup in eine Schüssel gießen und in etwa 30 Minuten im Kühlschrank erkalten lassen.

◆ Den Rotwein und den Orangensaft gründlich in den Sirup einrühren. Die Mischung in ein flaches Metallgefäß (nicht aus Aluminium) gießen – es sollte etwa 2,5 cm hoch und 20 × 30 cm groß sein, sodass es gut 1 cm hoch mit der Flüssigkeit gefüllt ist. Ins Gefrierfach stellen, bis die Flüssigkeit nach 1½–2 Stunden fest zu werden beginnt. Mit einer Gabel die Kristalle aufbrechen und das Gefäß wieder ins Gefrierfach stellen. Diesen Vorgang alle 30 Minuten wiederholen, bis die Mischung allmählich gefriert. Ab jetzt die Mischung alle 15 Minuten durchrühren, bis sie die Konsistenz von Hagelkörnern annimmt. Die gesamte Herstellung der Granita dauert 4–5 Stunden.

◆ Die Beeren in einer Schüssel mit dem Zucker bestreuen, vorsichtig durchmischen und beiseite stellen.

◆ Dessertschalen im Gefrierfach kühlen. Jeweils etwas Granita einfüllen, darauf die Beerenmischung verteilen und mit einem Minzezweig garnieren.

Für 8 Personen

Alpes-Maritimes

Tourte aux blettes

Gedeckter Apfel-Mangold-Kuchen

In ganz Frankreich werden Apfelkuchen in immer wieder anderen Spielarten gebacken. Sehr ungewöhnlich ist diese für den Süden typische Variante, die im Dialekt von Nizza »tourta de bléa« heißt. In der Füllung verbinden sich Äpfel, Rosinen und Pinienkerne mit dem hier so beliebten Mangold zu einem kulinarischen Gedicht. Marc de Provence ist ein Tresterbranntwein, vergleichbar etwa der italienischen Grappa.

FÜR DEN MÜRBTEIG

440 g Mehl

250 g Butter, in kleine Stücke geschnitten

1 Eigelb

60 g extrafeiner Zucker

4–5 EL Wasser

FÜR DIE FÜLLUNG

100 g brauner Zucker

2 Eier

2 gehäufte EL Sultaninen, in 3 EL dunklem Rum eingeweicht

45 g Pinienkerne

1 Prise frisch gemahlener Pfeffer

2 EL Marc de Provence, Weinbrand oder Kirschwasser

1 EL Olivenöl

8 Mangoldblätter, Stiele entfernt, in breite Streifen geschnitten

3 Granny-Smith-Äpfel, geschält, vom Kerngehäuse befreit und in Scheiben geschnitten

1 Ei, mit 1 EL Milch verquirlt

◆ Bei manueller Herstellung des Teigs das Mehl auf eine Arbeitsfläche häufen und in die Mitte eine Mulde drücken. Die Butter, das Eigelb, den extrafeinen Zucker und 3 Esslöffel Wasser hineingeben. Mit den Fingerspitzen zunächst die Zutaten in der Mulde vermischen und dann langsam das umgebende Mehl einarbeiten. Sobald sich grobe Streusel bilden, 1 Esslöffel Wasser hinzufügen und kneten, bis ein zusammenhängender Teig entsteht. Weiteres Wasser – jeweils ½ Esslöffel – hinzufügen, falls der Teig noch schwer zu bearbeiten ist, wobei er allerdings nicht durch allzu langes Kneten zu weich geraten darf. Die Arbeitsfläche dünn einmehlen. Den Teig darauf mit dem Handballen walken, zusammendrücken und diesen

Vorgang zwei- oder dreimal wiederholen, bis der Teig elastisch ist. In Klarsichtfolie wickeln und für mindestens 30 Minuten oder bis zu 2 Stunden in den Kühlschrank legen.

◆ Bei Verwendung der Küchenmaschine das Mehl und die Butter durch Betätigen des Momentschalters gut vermischen. Das Eigelb, den extrafeinen Zucker und 2 Esslöffel Wasser mithilfe des Momentschalters untermischen, bis ein zusammenhängender Teig entsteht – sollte er zu trocken sein, noch 1½–2 Esslöffel Wasser hinzufügen. Den Teig auf einer bemehlten Arbeitsfläche zu einer Kugel formen und kühlen, wie oben beschrieben.

◆ Für die Füllung den braunen Zucker in eine Schüssel geben. Die Eier einzeln gründlich einrühren, bis sich der Zucker löst. Die Sultaninen abseihen – dabei den Rum auffangen – und mit den Pinienkernen, dem Pfeffer, dem Alkohol und dem Olivenöl unterrühren. Den Mangold gründlich untermischen.

◆ Den Backofen auf 200 °C vorheizen.

◆ Den Teig in zwei Hälften teilen. Auf einer bemehlten Arbeitsfläche die erste Portion 3 mm dick ausrollen und einen Kreis von 30 cm Durchmesser ausschneiden. Über das Rollholz legen und in einer Tortenbodenform mit 28 cm Durchmesser und herausnehmbarem Boden wieder abrollen, an den Boden und in den Rand drücken. Die Hälfte der Mangoldmischung einfüllen und darauf die Hälfte der Apfelscheiben anordnen. Mit der übrigen Mangoldmischung bedecken und darauf die restlichen Apfelscheiben in konzentrischen Kreisen auflegen, sodass sie einen glatten Abschluss bilden – die Füllung ragt jetzt über den Rand der Form hinaus. Mit dem Rum beträufeln.

◆ Auf der bemehlten Arbeitsfläche die zweite Teigportion zu einem Kreis von 30 cm Durchmesser ausrollen, über das Rollholz legen und gleichmäßig über die Füllung breiten. Den Rand des Teigdeckels zwischen die Füllung und den Rand des Teigbodens schieben. Beide Ränder zusammendrücken, sodass die Füllung fest eingeschlossen ist. Überstehenden Teig gerade abschneiden.

◆ Den Teigdeckel mit dem verquirlten Ei bestreichen und mit einer Gabel in zwei konzentrischen Kreisen einstechen. 45–50 Minuten backen, bis der Kuchen kräftig gebräunt ist, die Form nach etwa 30 Minuten um 180 Grad drehen.

◆ Auf einem Drahtgitter abkühlen lassen. Den Kuchen aus der Form nehmen und auf eine Platte gleiten lassen. Aufschneiden und warm oder raumtemperiert servieren.

Für 8 Personen

Alpes-de-Haute-Provence

Coings pochés

Pochierte Quitten

Neben allem anderen findet sich in vielen Nutzgärten im Süden Frankreichs mindestens ein Quittenbaum. Zwar ließen sich die Früchte viel schneller garen, doch gewinnen sie bei diesem provenzalischen Rezept »nach Großmutterart« durch das langsame Pochieren eine ganz besonders verlockende Farbe, die an einen Karneol erinnert. Sie können auch als Belag für einen Kuchen verwendet werden, sollten dann aber nicht einfach geviertelt, sondern in dicke Spalten geschnitten werden.

4 große Quitten

1 l Wasser

550 g Zucker

Schale von 1 großen Zitrone, in 2 cm breite Streifen geschnitten

1 Orangenschalenstreifen (2 cm breit)

◆ Die Quitten schälen, vierteln und vom Kerngehäuse befreien. Die Schalen und Kerngehäuse in ein kleineres Mulltuch binden. In einem Topf (nicht aus Aluminium) das Wasser mit dem Zucker zum Kochen bringen und dabei rühren, bis sich der Zucker gelöst hat. Die Quittenstücke, die Zitrusschalen und das Mullsäckchen hinzufügen und die Temperatur auf die niedrigste Stufe herunterschalten.

◆ Ein Stück Pergamentpapier entsprechend dem Topfdurchmesser zuschneiden, über die Quitten legen und mit einem hitzebeständigen Teller bedecken. Einen Deckel auflegen und die Quitten 6–7 Stunden sanft pochieren, bis sie weich und rot gefärbt sind. (Bei einem Gasherd einen Flammenverteiler unter den Topf legen.) Alternativ die Quitten im geschlossenen Topf bei 95 °C in 8–9 Stunden im Backofen garen.

◆ Den Teller und das Pergamentpapier sowie das Mullsäckchen entfernen und die Quitten im Sirup abkühlen lassen. In Dessertschalen anrichten und mit dem Sirup beträufeln. Im Kühlschrank halten sich die pochierten Quitten bis zu 10 Tage.

Für 6 Personen

Alpes-Maritimes

Fougassette

Süßer Weihnachtsfladen

In der Gegend von Nizza und an der Côte d'Azur wird die üppigere, süße Version der traditionellen »fougasse« in der Weihnachtszeit als Alternative zur »pompe à l'huile« serviert, einem ebenfalls mit Olivenöl zubereiteten süßen Brot. Orangenblütenwasser verleiht der »fougassette« eine unverwechselbare Note.

FÜR DEN VORTEIG

150 g Hartweizenmehl für Brot

180 ml lauwarmes Wasser

30 g frische Hefe, zerbröckelt, oder 2½ TL Trockenhefe

FÜR DEN HEFETEIG

250 g Hartweizenmehl für Brot

1 Prise Salz

3 Eier, leicht verquirlt

90 g Zucker

2 EL Orangenblütenwasser

80 ml Olivenöl

Puderzucker zum Bestäuben

◆ Für den Vorteig das Mehl in eine kleine Schüssel häufen. Das Wasser in eine Tasse gießen und die Hefe einrühren, bis sie sich aufgelöst hat, anschließend unter das Mehl rühren. Die Schüssel mit einer eingeölten Klarsichtfolie abdecken und den Vorteig an einem warmen Ort in 30–45 Minuten auf das doppelte Volumen aufgehen lassen.

◆ Für die Herstellung des Teigs die Küchenmaschine mit dem Knethaken bestücken. Das Mehl mit dem Salz in der Rührschüssel vermengen. Den Vorteig, die Eier, den Zucker und das Orangenblütenwasser hinzufügen und alles vermischen. In gleichmäßigem Strahl das Öl hinzugießen und dabei den Momentschalter betätigen, bis ein zusammenhängender Teig entsteht.

◆ Den Teig auf einer leicht bemehlten Arbeitsfläche zu einer Kugel formen. In einer leicht eingeölten Schüssel mehrmals wenden, bis er von dem Öl überzogen ist. Die Schüssel mit einem feuchten Küchentuch abdecken und den Teig in etwa 1 Stunde auf das doppelte Volumen aufgehen lassen.

◆ Den Teig auf der bemehlten Arbeitsfläche kurz kneten. Zu einem Rechteck von etwa 28 × 38 cm ausrollen und auf ein ungefettetes Backblech legen. Mit einem scharfen Messer acht- bis zehnmal in Abständen von 6 cm so einschneiden, dass die Schnitte wie Blattadern von der Mitte aus schräg nach außen verlaufen und 2,5 cm vor dem Rand enden. Die Einschnitte mit den Fingern weit auseinander ziehen, damit sie sich in der Ofenhitze nicht wieder schließen. Den Teig mit einem feuchten Küchentuch abdecken und 20 Minuten ruhen lassen.

◆ Den Backofen auf 200 °C vorheizen. Einen Wasserzerstäuber mit feiner Düse bereitstellen.

◆ Das Tuch abnehmen und das Blech in den Ofen schieben. Dreimal rasch oben und unten in den Ofen sprühen. Den Fladen etwa 25 Minuten backen, bis er goldbraun ist, und 5 Minuten vor Ende der Backzeit nochmals in den Ofen sprühen – so wird die Kruste schön knusprig.

◆ Den Fladen aus dem Ofen nehmen, auf einem Drahtgitter abkühlen lassen und danach gleichmäßig mit Puderzucker bestäuben. Raumtemperiert servieren.

Ergibt 1 Fladen

Vaucluse

Compôte de fruits secs

Kompott von Trockenfrüchten

Da dieses Kompott ziemlich gehaltvoll ist, genügen zwei bis drei Esslöffel davon, in einer kleinen Schale oder einem hübschen Glas angerichtet, vollauf. Manchmal wird dazu Zimteis serviert, und auch ein Klecks Crème fraîche, die allerdings für die traditionelle provenzalische Küche nicht gerade typisch ist, passt gut dazu. Üblicherweise aber genießen die Provenzalen das süße Kompott pur, gefolgt von einem starken Kaffee.

Wählen Sie noch etwas saftiges Trockenobst, denn stark gedörrte Früchte zerfallen beim Kochen leicht.

> 375 ml Wasser
>
> 125 g Zucker
>
> 500 g gemischte Trockenfrüchte wie Backpflaumen, Birnen, Pfirsiche, Apfelringe, Nektarinen und Feigen
>
> 90 g dunkle Rosinen
>
> 90 g Sultaninen
>
> 4 Zimtstangenstücke (jeweils etwa 4 cm lang)
>
> 4 Gewürznelken
>
> 8 Kardamomkapseln
>
> ½ TL frisch geriebene Muskatnuss
>
> 250 ml frisch gepresster Orangensaft
>
> 60 ml Cognac oder ein anderer Weinbrand

◆ Das Wasser mit dem Zucker in einem Topf (nicht aus Aluminium) bei mittlerer Temperatur bis zum Siedepunkt erhitzen und dabei rühren, bis sich der Zucker gelöst hat.

◆ Die gemischten Trockenfrüchte, die dunklen Rosinen, die Sultaninen, den Zimt, die Nelken, den Kardamom, die Muskatnuss und den Orangensaft hinzufügen und in dem Sirup leise köcheln lassen, bis die Früchte an Volumen zunehmen und schön prall, aber noch leicht zäh im Biss sind – saftigere Trockenfrüchte benötigen etwa 7 Minuten, stärker getrocknete etwas länger.

◆ Den Topf vom Herd nehmen und den Cognac oder Weinbrand einrühren. Das Ganze abkühlen lassen und zugedeckt in den Kühlschrank stellen – die Haltbarkeit beträgt bis zu 1 Woche. Erwärmt oder raumtemperiert in kleinen Glasschalen oder Stielgläsern anrichten und servieren.

Für 6–8 Personen

Alpes-Maritimes

Croissants aux pignons

Mandelhörnchen mit Pinienkernen

Angeblich in Nizza erfunden, sind die »pignolats«, wie diese Hörnchen dort heißen, inzwischen nicht nur weit verbreitet, sondern haben sich zu einer begehrten süßen Spezialität entwickelt. Denn viele der Pinien, die einst die Küste säumten, mussten inzwischen Häusern Platz machen oder Eukalyptuspflanzungen weichen, die nicht so leicht in Brand geraten.

> 150 g Pinienkerne
>
> 1 ganzes Ei und 3 Eiweiß
>
> 280 g gemahlene Mandeln
>
> 250 g extrafeiner Zucker

◆ Den Backofen auf 190 °C vorheizen. Ein Backblech mit Butter einstreichen.

◆ Die Pinienkerne gleichmäßig auf einem Teller oder Holzbrett ausstreuen. Das ganze Ei in eine weite, flache Schüssel aufschlagen und mit einer Gabel gründlich verquirlen.

◆ Die Mandeln mit dem Zucker und den Eiweißen in eine Schüssel füllen und mit einem Schneebesen oder dem elektrischen Handrührgerät vermischen, bis eine feste Masse entsteht. Mit den Händen zu walnussgroßen Kugeln formen. Diese erst im verquirlten Ei und anschließend in den Pinienkernen wälzen, bis sie gleichmäßig überzogen sind. Die Kugeln auf der Arbeitsfläche zu einem kurzen Strang rollen, flach drücken, dabei gleichzeitig die Enden spitz zulaufen lassen und biegen, sodass die Form von Hörnchen entsteht. Auf das vorbereitete Blech legen.

◆ Die Hörnchen in 15–20 Minuten goldgelb backen. Auf dem Blech völlig erkalten lassen, mit einem Metallspatel auf einen Gebäckteller heben und servieren.

Ergibt 16–20 Stück

Zahlreiche enge Gassen und verlockende Geschäfte machen das alte Nizza zu einem lohnenden Ausflugsziel.

Le gros souper

In der Provence kommt dem Essen gelegentlich ein hoher Symbolgehalt zu, der sich in bestimmten Zutaten und Zubereitungen ausdrückt. Ein Paradebeispiel hierfür liefert *le gros souper,* das traditionsgemäß am Heiligen Abend zelebriert wird und noch wichtiger ist als das eigentliche Weihnachtsessen am 25. Dezember.

Als Erinnerung an die Heilige Dreifaltigkeit werden drei Tücher auf den Tisch gelegt – das obere jeweils etwas kleiner als das darunter befindliche – und darauf drei Kerzen gestellt. Sieben Dinge, darunter Knoblauchknollen, Salbeizweige und Weizenbündel, schmücken den Tisch als Sinnbild für die Stationen des Kreuzwegs. Ursprünglich verwendete man anstelle der Weizenbündel gekeimte Körner, die am 4. Dezember von Kindern vorbereitet worden waren. Oft kommt als Dekoration auch ein roher Fisch auf einer Platte hinzu, der an die Wunder Christi erinnert. Für das Ende der Mahlzeit sind auf einem Beistelltisch oder einer Anrichte dreizehn Nachspeisen – *les treize desserts* – bereitgestellt, die Jesus mit seinen Jüngern beim Letzten Abendmahl verkörpern sollen.

Obwohl das traditionelle und aufwendige Ritual heutzutage weniger strikt befolgt wird, sind die dreizehn Desserts den meisten Provenzalen doch heilig. Zunächst einmal handelt es sich hierbei um Rosinen, Feigen, Mandeln und Haselnüsse, die für die vier Bettelorden stehen (und übrigens auch als Zutaten auf der weihnachtlichen *tarte aux mendiants* nicht fehlen dürfen). Außerdem gehören dazu Trauben, Melonen, Datteln und andere Nüsse sowie der weiche, weiße Nougat aus Montélimar und Sault und sein dunkles Pendant, bestehend aus Nüssen und karamellisiertem Zucker. Weitere regionale Süßigkeiten wie die *calissons d'Aix,* die *Nostradamus de Salon,* die *berlingots* aus fruchtig aromatisierter Zuckerwatte und schließlich die zuckrig glänzenden *fruits confits* kommen hinzu.

Speziell für den Heiligen Abend und die kommenden Festtage wird das runde, süße Brot namens *pompe à l'huile* gebacken, das traditionsgemäß nicht geschnitten, sondern mit den Händen gebrochen wird. Es enthält Olivenöl, genau wie die briocheähnliche *fougassette,* jene süße und mit Orangenblütenwasser aromatisierte Version der *fougasse,* die in Nizza die *pompe* ersetzt.

Im Mittelpunkt des *gros souper* steht üblicherweise einfach gedämpfter oder gekochter Klippfisch. Denn das Essen muss schlicht und leicht sein, damit die Gäste am nächsten Tag noch ausreichend Appetit für den anstehenden Gänse- oder Truthahnbraten mitbringen. Außerdem darf es sich nicht allzu sehr in die Länge ziehen. Schließlich will die Familie pünktlich zur Mitternachtsmesse in der Kirche erscheinen.

Vaucluse

Fruits confits aux épices

Würzige kandierte Früchte

Zum Kaffee munden die kandierten Früchte genauso wie zu Eiscreme. Köstlich sind sie auch als dekorativer Kuchenbelag oder mit Schokolade überzogen.

> *2 Orangen*
>
> *Je 1 rosa oder gelbe Grapefruit und Zitrone*
>
> *150 g Kumquats*
>
> *500 g extrafeiner Zucker, plus 450 g zum Überziehen*
>
> *2 Sternanis, jeweils in 2 oder 3 Stücke gebrochen*
>
> *1 Zimtstange, in 3 gleiche Stücke gebrochen*
>
> *1 Vanilleschote, längs aufgeschlitzt*

◆ Am Vorabend die Orangen, die Grapefruit und die Zitrone in 3 mm dicke Scheiben schneiden. Die Kumquats ganz lassen, nur größere Exemplare halbieren. Die Stücke auf ein Kuchengitter legen, mit heißem Wasser bestreichen und über Nacht antrocknen lassen.

◆ Am nächsten Tag 500 ml Wasser mit 500 g Zucker in einem weiten Topf bei mittlerer Temperatur zum Kochen bringen und dabei rühren, um den Zucker zu lösen. Die Gewürze und Früchte hinzufügen, mit einem passend zugeschnittenen Stück Pergamentpapier abdecken und bei niedriger Temperatur etwa 20 Minuten köcheln lassen, bis die Fruchtschalen weich sind und glasig schimmern. Vom Herd nehmen und zugedeckt bei Raumtemperatur abkühlen lassen.

◆ Am folgenden Tag die Früchte mit einer Backschaufel aus dem Sirup nehmen und auf einem Drahtgitter mindestens 2 Stunden abtropfen lassen.

◆ Den Backofen auf 120 °C vorheizen. Ein Backblech mit Pergamentpapier auslegen.

◆ Die Früchte auf das Blech legen und für etwa 30 Minuten in den Ofen schieben – sie sollen sich trocken anfühlen und glänzen, dürfen aber keine Farbe annehmen. Aus dem Ofen nehmen und lauwarm abkühlen lassen.

◆ Die Früchte in den 450 g Zucker wenden und gleichmäßig überziehen. In einer luftdicht verschlossenen Dose halten sie sich bei Raumtemperatur bis zu 2 Wochen.

Ergibt etwa 625 g kandierte Zitrusfrüchte

Alpes-Maritimes

Oranges caramélisées
à l'eau de fleur d'oranger

Karamellisierte Orangenscheiben
mit Orangenblütenwasser

Das Orangenblütenwasser aus dem nördlich von Cannes im Landesinneren gelegenen Grasse wird in der Provence gern zum Aromatisieren von Speisen verwendet. So auch bei diesem schlichten, erfrischenden Dessert, das ebenso mit Blutorangen gelingt.

6 Navel- oder Blutorangen

Etwa 2 TL Orangenblütenwasser

150 g Zucker

180 ml Wasser

◆ Die Schale von 1 Orange mit einem Zestenreißer in langen Fäden entfernen. Mit einem scharfen Messer von allen Orangen oben und unten eine dünne Scheibe abschneiden, sodass das Fruchtfleisch zum Vorschein kommt. Die Früchte aufrecht auf ein Schneidbrett setzen und die restliche Schale, der Rundung folgend, in Streifen so abschneiden, dass auch hier das Fleisch zum Vorschein kommt. Die Orangen quer in 3 mm dicke Scheiben schneiden und diese in zwei oder drei Lagen dekorativ auf einer Servierplatte anordnen. Gleichmäßig mit den Zesten bestreuen und mit dem Orangenblütenwasser beträufeln.

◆ 45 Minuten vor dem Servieren – nicht früher – den Zucker mit dem Wasser in einem kleinen Topf bei mittlerer Temperatur aufsetzen und ständig rühren, bis sich der Zucker gelöst hat. Den Sirup nach dem ersten Aufsprudeln ohne Rühren weiterkochen lassen, bis er bernsteinfarben ist. Den Topf schwenken, um die Farbe zu verteilen, und die Zuckerkristalle, die sich am Rand bilden, mit einem feuchten Backpinsel in den Sirup schieben. Den Sirup bei mittlerer Temperatur weiterkochen, bis er eine dunkle Karamelltönung annimmt. Der gesamte Vorgang dauert etwa 15 Minuten.

◆ Den Sirup unverzüglich über die Orangen träufeln – von der Mitte nach außen spiralförmig bis kurz vor dem Rand –, er erstarrt sofort. Bei Tisch den Karamellüberzug mit Löffel und Gabel »aufknacken« und die Orangenscheiben auf Tellern anrichten.

Für 6 Personen

Vaucluse

Merveilles

Karnevalsgebäck

*Je nach Gegend heißen die »merveilles« in der Provence
auch »oreillettes«, »bugnes« oder »galans«. Nicht nur in
der gesamten Region und sogar die Rhône aufwärts bis
nach Lyon sind sie bekannt, sondern selbst in Italien,
wo man sie »crostoli« nennt. Man genießt sie gern zu
Champagner, aber ebenso zum Kaffee nach dem Essen,
zum Nachmittagstee oder als Beigabe zu Desserts aus
frischen Beeren. Obwohl sie sich einige Tage in einer
luftdicht verschlossenen Dose halten, schmecken sie
frisch am allerbesten.*

FÜR DEN TEIG

250 g Mehl

3 EL Butter, zerlassen und abgekühlt

2 Eier, leicht verquirlt

2 EL Milch oder Wasser

2 TL Orangenblütenwasser

2 EL Zucker

Abgeriebene Schale von 1 Orange

*Traubenkern-, Erdnuss- oder Pflanzenöl
zum Frittieren*

125 g Puderzucker

◆ Für den Teig das Mehl in eine große Schüssel häufen. In die Mitte eine Mulde drücken und die Butter, die Eier, die Milch oder das Wasser und das Orangenblütenwasser hineingeben. Mit einem Holzlöffel
zunächst diese Zutaten in der Mehlmulde vermischen, dann den Zucker und anschließend die Orangenschale untermischen. Unter weiterem Rühren
langsam das umgebende Mehl einarbeiten, bis ein
gleichmäßiger Teig entsteht. Mit eingemehlten Händen den Teig zu einer Kugel formen, in Klarsichtfolie
wickeln und etwa 2 Stunden an einem kühlen
Ort ruhen lassen beziehungsweise bei heißer Witterung in den Kühlschrank legen.

◆ Den Teig auf einer leicht bemehlten Arbeitsfläche
3 mm dick ausrollen. Mit einem gewellten Teig-
rädchen oder scharfen Messer die Hälfte der Teig-
fläche in lange Streifen von etwa 5 cm Breite und
diese in 3 cm lange Stücke schneiden. Die Ränder
jedes Rechtecks mit einer Gabel leicht eindrücken.

◆ Für eine abwechslungsreiche Optik auf dem Gebäckteller den restlichen Teig in unterschiedliche
Formen schneiden, also etwa in längere oder breitere
Streifen oder auch in lang gezogene Dreiecke. Einige der längeren Streifen mit zwei parallelen Längs-
schnitten, einige der kürzeren Streifen mit zwei parallelen Schnitten in Querrichtung versehen. Einen
Teil der Dreiecke in der Mitte waagerecht einschneiden und die lange Spitze durch die Öffnung ziehen.
Einige der langen, schmalen Streifen können auch zu
einem Knoten gebunden oder wie eine Schleife zu-
sammengelegt werden.

◆ Einen großen Topf 7,5–10 cm hoch mit Öl füllen
und dieses auf 165 °C erhitzen. Die Temperatur mit
einem Fettthermometer prüfen.

◆ Die Gebäckstücke portionsweise ins heiße Öl
gleiten lassen und 1–1½ Minuten frittieren, bis sie
locker aufgegangen und goldgelb sind, dabei ein-
oder zweimal wenden. Mit einer Schaumkelle herausnehmen und auf Küchenpapier abtropfen lassen.

◆ Den Puderzucker auf einen großen Teller streuen
und die warmen Plätzchen darin wenden (oder mit
dem Puderzucker besieben). Raumtemperiert servieren. Das Gebäck bleibt in einer luftdicht verschlossenen Dose 2–3 Tage frisch.

Für 8–10 Personen

GLOSSAR

Hier werden Grundzubereitungen sowie besondere Zutaten der provenzalischen Küche vorgestellt, die für die Rezepte dieses Buches häufig benötigt werden. Die meisten Erzeugnisse bekommen Sie in Delikatessengeschäften, viele auch in gut sortierten Supermärkten. Für Stichwörter, die im Glossar nicht behandelt sind, sei auf das Register verwiesen.

ARTISCHOCKEN

Eine im Mittelmeerraum heimische distelartige Pflanze, in Frankreich als *artichaut* bekannt, liefert die Blütenköpfe, die im Knospenstadium geerntet werden. Vornehmlich zwei Formen findet man auf den Märkten der Provence: kleine violette Artischocken ohne »Heu«, die meist roh oder kurz blanchiert gegessen werden, sowie mittelgroße bis große grüne Exemplare mit »Heu« und in stacheligen Spitzen endenden Hüllblättern.

ARTISCHOCKEN VORBEREITEN: Den Saft von 1 Zitrone in einer Schüssel mit kaltem Wasser vermischen. Die Artischockenstiele auf 2,5 cm Länge bei kleinen, auf 5 cm Länge bei großen Exemplaren einkürzen. Die äußeren Blätter entfernen, bis die hellgelben, zarten Innenblätter zum Vorschein kommen. Die Artischocken auf die Seite legen und die harten grünlichen Blattspitzen abschneiden, sodass nur die zarten, essbaren Teile übrig bleiben. Die Artischocken je nach Rezept längs halbieren oder vierteln (sehr kleine Exemplare ohne »Heu« können ganz bleiben). Mit einem kleinen Gemüsemesser das »Heu« vom Artischockenboden lösen und mit einem Löffel entfernen. Die Stücke sogleich ins Zitronenwasser einlegen. Vor der Verwendung gründlich abtropfen lassen.

BOUQUET GARNI

Eines der meistverwendeten Würzmittel der Provence wie überhaupt ganz Frankreichs ist dieses Kräuterbündel. In der klassischen Form enthält es nur drei Bestandteile: glatte Petersilie, Thymian und Lorbeerblätter. In ein normales Bouquet garni gehören 3 Petersilienstängel, 2 Thymianzweige und 1 Lorbeerblatt. Ein großes Bouquet garni umfasst 4 große Petersilienstängel, 3 mittelgroße Thymianzweige sowie 1 großes Lorbeerblatt. Legen Sie Thymian und Lorbeerblatt auf die Petersilie, hüllen Sie sie darin ein und umwickeln Sie das Ganze fest mit Küchengarn. Dieses wird so verknotet, dass sich das Bündel später an einem langen Garnende gut aus dem Topf fischen lässt. Verlangt ein Rezept weitere Zutaten für das Bouquet garni, etwa eine kleine Stange Sellerie, einen Fenchelstängel oder auch einen Oreganozweig, werden diese einfach mit eingebunden. Die Kräuter müssen absolut frisch sein, damit das Gericht das gewünschte intensive Aroma erhält.

DICKE BOHNEN

Eine feste, kompakte Konsistenz und eine leicht herbe Note kennzeichnen die Samen dieser Bohnenart. Im Frühjahr knabbern die Provenzalen die ersten zarten *fèves* oder *fèvettes* der Saison gern roh direkt aus den Hülsen. Ältere Exemplare werden hingegen, da ihre Haut unangenehm hart und bitter sein kann, abgezogen und anschließend entweder einfach mit Knoblauch gegart oder mit anderem Gemüse wie grünen Bohnen oder Artischocken kombiniert. Frische und getrocknete Dicke Bohnen unterscheiden sich deutlich im Geschmack und sind daher nicht austauschbar.

FRISCHE DICKE BOHNEN VORBEREITEN: Die Hülsen mit den Fingern öffnen und die Samen herausstreifen. In kochendem Wasser etwa 30 Sekunden blanchieren, abseihen und unter fließendem kaltem Wasser etwas abkühlen. Die Samen zwischen zwei Fingern aus ihrer Haut drücken.

FEIGEN

Bereits vor über 3000 Jahren kamen die Bewohner der Südküste Frankreichs in den Genuss der ersten süßen, saftigen *figues* aus Kleinasien. Damals aufgrund ihrer Empfindlichkeit eine luxuriöse Delikatesse, gehören die delikaten Früchte heute im gesamten Mittelmeerraum zum Standardangebot der Obsthändler. Das Spektrum reicht von hell- bis dunkelhäutigen Sorten, die Formen variieren zwischen rundlich und birnenförmig. Frische Feigen lassen sich vorzüglich mazerieren, pochieren, backen, als Belag auf Tartes verwenden oder zu Konfitüre verarbeiten. Getrocknete Feigen, die noch süßer und fest sind, eignen sich ideal für Schmorgerichte, Füllungen und Kuchen. Da Feigen nicht nachreifen, wählen Sie beim Einkauf weiche, aber pralle Exemplare mit frischem Stielansatz. Sie sollen möglichst bald gegessen und bis dahin nebeneinander bei Raumtemperatur gelagert werden. Getrocknete Feigen sollten noch feucht und biegsam sein. Geschützt vor Licht und Wärme, bewahrt man sie in einem luftdicht verschlossenen Behälter auf.

HASELNÜSSE

In Frankreich beschränkt sich der Haselnussanbau auf den Südwesten des Landes, genauer auf Korsika und den südlichen Languedoc-Roussillon. Die knackigen, leicht süßen *noisettes* gehören in der Provence zu den dreizehn Kleinigkeiten, die am Weihnachtsabend gereicht werden als Symbol für Christus und die Apostel beim Abendmahl. Ansonsten kommen sie in vielen Desserts vor oder werden als Garnitur über Salate, Gemüse und andere herzhafte Gerichte gestreut. Ihr duftendes Öl gibt verschiedenen Saucen und Dressings eine besonders feine Note. Kaufen Sie keine bereits gehackten Haselnüsse, die den ganzen Kernen in puncto Aroma und Konsistenz zwangsläufig unterlegen sind.

HASELNÜSSE RÖSTEN UND ENTHÄUTEN: Die Nüsse in einer Lage auf einem Backblech verteilen und bei 165 °C im Ofen rösten, bis sie nach 15–20 Minuten aromatisch duften. Dabei etwa zweimal durchmischen. Die noch warmen Nüsse in ein sauberes Küchentuch einschlagen und die braune Haut abreiben. Wie bei allen Nüssen verbessern sich durch das Rösten sowohl der Geschmack als auch die Konsistenz.

KALMARE

Nicht von ungefähr kommen Kalmare unterschiedlicher Größen im gesamten Mittelmeerraum auf den Tisch: Das Fleisch dieser Tiere, die in Frankreich *calmar* und im provenzalischen Dialekt *tautenne* heißen, eignet sich mit seinem milden Geschmack für eine Vielzahl von Zubereitungen. Da es jedoch schnell zäh wird, darf es nur einige Minuten gekocht oder geschmort werden.

KALMARE KÜCHENFERTIG VORBEREITEN: Die Arme mitsamt dem Kopf und den daran anschließenden Innereien aus dem Körperbeutel ziehen. Die Innereien abtrennen und wegwerfen. Gleich unterhalb der Augen die Arme abschneiden und beiseite legen, das andere Stück wegwerfen. Zwischen den Armen die Kauwerkzeuge nach vorn herausdrücken, abtrennen und wegwerfen. Das lange, transparente Fischbein aus dem Körper ziehen und wegwerfen. Körper und Arme gründlich unter kaltem Wasser abspülen. Für manche Rezepte wird die gräuliche Haut abgezogen. Bei anderen Zubereitungen lässt man sie dagegen intakt, sodass sie, wenn sie sich beim Kochen löst, die Sauce färbt. Körper und Fangarme werden je nach Rezept ganz gelassen oder geschnitten.

CROÛTONS

Unter Croûtons verstehen die Franzosen Stücke von knusprigem Brot, die als Suppeneinlage dienen, aber auch mit gerösteten Paprikaschoten, gebackenem Ziegenfrischkäse oder Pastetenscheiben belegt beziehungsweise mit Tapenade und anderen Pasten oder, für eine Fischsuppe, mit etwas Rouille bestrichen werden. Je nach ihrem Verwendungszweck und der Laune des Kochs besitzen Croûtons die Form kleiner Quadrate oder auch ganzer Baguette- und mitunter sogar größerer Brotscheiben, eventuell passend zum jeweiligen Belag zugeschnitten. Von Fall zu Fall werden die Stücke, nach Belieben zuvor mit Knoblauch eingerieben, im Ofen, über dem offenen Feuer oder auf dem Herd in einer Grillpfanne geröstet oder auch in Öl in der Pfanne ausgebacken.

CROÛTONS RÖSTEN – Den Backofen auf 150 °C vorheizen. Die Brotscheiben nach Belieben mit Knoblauch einreiben, großzügig mit Olivenöl bestreichen und auf einem Backblech in 15–18 Minuten goldgelb rösten, bis sie sich trocken anfühlen.

CROÛTONS AUSBACKEN – Die Brotscheiben nach Belieben mit Knoblauch einreiben. Eine Pfanne 2,5 cm hoch mit Olivenöl füllen und bei hoher Temperatur erhitzen. Die Brotscheiben nebeneinander einlegen und in etwa 1 Minute goldgelb ausbacken. Wenden, bei Bedarf weiteres Öl hinzufügen und die zweite Seite ebenfalls in etwa 1 Minute ausbacken. Auf Küchenpapier abtropfen lassen.

CROÛTONS GRILLEN – Die Brotscheiben nach Belieben mit Knoblauch einreiben und großzügig mit Olivenöl bestreichen. Eine Grillpfanne erhitzen oder im Gartengrill für ausreichende Glut sorgen. Die Brotscheiben etwa 1 Minute grillen, bis sie leicht Farbe annehmen, dann um 45 Grad drehen und 1 weitere Minute grillen, bis ein attraktives Gittermuster entsteht. Wenden und auch die zweite Seite etwa 1 Minute grillen, ohne sie dabei zu drehen.

KANINCHEN

Ob mit Wildkräutern gefüllt und gebraten, als traditionelles *civet* mit Pilzen in Rotwein geschmort oder mit Tapenade bestrichen und im Ofen gebacken, steht Kaninchen in der kulinarischen Hitliste der Provence ganz weit oben. Zuchtkaninchen bieten ein zarteres Aroma als die *lapins de garenne*, die sich im Gestrüpp der Hügel des Midi tummeln. Das Fleisch größerer Tiere gerät besonders saftig, wenn man es langsam schmort. Kaufen Sie Kaninchen bei einem Händler Ihres Vertrauens.

KAPERN

Die noch geschlossenen Blütenknospen eines im Mittelmeerraum heimischen Strauches mit lang herabhängenden Zweigen heißen auf Französisch *câpres* und im provenzalischen Dialekt *tapenos*. Sie sind nicht nur ein wesentlicher Bestandteil der Tapenade, sondern verleihen auch Fleischsaucen und Pastas ein pikantes Aroma. Die Provence ist bekannt für ihre hervorragenden kleinen dunkelgrünen »nonpareilles«. Eingelegt in Meersalz, bewahren Kapern ihren intensiven Geschmack und ihre feste Beschaffenheit zwar am besten, dennoch werden sie im Süden des Landes vornehmlich in Lake oder Essig eingelegt angeboten. Alle drei Sorten sollten vor der Verwendung abgespült werden. Um den Geschmack weiter zu mildern, wässert man sie 10–15 Minuten. Bei eingesalzenen Kapern sollte das Salz trocken und weiß sein; im Kühlschrank halten sie sich bis zu 1 Jahr.

KICHERERBSENMEHL

Durch Mahlen getrockneter Kichererbsen entsteht das feine hellgelbe Mehl, das pikanten Crêpes und Krapfen einen vollen, nussigen Geschmack verleiht und für Spezialitäten wie *socca* und frittierte *panisses* geradezu ein Muss ist. Es ist in italienischen, spanischen und indischen Delikatessengeschäften sowie in Reformhäusern und Bioläden erhältlich. Man kann es ebenso selbst herstellen, indem man getrocknete Kichererbsen portionsweise in einer sauberen Kaffeemühle mahlt.

KRÄUTER DER PROVENCE

Provenzalische Hausfrauen, Köche und Kräuterverkäufer hüten eifersüchtig ihr Rezept für diese Komposition aus getrockneten Kräutern. Die genaue Zusammensetzung variiert, aber fast immer sind Thymian, Majoran, Bohnenkraut, Oregano, Basilikum, Rosmarin, Fenchelsamen und Lavendelblüten beteiligt. Eingerieben mit den *herbes de Provence* und Olivenöl, entfalten gebratenes Fleisch und Geflügel einen unvergleichlich würzigen Duft. Suchen Sie nach der Kräutermischung in den traditionellen kleinen Tongefäßen.

LAVENDEL

Immer wieder weht einem im Süden Frankreichs und insbesondere in den Hügeln der Haute Provence ein schwerer, süßlicher Duft um die Nase. Während Echter Lavendel oberhalb von 800 m wild wächst und bis heute von Hand gesammelt wird, um aus ihm eine besonders kostbare Essenz zu gewinnen, wird der Bedarf der modernen Industrie zum größten Teil durch die Hybride Lavandin gedeckt, die auf riesigen Feldern kultiviert wird. Die Blüten teilen ihren Duft den berühmten Parfums aus dem nahe Nizza gelegenen Grasse mit. Allerdings kommt die Pflanze ebenso in der regionalen Küche zum Einsatz, um Essig, Saucen, Honig, Eiscreme und Getränke, aber auch herzhafte Eintopfgerichte und Braten zu aromatisieren. Da der für Gestecke und Potpourris angebotene Lavendel chemisch behandelt ist, sollten Sie zum Kochen nur Lavendel aus biologischem Anbau oder speziell als Gewürz ausgewiesene Blüten verwenden. Eine lebhaft violette Farbe und ein blumiger Duft sind Anzeichen für gute Qualität.

MEERSALZ

Seit der Antike ernten *paludiers*, speziell ausgebildete Arbeiter, in den *salins* (Salzmarschen) an der französischen Südküste von Hand die großen Salzbrocken, die durch kontrolliertes Verdunsten von Meerwasser gewonnen wurden. Feines Meersalz ist ideal zum Kochen, da es sich schnell auflöst, während grobes Meersalz, unmittelbar vor dem Servieren an die Speisen gegeben, für eine knusprige Konsistenz sorgt. Ein zarter Veilchenduft kennzeichnet das feinste Salz überhaupt, das *fleur de sel* (»Salzblume«) genannt und von der Oberfläche des verdunstenden Meerwassers abgeschöpft wird. Mit seinem einzigartigen Geschmack ist es durch nichts zu ersetzen. Natürliches, also ohne Zusätze hergestelltes Meersalz, das eine intensive mineralische Note entfaltet, bekommen Sie in feiner und grober Körnung in Delikatessengeschäften und gut sortierten Supermärkten.

OLIVENÖL

Nachdem die Griechen im 6. Jahrhundert v. Chr. die ersten Olivenbäume in der Provence gepflanzt hatten, perfektionierten 500 Jahre später die Römer die Kunst, den Früchten das Öl abzugewinnen. Mit ihren knorrigen Stämmen, dem silbriggrünen Laub und den dunklen Früchten prägen die Bäume die Landschaft des Midi. Die schönsten Olivenhaine erstrecken sich westlich des Gipfels des Mont Ventoux entlang der Küste und um den alten Ort Les Beaux. Vier Bereiche der Region erhielten eine *appellation d'origine contrôlée*, und die dort ansässigen Ölmühlen – insgesamt gibt es heute in der Provence davon über hundert – schmücken natürlich ihre Etiketten mit diesem Prädikat. Besonders renommiert ist das Olivenöl aus Nyons. Es wird fast ausschließlich aus *tanches* gewonnen, die erst im fast schrumpligen Stadium geerntet werden, und besticht durch einen besonders fruchtigen Geschmack. Aus dem Tal bei Les Beaux kommt ein Öl, das auf einer Mischung aus den Sorten *grossane, salonenque, picholine* und *aglandau* basiert. Selbst die winzigen *cailletiers* aus Nizza werden gepresst. Die Olivenöle der Spitzenklasse entstehen nach einem jahrhundertealten Verfahren: Im Spätherbst und Winter werden die Oliven geerntet, in kaltem Wasser gewaschen, vorsichtig zermahlen, ohne dabei die Steine zu zertrümmern, und

PILZE

Nach ergiebigen Regenfällen im Frühjahr und dann noch einmal im Herbst, wenn die Tage kühler werden, sprießen die begehrten Sammlerobjekte überall in den Wäldern der Provence aus dem Boden und veranlassen ganze Familien, gemeinsam zum Sammeln zu gehen. Obwohl einige dieser Delikatessen inzwischen auch gezüchtet werden, bieten Wildpilze doch mehr Würze.

STEINPILZ – Alle bisherigen Zuchtversuche scheiterten kläglich, dafür ist dieser Pilz in freier Natur überall in Europa anzutreffen. Zu seinen Kennzeichen gehören ein hellbrauner Hut auf kräftigem Stiel und das feste Fleisch mit intensivem, aber delikatem Geschmack. Getrocknete Steinpilze werden vor der weiteren Verarbeitung 1 Stunde und länger eingeweicht und anschließend ausgedrückt.

PFIFFERLING UND TOTENTROMPETE – Seinen französischen Namen *chanterelle* verdankt der goldgelbe Pfifferling seiner eleganten Trichterform (das griechische Wort *kantharos* bezeichnet ein hohes Trinkgefäß). Auch dieser Pilz wächst nur in freier Wildbahn. Ein zartes Aprikosenaroma begleitet seinen leicht pfeffrigen Geschmack. Aus derselben Familie stammt die schwarze Totentrompete mit ihrem ausgesprochen feinen, intensiveren Geschmack.

MORCHEL – Den nicht ganz bescheidenen Preis rechtfertigt die Morchel mit ihrem kräftigen, leicht moschusartigen Aroma und dem delikaten Geschmack. Am besten kommt der Pilz in schlichten, aber eleganten Zubereitungen zur Geltung. Da sich in den wabenartigen Vertiefungen seines Hutes leicht Erdpartikel festsetzen, sollte er kurz in reichlich Wasser gewaschen werden.

ECHTER REIZKER, KIEFERNBLUTREIZKER – Bevorzugt wächst dieser in der Provence äußerst beliebte Pilz unter Kiefern. Man erkennt ihn an dem in der Mitte leicht vertieften Hut, dessen bräunlich gelbe bis cremefarbene Oberfläche schwach grüne Stellen aufweist. Seinen französischen Namen *sanguin* verdankt er der an Schnittstellen austretenden Milch, die sich unter Lufteinwirkung rasch dunkelrot verfärbt. Als Alternative bieten sich frische Shiitake an, die eine ähnliche Konsistenz, wenn auch nicht dieselbe Geschmacksintensität mitbringen.

die Maische wird, auf Fasermatten ausgestrichen, gepresst. Nur das – nicht gerade billige – Öl aus der ersten Kaltpressung und mit maximal 1 Prozent Säure darf auf dem Etikett die Bezeichnung *extra virgin* tragen. Sein exquisites Aroma kommt am besten zur Geltung, wenn man es über Salate oder erst zum Schluss über warme Zubereitungen träufelt. Gefilterte und raffinierte Erzeugnisse, die auf dem Etikett als »rein« oder einfach als »Olivenöl« ausgewiesen sind, haben einen höheren Rauchpunkt und einen weniger ausgeprägten Geschmack, sie eignen sich gut zum Kochen und Backen. Dass Olivenöl als wesentlicher Bestandteil der gesunden Mittelmeerdiät ausgemacht wurde, ist seinem Gehalt an einfach ungesättigten Fettsäuren von beinahe 75 Prozent zuzuschreiben.

PAPRIKASCHOTEN

Gemüse spielt die Hauptrolle in der Küche der Provence und gedeiht dort in reicher Auswahl. Besonders hoch im Kurs stehen *les poivrons*, die festen, glänzenden grünen, roten und gelben Paprikaschoten. Sie sind eine unverzichtbare Zutat der Ratatouille, bereichern aber ebenso

Salate sowie Schmorgerichte und werden auch gefüllt. Um ihr Aroma zu verstärken, werden sie für manche Zubereitungen geröstet und enthäutet.

PAPRIKASCHOTEN ENTHÄUTEN: Den Backofengrill vorheizen. Die Paprikaschoten längs halbieren, Stielansatz, Samen und Scheidewände entfernen. Mit der Hautseite nach oben auf ein Backblech legen und 5–8 Minuten in etwa 10 cm Abstand von den Grillstäben rösten, bis die Haut schwarz wird und Blasen wirft. In einer Schüssel zugedeckt einige Minuten schwitzen lassen – jetzt lässt sich die Haut mühelos abziehen.

PASTIS

An einem heißen Nachmittag, als Aperitif oder nach einer Partie *pétanque* auf dem Dorfplatz genüsslich geschlürft, ist der Pastis (mit drei Teilen Wasser verdünnt) in Südfrankreich fast schon ein Lebensgefühl. Zu den meistgekauften Marken gehören Ricard, Duval, Jeannot, Pernod und Pastis 51. In der Küche bereichert sein Lakritzearoma insbesondere Gerichte mit Meeresfrüchten.

BLÄTTERTEIG

Zubereitungen mit Blätterteig machen immer viel Eindruck, und dabei ist die Herstellung des Teigs gar nicht so schwer. Außerdem kann man ihn fertig kaufen, sollte aber darauf achten, dass er Butter und nicht etwa Margarine enthält. Wird nur ein Teil des Blätterteigs benötigt, lässt sich der Rest einfrieren, wie nachfolgend beschrieben.

500 g Mehl
1 Prise Salz
2½ EL Butter, raumtemperiert,
plus 500 g Butter, gekühlt
250 ml Wasser

In der Küchenmaschine das Mehl mit dem Salz und der raumtemperierten Butter mit dem Knethaken vermischen. Anfangs langsam arbeiten, dann auf mittlere Geschwindigkeit erhöhen und dabei in dünnem Strahl das Wasser zugießen, bis sich ein fester Teig ergibt. (Alternativ das Mehl auf eine Arbeitsfläche häufen und in die Mitte eine Mulde drücken. Das Salz, die raumtemperierte Butter und das Wasser hineingeben und die Zutaten mit den Fingern vermischen. Kneten, bis sich ein fester Teig ergibt.) Den Teig mit den Handballen zu einer Kugel formen, in Klarsichtfolie einschlagen und für 30 Minuten in den Kühlschrank legen.
Die gekühlte Butter mit einem Rollholz zwischen zwei Lagen Backpapier zu einem etwa 2 cm dicken Rechteck zurechtklopfen. Den gekühlten Teig auf der bemehlten Arbeitsfläche zu einem Kreis von etwa 28 cm Durchmesser ausrollen. Die Butterplatte ohne das Papier in die Mitte legen und die Teigränder so darüber schlagen, dass sie komplett bedeckt ist. Mit dem Rollholz über den Teig fahren, bis er die Butter glatt umschließt.
Den Teig zu einem Rechteck von etwa 50 × 18 cm ausrollen, dabei sowohl die Arbeitsfläche als auch das

Rollholz öfters dünn einmehlen und gleichmäßig arbeiten, sodass die Butter nicht aus dem Teig gedrückt wird und die Rechteckform möglichst erhalten bleibt. Das schmale obere Teigdrittel zum Körper hin umklappen und dann das untere Drittel darüber schlagen, sodass drei Lagen entstehen.
Das jetzt etwa 16 × 18 cm große Paket um 90 Grad so drehen, dass sich die geschlossene Seite zu Ihrer Linken befindet. Wieder zu einem Rechteck der vorherigen Größe ausrollen und zusammenfalten. Damit sind zwei Touren vollendet. Den Teig mit Mehl bestäuben, mit Klarsichtfolie oder Backpapier abdecken und so in ein Küchentuch einschlagen, dass die Ränder eingeschlossen sind und nicht austrocknen. Für 1 Stunde in den Kühlschrank legen.
Den gut gekühlten Teig wie zuvor zweimal ausrollen, zusammenfalten, einschlagen und 1 Stunde kühlen. Anschließend folgen noch zwei Touren.
Nach den insgesamt sechs Touren kann der Teig verwendet oder aber, gut eingewickelt, bis zu 3 Tage im Kühlschrank aufbewahrt werden. Blätterteig lässt sich auch, luftdicht in Klarsichtfolie eingeschlagen, bis zu 2 Wochen einfrieren. Am besten geschieht dies nach vier Touren, während die beiden letzten Touren nach dem Auftauen erfolgen. Den gefrorenen Teig im Kühlschrank 1 Tag auftauen lassen und vor dem weiteren Ausrollen auf Raumtemperatur bringen.

Ergibt 1,25 kg

SARDELLEN

Den *anchois* begegnet man häufig in der provenzalischen Küche, etwa als Belag auf der Pissaladière, für die Tapenade mit Oliven zu einer Paste verarbeitet oder auch mit Tomaten und Knoblauch in einer Sauce für grüne Bohnen. Frische Sardellen werden gegrillt, gebraten oder auch, nur leicht mariniert, roh verzehrt. Konserviert schmecken sie am besten, wenn sie im Ganzen schichtweise in Salz eingelegt wurden (lose oder in Dosen von 500 g bis zu 1 kg erhältlich). Bei Sardellenfilets in Olivenöl sind Glaskonserven meist von besserer Qualität als Dosenware. Von Konserven, für die ein anderes Öl anstelle von Olivenöl verwendet wurde, ist abzuraten.

Ganze Sardellen in Salz vorbereiten: Behutsam unter kaltem Wasser abspülen und für einen milderen Geschmack 10 Minuten wässern. Die Haut mit einer Messerspitze abschaben und die Rückenflosse abschneiden. Durch leichten Druck auf den Körper oder mit der Spitze eines kleinen Messers am Bauch öffnen und vorsichtig vom Kopf zum Schwanz hin auseinander klappen. Die Mittelgräte herausziehen und die beiden Filets auseinander schneiden. Nochmals abspülen und auf Küchenpapier abtropfen lassen. Sofort verwenden oder in einem Glasgefäß, mit Olivenöl bedeckt, bis zu 2 Wochen im Kühlschrank aufbewahren.

SCHINKEN

Jambon cru oder *jambon sec* lautet der französische Oberbegriff für rohen, ungeräucherten Schinken. Aufgrund seiner feinen Konsistenz und des delikaten Aromas äußerst geschätzt ist trocken gepökelter und in der kühlen Bergluft gereifter *jambon de montagne*. Aus dem Baskenland kommt der *jambon de Bayonne,* der gemeinhin als der edelste aller französischen Schinken gilt, doch sind auch die Erzeugnisse aus den Ardennen, Savoyen, dem Massif Central und den Alpes de Provence keinesfalls zu verachten. Als Ersatz empfehlen sich für Rezepte, die *jambon cru* verlangen, spanischer Serrano oder italienischer Prosciutto, insbesondere Parmaschinken. Bitten Sie den Metzger, den Schinken für Kochzwecke in dickere Scheiben zu schneiden. Auch *jambon cuit* oder *jambon blanc,* gekochter Schinken also, wird überall in Frankreich verwendet.

SEPIEN

Verglichen mit den ihnen verwandten und eher lang gestreckten Kalmaren sind diese im Mittelmeer reichlich vorkommenden Gemeinen Tintenfische rundlicher, dicker, fleischiger und saftiger, weshalb sie meist bevorzugt werden. Ein weiterer Unterschied: Das im Körper sitzende Fischbein ist eine feste Schale. Am häufigsten werden Sepien in der Provence gefüllt und im Ofen gegart oder aber mit Erbsen, Tomaten und anderem Gemüse geschmort. Besonders große Exemplare müssen vor der Zubereitung weich geklopft werden. Größere Kalmare bilden bei den meisten Rezepten einen akzeptablen Ersatz. Küchenfertig vorbereitet werden Sepien wie Kalmare (siehe Seite 247). Die Tinte beider Arten wird zum Färben der Schmorflüssigkeit gelegentlich mitverwendet.

SPECK UND SPECKSCHWARTE

Aus vielen Rezepten der provenzalischen Küche ist der *lard fumé* nicht wegzudenken. Er wird bevorzugt am Stück und mit Schwarte gekauft, um ihn dann zu würfeln oder quer in schmale Streifen zu schneiden. Mit Aromaten oder Gemüse angebraten, verleihen diese *lardons* Suppen, Saucen, Füllungen und manchem Fleischgericht eine herzhafte Note. Mit der in großen Stücken abgetrennten Schwarte – *couenne* – wird der Bratentopf ausgelegt, damit das Fleisch nicht verbrennt, oder sie wird auf das Fleisch gelegt, um es vor dem Austrocknen zu schützen. Reste können für eine spätere Verwendung luftdicht verpackt und eingefroren werden.

TRÜFFELN

Nicht nur in Frankreich preisen Gourmets die Trüffeln wegen ihres intensiven Aromas und Geschmacks als »Diamanten der Küche«. Das Renommee des Périgord als Trüffelparadies ist eigentlich ungerechtfertigt, bedenkt man, dass 60 Prozent der in Frankreich verkauften schwarzen Trüffeln in der Provence gefunden werden. Dass diese Pilze verborgen in der Erde wachsen, dafür aber bestimmte Witterungsbedingungen brauchen und den Sammlern mit ihren Begleitern – einst abgerichteten Schweinen, inzwischen zunehmend von Hunden abgelöst – viel Intuition und Erfahrung abverlangen, um sie unter Ulmen und Eichen aufzuspüren, trägt ebenso zu ihrem hohen Marktwert bei wie ihre erdige Würze, die mit nichts zu vergleichen ist. In papierdünne Scheiben gehobelt, veredeln Trüffeln Zubereitungen mit Eiern und Kartoffeln, aber auch Saucen und natürlich Pasteten sowie die Foie gras. Snobs genießen sie gar, im Ganzen in Brioche- oder Blätterteig gebacken. Nachdem ab November die ersten frischen schwarzen Trüffeln auf den Märkten erscheinen, erreicht die Saison im Januar und Februar ihren Höhepunkt – die Preise bleiben davon indes unberührt. Weniger kostspielig, aber auch weniger schmackhaft sind Sommertrüffeln, in Scheiben geschnitten und in Gläsern im Saft von Wintertrüffeln eingelegt. Der Saft peppt Saucen auf, während die Scheiben einfache, aber auch erlesene Zubereitungen mit einem moschusartigen Geschmack bereichern. Praktisch in der Verwendung, wenngleich weniger edel, sind pürierte Wintertrüffeln und Trüffelöl. Kaufen Sie so hochwertige Produkte, wie es Ihr Budget erlaubt, und meiden Sie solche, die laut Packungsangabe Geschmacksstoffe enthalten. Dahinter verbergen sich chemische Zusätze, die einen herben Nachgeschmack hinterlassen.

WEINBERGSCHNECKEN

Während die großen, fleischigen *escargots bourguignons* bei Genießern in aller Welt als besonderer Gaumenschmaus der französischen Küche gelten, nehmen in der Provence die kleinen, dunkleren, an den Mittelmeerküsten heimischen *petits gris* die Favoritenrolle ein. Küchenfertig vorbereitete Schnecken in Dosen finden Sie nicht nur in Delikatessenläden, sondern auch in gut sortierten Supermärkten. Zum Servieren und Garnieren gibt es die gesäuberten Gehäuse separat zu kaufen. Tiefgefrorene und frische Weinbergschnecken sind zunehmend über Mailorder zu bekommen.

BRÜHEN

Wenn Sie eine besonders üppige Sauce zubereiten möchten und dafür eine gelatinöse Rinderbrühe benötigen, verwenden Sie zusätzlich 1 Schweinsfuß oder 1 Hühnerkarkasse. Für eine leichte Hühnerbrühe erhöhen Sie die Wassermenge um 500 ml. Frisch zubereitete Brühen lassen sich im Kühlschrank bis zu 6 Tage aufbewahren, wobei man sie sicherheitshalber nach 3 Tagen aufkocht und 2 Minuten kochen lässt. Tiefgefroren halten sie sich bis zu 3 Monate.

RINDERBRÜHE

90 g Olivenöl
5 kg Querrippe vom Rind, in 7,5 cm lange Stücke gehackt
2 große Zwiebeln, gehackt
2 große Möhren, in Scheiben geschnitten
2 Stangen Bleichsellerie, quer gedrittelt
1 Stange Lauch, samt dem zarten Grün längs halbiert
½ weiße Rübe, mit 2 Gewürznelken gespickt
Stielabschnitte von Pilzen (nach Belieben)
4 große, frische Stängel glatte Petersilie
½ Lorbeerblatt
8 Pfefferkörner
4 l Wasser

Das Olivenöl in einem großen Suppentopf bei hoher Temperatur erhitzen. Das Rindfleisch kräftig anbraten, dabei die Stücke zwei- oder dreimal wenden. Die Zwiebeln und die Möhren mitbraten, bis die Zwiebeln goldbraun und die Möhrenscheiben an den Rändern gebräunt sind. Die restlichen Zutaten in den Topf füllen, bei hoher Temperatur einmal aufsprudeln lassen und dann bei niedriger Temperatur ohne Deckel mindestens 6 Stunden ganz leise köcheln lassen – die Brühe darf auf keinen Fall aufkochen. Vor allem während der ersten 30 Minuten immer wieder abschäumen und nach Bedarf weiteres warmes Wasser zugießen, sodass die Zutaten stets vollständig bedeckt sind.
Die Brühe durch ein Sieb in eine Schüssel abseihen – die Rückstände im Sieb wegwerfen. Abkühlen lassen und zugedeckt über Nacht in den Kühlschrank stellen. Am nächsten Tag das erstarrte Fett von der Oberfläche abnehmen. Die Brühe durch ein mit einem Mulltuch ausgelegtes Sieb seihen und gleich verwenden oder aufbewahren, wie oben beschrieben.

Ergibt etwa 3 Liter

HÜHNERBRÜHE

2–2,5 kg Hühnerkarkassen sowie Flügel und Hälse, enthäutet
2 Zwiebeln, gehackt
2 Möhren, in Scheiben geschnitten
1 Stange Bleichsellerie, in Scheiben geschnitten
½ kleine weiße Rübe, mit 2 Gewürznelken gespickt
1 Stange Lauch, samt dem zarten Grün längs halbiert
3 frische Stängel glatte Petersilie
8 Pfefferkörner
3 l Wasser

Sämtliche Zutaten in einen Suppentopf füllen und bei hoher Temperatur aufkochen. Bei niedriger Temperatur ohne Deckel mindestens 3 Stunden ganz leise köcheln lassen – die Brühe darf auf keinen Fall kochen. Vor allem während der ersten 30 Minuten immer wieder abschäumen und nach Bedarf weiteres warmes Wasser zugießen, sodass die Zutaten stets bedeckt sind.
Die Brühe durch ein Sieb in eine Schüssel abseihen – die Rückstände im Sieb wegwerfen. Abkühlen lassen und zugedeckt über Nacht in den Kühlschrank stellen. Am nächsten Tag das erstarrte Fett von der Oberfläche abnehmen. Die Brühe durch ein mit einem Mulltuch ausgelegtes Sieb seihen und gleich verwenden oder aufbewahren, wie oben beschrieben.

Ergibt etwa 2,5 Liter

FISCHBRÜHE

Etwa 1 kg Fischkarkassen (Gräten und Köpfe) von weißfleischigen Fischen
1 Zwiebel, sehr fein gehackt
1 kleine Möhre, in sehr feine Scheiben geschnitten
½ Stange Bleichsellerie, in feine Scheiben geschnitten
½ Stange Lauch, samt dem zarten Grün fein gehackt
Stielabschnitte von Pilzen (nach Belieben)
3 frische Stängel glatte Petersilie
4 Pfefferkörner
Etwa 1,5 l Wasser

Die Fischköpfe von den Kiemen befreien und etwaige Blutreste abspülen. Mit den übrigen festen Zutaten in einen Suppentopf füllen und das Ganze 2,5 cm hoch mit Wasser bedecken. Bei mittlerer Temperatur zum Kochen bringen und dann bei niedriger Temperatur ohne Deckel höchstens 20 Minuten leise köcheln lassen. Immer wieder abschäumen.
Die Brühe durch ein Sieb in eine Schüssel abseihen – die Rückstände im Sieb wegwerfen. Den Topf ausspülen und die Brühe wieder einfüllen. Bei mittlerer bis hoher Temperatur aufkochen und dann ohne Deckel um ein Drittel einkochen lassen. Verlangt ein Rezept gelierten Fischfond, bei hoher Temperatur auf die Hälfte reduzieren.
Über einer Schüssel durch ein feines Sieb und ein zweites Mal durch ein mit einem Mulltuch ausgelegtes Sieb seihen. Die Brühe gleich verwenden oder aufbewahren, wie oben beschrieben.

Ergibt etwa 1 Liter Brühe oder ½ Liter gelierten Fond

Register

DANKSAGUNG

Diane Holuigue spricht dem großen Team ihren Dank aus, das mit dazu beigetragen hat, dem vorliegenden Buch sein Erscheinungsbild und seine lebendige Art zu verleihen. Weiterhin danke ich meinem Ehemann, dessen Geduld zum zehnten Mal bei einem solchen Projekt auf die Probe gestellt wurde; Wendely Harvey, die mich mit Weldon Owen in Kontakt brachte; meiner langjährigen Mitarbeiterin Huguette Quennoy; meiner rechten Hand und Konditorin Loretta Sartori sowie den Köchen und Freunden, die mich über lange Jahre so herzlich in der Provence willkommen geheißen haben; insbesondere dem provenzalischen *chef extraordinaire* Roger Vergé; Jean-Marc Larrue; Kathie Alex und dem wundervollen André Perez für ihre Bereitschaft, wieder und wieder die Fisch- und Trüffelmärkte aufzusuchen, mich mit ihren bevorzugten Lieferanten bekannt zu machen und an ihren profunden Kenntnissen zu Küchenpraxis, Rezepten und besonderen Tricks teilhaben zu lassen. Nur dadurch konnte dieses Buch viel authentischer geraten, als es allein mit meiner Erfahrung je hätte ausfallen können.

Noel Barnhurst dankt seiner Assistentin Noriko Akiyama.

George Dolese dankt der Food-Stylistin Leslie Busch und ihrer Assistentin Elisabet der Nederlanden für ihre exzellente Arbeit bei der Vorbereitung der Speisen für die Fotos. Dank gebührt auch Royal Hawaiian Seafood sowie The Butler and the Chef und Champ de Mars, die so großzügig Requisiten bereitstellten.

Jason Lowe dankt Gaye, Miranda und Angela.

Weldon Owen dankt Desne Ahlers für ihre Bildunterschriften und ihre Verdienste als Korrektorin sowie Thy Tran, die ihr kulinarisches Fachwissen ins Glossar einfließen ließ. Darüber hinaus bedanken wir uns bei Linda Bouchard für ihre Kompetenz in den Bereichen Computer-Layout und Produktion, bei Ken DellaPenta für die Erstellung des Registers, bei Annette Herskovits für ihre Übersetzungsdienste und bei Kathy Schermerhorn für die Farbillustrationen.

Aus dem Englischen übersetzt von Susanne Vogel
Redaktion: Inken Kloppenburg Verlags-Service, München
Korrektur: Petra Tröger
Umschlaggestaltung: Caroline Georgiadis, Daphne Design
Satz: Fotosatz Völkl, Puchheim

Copyright © 2003 der deutschsprachigen Ausgabe
by Christian Verlag, München
www.christian-verlag.de

Die Originalausgabe mit dem Titel *Savoring Provence*
erschien erstmals 2002 bei Oxmoor House, U.S.A.

Die Reihe *Genießer unterwegs* wurde konzipiert und produziert
von Weldon Owen Inc., San Francisco, in Zusammenarbeit
mit Williams-Sonoma Inc., San Francisco.

Copyright © 2002 by Weldon Owen Inc.
Design: Sarah Gifford
Foodfotos: Noel Barnhurst
Landschaftsfotos: Jason Lowe
Illustrationen: Marlene McLoughlin
Kalligrafie: Jane Dill

Druck und Bindung: Tien Wah Press (Pte.) Ltd.
Printed in Singapore

Alle deutschsprachigen Rechte vorbehalten

ISBN 3-88472-533-5

Seite 4/5: Im zeitigen Frühjahr überziehen die Kirschblüten das fruchtbare Tal, das sich unterhalb von Bonnieux und den Bergketten des Lubéron erstreckt, mit einem zarten Flor. **Seite 6/7:** Schon frühmorgens locken die Cafés am Place du Forum in Arles Besucher an. Das Standbild erinnert an den Dichter Frédéric Mistral (1830–1914), Nobelpreisträger von 1904 und Leitfigur der Bewegung, die sich seit 1854 der Renaissance der provenzalischen Kultur verschrieben hatte. **Seite 8/9:** Im sumpfigen Rhônedelta trainieren sich die Stiere der Camargue ihr Temperament und die Kondition an, die sie für den *course camarguaise* brauchen. Bei dieser unblutigen Form des Stierkampfes ist von den Teilnehmern Geschick gefordert, um die an den Hörnern der Tiere festgeknoteten Bänder zu ergattern. **Seite 12/13:** Einsam steht ein *mas,* wie die für die Gegend typischen, aus Stein erbauten Bauernhäuser in Frankreich heißen, inmitten der Landschaft bei Bonnieux im Lubéron.

HINWEIS

Alle Informationen und Hinweise, die in diesem Buch enthalten sind, wurden von der Autorin nach bestem Wissen erarbeitet und von ihr und dem Verlag mit größtmöglicher Sorgfalt überprüft. Unter Berücksichtigung des Produkthaftungsrechts müssen wir allerdings darauf hinweisen, dass inhaltliche Fehler oder Auslassungen nicht völlig auszuschließen sind. Für etwaige fehlerhafte Angaben können Autorin, Verlag und Verlagsmitarbeiter keinerlei Verpflichtung und Haftung übernehmen.

Korrekturhinweise sind jederzeit willkommen und werden gerne berücksichtigt.